★军事职业教育阅读指导丛书

周建彩 总主编

中国文化经典导读

熊 静 ◎ 编著

朝华出版社
BLOSSOM PRESS

图书在版编目（CIP）数据

中国文化经典导读/熊静编著．-- 北京：朝华出版社，2023.3
（军事职业教育阅读指导丛书/周建彩总主编）
ISBN 978-7-5054-4602-1

Ⅰ.①中… Ⅱ.①熊… Ⅲ.①中华文化—名著—阅读辅导 Ⅳ.① Z835

中国版本图书馆 CIP 数据核字（2020）第 144843 号

中国文化经典导读

熊　　静　编著

选题策划	张汉东
责任编辑	孙　开
特约编辑	张北鱼
责任印制	陆竞赢　崔　航
装帧设计	杜　帅

出版发行	朝华出版社		
社　　址	北京市西城区百万庄大街 24 号	邮政编码	100037
出版合作	（010）68995532		
订购电话	（010）68996050　68996522		
传　　真	（010）88415258（发行部）		
联系版权	zhbq@cipg.org.cn		
网　　址	http://zhcb.cipg.org.cn		
印　　刷	天津市光明印务有限公司		
经　　销	全国新华书店		
开　　本	710mm×1000mm　1/16	字　　数	224 千字
印　　张	15.75		
版　　次	2023 年 3 月第 1 版　2023 年 3 月第 1 次印刷		
装　　别	平		
书　　号	ISBN 978-7-5054-4602-1		
定　　价	50.00 元		

版权所有　翻印必究·印装有误　负责调换

《军事职业教育阅读指导丛书》编委会

主　　任　刘占峰　王德心
副 主 任　徐伟勤
委　　员　王艳军　潘孝敏　祝华远

总 顾 问　王余光
总 主 编　周建彩
副总主编　李　德　天　羽　卢　峰
编委会成员（按姓氏笔画排序）

　　　　　王　净　王晓燕　邢广梅　朱　鹏　伦　宏
　　　　　刘丽杰　吴　华　范　晨　周　璇　周雅琪
　　　　　郑中伟　耿瑞阳　曹　艳　敬　卿　谢永强
　　　　　谭燕妮　熊　静

总序

强军兴军，要在得人。推动军事人才现代化、培养堪当强军重任的人才，基础在教育，关键靠学习。纵观古今中外的战争史，有战斗力的常胜之师都是通过不断学习能始终站在军事科技发展前沿、保持旺盛创新能力、体现先进文化的军队。当前，新一轮科技革命和军事变革正在孕育兴起，战争形态和作战样式加速演变，只有重视学习、善于学习、不断学习，才能跟上时代发展步伐，锻造出一支威武之师、文明之师、胜利之师。开展军事职业教育，就是要通过构建官兵时时学、处处学、人人学、终身学的向学求知格局，引导官兵通过学习提升职业素养，涵养职业精神，塑造学习型军人，打造学习型军队，为强国强军提供强有力的人才支撑。

军事职业教育的内容很丰富、途径也很多，军事职业阅读在其中具有基础性地位。广泛的军事职业阅读可以充实官兵的知识储备，丰富官兵的知识结构，优化官兵的思维方式，提高军事职业素养和岗位任职能力，为提升领导力、战斗力奠定坚实基础。同时，广泛的军事职业阅读，还可以帮助官兵养成良好的阅读习惯，促进学习力、思想力和文化素养的提升。

世界强国军队都很重视军事职业阅读。美、俄、英等国军队早在二十多年前，就启动实施了职业阅读项目，官方针对形势变化和军事职业发展需求，定期编制发布推荐书目，引导军事人员依据推荐书目开展在岗学习、终身阅读。例如，美军的推荐阅读书目由最高军事机关统一规划、部署，各军兵种最高军事长官发布，供本系统的军事人员阅读。

2017年8月，中央军委印发《军事职业教育改革实施方案》，拉开了新时代中国特色军事职业教育的序幕。大力发展军事职业教育,是党的意志、时代的号角,也是强军的召唤、胜战的需要,更是实现党在新时代的强军目标、全面建成世界一流军队的战略性基础性长远性工程。当然,我军军事职业教育刚刚起步,军事职业阅读仍处于探索阶段。尤其是面对浩如烟海的文献,如何帮助官兵紧贴军事职业岗位需求,弄清楚要读什么、怎么读、如何高效能阅读,是深化军事职业教育的一个现实问题。基于此,我们组织编写了这套"军事职业教育阅读指导丛书",希望在阅读内容和阅读方法上能为广大官兵的职业阅读提供一些借鉴和指导。

本丛书第一辑包含六本书。《中国文化经典导读》《中国军事经典导读》《西方军事经典导读》和《中外军事影视经典导读》是从内容上对各领域最有代表性的经典作品进行阅读介绍,旨在引导官兵通过经典阅读,增强军事文化自信和自觉,为全面提升整体军事文化素养和职业素养打下良好基础;《军队院校图书馆阅读推广》《军校阅读推广平台体系建设》主要探讨军校图书馆如何科学有效地推进阅读、营造良好的阅读氛围,同时也对官兵个人阅读提供具体的技术指导。

出版这套丛书是我们在推进军事职业阅读方面的初步尝试,受能力水平所限,错误疏漏难免,恳请读者批评指正。

刘占峰

2021 年 1 月

目录

第一讲　中国传统文化经典概论 / 1
第一节　经典概念的变迁 / 1

第二节　经典的定义和特征 / 6

第三节　为什么要读经典？/ 10

第二讲　从七略到四部——中国古代的知识分类 / 27
第一节　中国古代的学术文化 / 27

第二节　从《七略》到《隋书·经籍志》/ 35

第三节　《四库全书总目》/ 40

第三讲　经部要籍导读 / 49
第一节　经部源流 / 49

第二节　《诗经》/ 52

第三节　《论语》/ 62

第四节　《礼记》/ 68

第五节　《周易》/ 74

第六节　《春秋》/ 81

第四讲　史部要籍导读 / 85
第一节　史部源流 / 85

第二节　《史记》/ 92

第三节　《三国志》/ 105

第四节　《史通》/ 111

第五节　《资治通鉴》/ 117

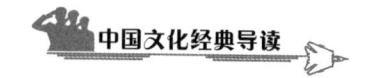

第五讲　子部要籍导读 / 125

第一节　子部源流 / 125

第二节　《老子》《庄子》/ 130

第三节　《韩非子》《吕氏春秋》/ 136

第四节　《淮南子》/ 145

第五节　《历代名画记》/ 151

第六节　《农政全书》等 / 157

第七节　《芥子园画谱》/ 162

第六讲　集部要籍导读 / 169

第一节　集部源流 / 169

第二节　《楚辞》/ 173

第三节　《唐诗三百首》/ 180

第四节　《李清照集》/ 187

第五节　《聊斋志异》/ 194

第七讲　文史工具书介绍 / 201

第一节　文史工具书概要 / 201

第二节　文史工具书举要 / 203

第八讲　推荐书目 / 211

第一节　推荐书目源流 / 211

第二节　古代推荐书目巅峰之作《书目答问》/ 219

第三节　近现代重要经典推荐书目举要 / 227

后记 / 239

第一讲

中国传统文化经典概论

第一节 经典概念的变迁

"经典",是我们生活中经常使用的一个高频词。评价一个人学识渊博,我们说他能够"引经据典";谈到优秀传统文化,我们说经典是其中的杰出代表;推荐他人读书,也要从每个领域的经典之作开始。人们在生活中频繁地使用"经典"一词,好像它的含义是不言自明的。然而,经典的定义是什么?迄今为止,并没有一个权威的界定。经典的定义成为一个长期争论的话题。

古今中外的人们均重视经典阅读的价值,在英语词汇中,经典的表述方式有三种:sutra、classic、canon。Sutra 和 canon 带有宗教性质,多用来代指宗教经典著作。Classic 蕴含"古典"的含义,指具有典范性和权威性的著作,不仅表示其价值,更包含时间的维度。意大利作家卡尔维诺在《为什么读经典》一书中,以文学家的笔触描绘了经典的十四种定义,比较全面地概括了经典的精神内涵和价值。

一、经典是那些你经常听人家说"我正在重读……"而不是"我正在读……"的书。作者解释道,带有这种阅读态度的人,往往是具有一定阅历和博学的人，因为只有他们才会欣赏（或者说应该欣赏）更多的细节、层次和含义。而对青少年来说，他们初次接触世界，每一次阅读跟每一次经验一样，都会产生独特的滋味和意义。

二、作者认为，青少年时期所阅读的东西，潜移默化塑造着人们的性格，对人们的思维方式、价值观、审美观产生影响。

三、在作者看来，一个人的成年生活应有一段时间用于重新发现青少年时代读过的最重要作品，它会带给你全新的体验。

四、一部经典作品是一本每次重读都像初读那样带来发现的书。

五、一部经典作品是一本即使我们初读也好像是在重温的书。

六、一部经典作品是一本永不会耗尽它要向读者说的一切东西的书。

七、经典作品是这样一些书，它们带着先前解释的气息走向我们，背后拖着它们经过文化或者多种文化（或只是多种语言和风俗）时留下的足迹。在这里，作者提出一定要读第一手的文本，而尽量避免二手书目、评论和其他解释。

八、作者提出，很多时候人们知识储备中的一些熟悉的东西，其实就是源于某部经典，而我们在读它们的时候，却浑然不知。

九、作者认为，出于职责或敬意读经典作品是没用的，我们只应仅仅因为喜爱而读它们，只有那些在学校教育之后或之外非强制的阅读中选择的东西才有价值。

十、在作者看来，经典作品是可以激发人们的思考和争议的，它可以同时建立一种不是认同而是反对或对立的强有力关系。

十一、基于作者的观点，一部经典作品的特别之处，也许仅仅是我们从一部在文化延续性中有自己的位置的、不管是古代还是现代的作品那里所感到的某种共鸣。

十二、作者认为从阅读经典中获得最大益处的人，往往是那种善于交替阅读经典和大量标准化的当代材料的人。

十三、作者认为，阅读经典，人们能够暂时忘却现在的喧嚣，追随内心的平静。

十四、作者承认读经典作品似乎与人们的生活步调不一致,人们的生活步调无法忍受把大段大段的时间或空间让给人本主义者那种庄重的悠闲。同时,他也认为现实的文化精英主义永远也制定不出一份经典作品的目录来配合我们的时代。①

在中国,经典同样是带有神圣性的东西,这一点在"经典"二字的原始字形上已经表现得十分明显了。"典"字的甲骨文,上半部分为用绳子编连起来的"册",下半部分是人的双手,合在一起就是一个恭敬地用手捧着典册的形象(如图1-1)。我们知道,在中华文明的早期,阅读是少数人的特权,古人认为文字是沟通天地神灵的工具,在神权和世俗权力的界限尚不明晰之际,这些极少数掌握文字的贵族阶层,在侍奉神明之余,同样担负着政治治理的重任。这种手持典册的形象,代表的就是这样一种意象,恭敬地捧持着典册,代表着神明在行使治理人间的权力。那么,何者为"典"?"典"就是那些可以成为社会治理依据的东西。

图1-1 典字的甲骨文　　图1-2 经字的金文

再来看"经"字,青铜器铭文中的"经"字,指示的意象是织机上的纵线(见图1-2),古人织布时,先布经线作为标准,以便横线穿织。引申义就是那些经过检验的,可以被作为依据的东西。由是观之,古人的语汇中,"经""典"二字各有来源,但同时指向那些具有权威性的,可以作为准则、标准的东西。远古时期,刻写不易,只有非常重要的内容才会以文字的形式记录下来,因此,典册、书籍便具备了"经""典"的神圣性。后世随着载体形态的变迁,书籍

① 伊塔洛·卡尔维诺. 为什么读经典 [M]. 黄灿然, 李桂蜜, 译. 南京:译林出版社, 2006: 1-9.

的数量越来越多，但尊经重典的文化传统已经深入人心。可以说，经典崇拜就是中国古代阅读传统的核心，这种传统的积淀与承继，对后世读书人有着重要的影响，读书人在心理上和阅读的价值取向上无不受其支配。

对于古代的读书人来说，书籍是他们生活的重要组成部分，在书籍中，经典又具有其重要而特殊的地位。在古代中国，人们对经典有着严格的定义。南朝刘勰《文心雕龙·宗经》说："经也者，恒久之至道，不刊之鸿教也。"[1] 唐刘知幾《史通·叙事》谓之："自圣贤述作，是曰经典。"[2] 也就是说，只有圣贤的著作才能被称为经典。具体来说，哪些书可称为经典呢？古人历来重视家教，读书又是家庭教育的核心，教子读书经典为先，因此我们可以参考古代家训中的论述。唐柳宗元《送内弟卢遵游桂州序》说："浸润以《诗》《易》，动摇以文采。"李华《与外孙崔氏二孩书》云："汝等当学读《诗》《礼》《论语》《孝经》，此最为要也！"清人朱柏庐在《劝言》中说："若能兼通六经及性理、《纲目》、《大学衍义》诸书，固为上等学者。不然者，亦只是朴朴实实，将《孝经》《小学》《四书本注》置在案头。常自读，教子弟读，即身体而力行之，难道不成就好人？"可见，古人认同的经典，首先是以四书五经及其注本为核心的儒家经典，所谓"勤读圣贤书，尊师如重亲"者。

综上，古代经典的范围很窄，基本上只有三代流传下来的作品，以及先秦时期的儒家著作和朱子的部分论著，能够得到人们的普遍认可，成为读书人必读的经典。整个古代社会，人们对经典的认识大致如此，这种情况一直延续到五四运动前后。

新文化运动兴起以后，儒家成为批判的对象，而传统文化中原本不被人重视的通俗文学作品开始大放异彩，得到了更多的关注，人们甚至要求将俗文学作品的地位提高到与传统经典相同的位置上来。新文化运动的主将胡适在《〈国学季刊〉发刊宣言》中明确地提出：

---

[1] 戚良德. 文心雕龙校注通译[M]. 上海：上海古籍出版社，2008：20.
[2] 郭绍虞. 中国历代文论选：上册[M]. 北京：中华书局，1962：366.

庙堂的文学固可以研究，但草野的文学也应该研究在历史的眼光里，今日民间小儿女唱的歌谣和《诗三百篇》有同等的位置；民间流传的小说和高文典册有同等的位置，吴敬梓、曹雪和关汉卿、马东篱和杜甫、韩愈有同等的位置。……近来颇有人注意戏曲和小说了；但他们的注意仍不能脱离古董家的习气。他们只看得起宋人的小说，而不知道在历史的眼光里，一本石印小字的《平妖传》和一部精刻的残本《五代史平话》有同样的价值，正如《道藏》里极荒谬的道教经典和《尚书》《周易》有同等的研究价值。①

无独有偶，20 世纪 20 年代，胡适曾应邀为青年学子开列《一个最低限度的国学书目》，收录古籍名著 190 种，后来作者在此基础上精简成《实在的最低限度的书目》。其中没有收录"小学"方面的书，也不选前四史和《资治通鉴》，反而是《三侠五义》《九命奇冤》等通俗小说赫然在列。梁启超对此颇不以为然，还专门撰文提出过批评②。上引《发刊宣言》，可以看成是胡适对自己列出的国学书目的解释。在对经典范围的具体界定上，民国时期的学者可能存在着争议，但是经典范围的扩大，以及通俗文学作品地位的上升，是不争的事实。

与之相应的是对经典态度的转变。在传统文化中，经典具有神圣不可侵犯的地位。孔子说："君子有三畏：畏天命，畏大人，畏圣人之言。"③对于经典，要保持敬畏的态度，不要说对经典提出质疑，即使是一字之改也是不被接受的。民国以后，在学术研究中强调科学方法的应用，对于一切问题都要"大胆假设，小心求证"，经典和其他史料一样，仅被认为是供研究之用的材料。顾颉刚领导的"古史辨"运动，就是这种思潮的集中反映。这个后来对中国国学研究影响巨大的流派，其思想源流，就是来自胡适的"宁疑古而失之，不可信古而失之"④。可见，虽然民国时期的学人仍然阅读经典，研究传统文化，但是他

---

① 胡适. 发刊宣言[J]. 国立北京大学国学季刊，1923，1（1）.
② 梁启超. 国学指导二种：治国学杂话[M]. 上海：中华书局，1936.
③ 杨伯峻. 论语译注[M]. 杨逢彬，注译. 长沙：岳麓书社，2009：205.
④ 胡适. 自述古史观书[M]// 胡适文集：第 3 卷：文论. 北京：人民文学出版社，1998：355.

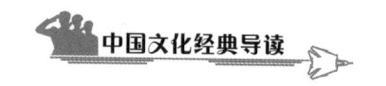

们对经典所持的态度已经是全新的了。经典不再被供奉在神坛之上，人们可以通过阅读经典来加深对人生的体悟，当然也可以提出自己的看法，甚至质疑经典的正确性。

考察"经典"含义的变迁可以发现，不同的时代人们对经典的衡量标准是有所变化的。近代以来，在外来文化的冲击下，中国固有的学术体系遭到了剧烈的冲击，新的学科门类不断涌现，最终中国仿照西方建立起了近现代学科体系，其影响至今仍在延续。在这个过程中，经典的概念外延在不断扩大。古代中国独重经学，自然科学相对落后，经典主要集中在经史二部。20世纪以来文学的地位，特别是代表民众好尚的通俗文学地位上升，历史上各种文学名著也跻身经典行列。与此同时，划分中国古代学术的"经史子集"四部也无法容纳新兴的学科门类，随着新学科的出现，各种专业经典也极大地丰富了经典的内涵。

经典的含义随着时代不断变迁，任何给"经典"下定义的行为可能都是"危险"的。但是回顾"经典"概念的发展历程仍有价值，它至少说明了，不管经典的内涵如何变化，不同时代的人们对于经典的界定有何差异，"经典"都是社会全部文献中最特殊的那部分。任何时代，人们对"经典"的界定都是"有门槛"的，它既是一种荣耀，更是一种挑战，它代表着一个时代人类思维、语言所能达到的最高成就，同时也难免与普通人的生活有所隔离，在信息自由的时代，人们对经典的界定都带有浓烈的个人色彩。这就使得从学理上给经典下定义变成几乎不可能完成的任务，但我们仍愿尝试从一般的角度对经典的特征进行概括。

第二节 经典的定义和特征

经典是什么，取决于时代的人们对于"经典"的认知。上一节我们从中外文化传统的角度介绍了经典内涵的变迁，从词源来看，无论中外，人们对于经典"神圣性"的认识是一致的。比如，美国文学批评家哈罗德·布鲁姆在《西方正典》中就采用了 canon 这个极具宗教色彩的词来定义经典，并以 26 位代表作家的作品为例，从文学角度描述了经典的以下特征：原创陌生性、普遍性、竞争性、焦虑性等。对于中国人来说，经典是力量的象征，经典或阅读经典具有重要的象征意义。唐代魏徵在《隋书·经籍志序》中，对经典的力量与象征意义作了极为精彩的概括：

夫经籍也者，机神之妙旨，圣哲之能事，所以经天地、纬阴阳、正纪纲、弘道德，显仁足以利物，藏用足以独善，学之者将殖焉，不学者将落焉。大业崇之，则成钦明之德，匹夫克念，则有王公之重。其王者之所以树风声、流显号、美教化、移风俗，何莫由乎斯道？

经籍是圣贤智慧的结晶，可以用来领悟宇宙的奥妙，探究天地、阴阳的消息，端正世间的纲纪，弘扬人类的道德。经籍显则可救济世人，经籍藏则可独善其身。读经籍可令人进步，否则就会落后。成大业者能推崇经籍，则将有令人敬重的光明德行；普通人能以经籍为念，则将为世人所重。统治者若要树立政声、显扬德威、敦励教化、移风易俗，哪有不从经籍而来呢？古人认为，经籍既是知识的宝库，也是读书人踏入官场的阶梯，既是提高个人修养的手段，也是治理国家的利器。不论对个人还是国家，经典都有无可替代的价值。

正是基于人们对于经典价值的认识与推崇，中国古代才形成了崇拜经典的阅读传统。古人对于经典的观念主要包括以下几个方面：

第一，经籍是知识的宝库，是人类文明传承的保障。宋代苏轼在《李氏山房藏书记》中说：经籍是取之不竭、用之不弊的，人的天分虽各不相同，有人贤明，有人蠢钝，但只要读书，就总有所获。更具体一些，阅读经典对道德修养和属辞为文有重要的促进作用，如柳宗元在《答韦中立书》中所说：

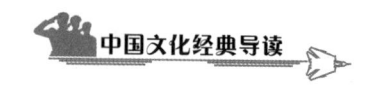

本之《书》以求其质,本之《诗》以求其恒,本之《礼》以求其宜,本之《春秋》以求其断,本之《易》以求其动,此吾所以取道之原也。参之《谷梁氏》以厉其气,参之《孟》《荀》以畅其支,参之《庄》《老》以肆其端,参之《国语》以博其趣,参之《离骚》以致其幽,参之《太史公》以著其洁,此吾所以旁推交通而以为之文也。①

诗书礼乐易春秋、诸子百家、史籍诗赋,同属经典,但对个人修养的提高却各有其用。在传承文明方面,英国哲学家波普尔曾经做过一个形象的假设,假使我们的所有的机器和工具,连同我们所有的主观知识都被毁坏了,然而,只要图书馆和我们从中学习的能力依然存在,我们的世界就会重新前进的。经籍贮存知识,并为人们的创造提供基础。

第二,通经博古,方能修齐治平。"修身齐家治国平天下",是古代读书人的人生最高追求,小至修身,大至国家治理,都需要从经典中汲取经验。司马迁论述《春秋》的价值时说:《春秋》明辨人事经纪,判别嫌疑、是非、善恶,以宣扬王道,是一部政治、百官之大法,人伦、礼义之大宗,有国者、为人臣者,都不可不知《春秋》。司马光撰《资治通鉴》,并非简单的著书立说和史学研究,而是从一开始就有明确的政治目的。他在给皇帝的《进资治通鉴表》中称该书"专取关国家盛衰,系民生休戚,善可为法,恶可为戒者,为编年一书",又说,通过此书可"鉴前世之兴衰,考当今之得失,嘉善矜恶,取是舍非,足以懋稽古之盛德,跻无前之至治"。《资治通鉴》成为治理国家的一面镜子,颇受当朝皇帝的赏识,对后世皇帝及大小官员也有很大影响。即便在 20 世纪,有些人认为该书也是公务员必读的。

第三,经籍有益于信仰的确立和教化的形成。儒家经典崇尚人伦道德,注重品德修养,中华文化的很多传统美德,都可以从经典中得到体现:从《礼记》的"正心诚意,修身齐家"中,我们学到了做人的标准;从《孟子》的"老吾老以及人之老,幼吾幼以及人之幼"中,我们学到了"仁爱";从《论语》

---

① 胡云翼.历代文评选[M].北京:知识产权出版社,2016:64—65.

的"己所不欲，勿施于人"中，我们学到了宽容和理解；从范仲淹的"先天下之忧而忧，后天下之乐而乐"中，我们感受到了忧国忧民的情怀。

第四，经籍或读书具有象征意义，从某种程度上来看，它体现了一个人的地位、权力或特征。孔子以前的文献都藏在官家，不在民间，孔子删定《诗》《书》后，书籍才流传到民间来。然而在封建社会，能熟练识读文字的人毕竟为少数，围绕"原道""宗经""征圣"等活动进行的典籍阅读和注释仍为士大夫阶级的特权。一般老百姓对读书有一种敬意，民间往往有"耕读传家久，诗书继世长"的愿景。另外，对个人而言，读书会使一个人更有教养，"腹有诗书气自华"说的就是这个道理。经典中所蕴含的语言之美、哲理智慧，能涵养人的性灵，内化人的气质。

第五，科举制度成型后，中国古代的人才选拔，是以对儒家经典的掌握程度为标准的。传统经典的筛选和诠注，由孔子开其端，经过子思、孟子等人的发挥，到朱熹编定《四书》(《论语》《孟子》《大学》《中庸》)时期形成完整的理论构架，并以极简明扼要的语言表述出来。汉代董仲舒提出"罢黜百家，独尊儒术"，学习、研究与诠注儒家经典便成为知识分子的主要任务。隋朝设置科举考试制度以后，选拔制度便以儒经为重要依据。宋代时朱熹注解"四书"，此后，四书集注便一直是科举考试的教科书，成为读书人踏入官场的阶梯。

在考察了古今中外先贤今哲对于经典的认知后，著名文献学家、北京大学信息管理系王余光教授曾给予"经典"一个非常宽泛的界定：除去专业著作，经典指那些具有重要影响的、经久不衰的著作，其内容或被大众普遍接受，或在某专业领域具有典范性与权威性。通常具有以下三个重要的特性：

第一，影响力。影响力体现了作品内容的吸引力。那些被称为经典的作品，均在一定领域具有重要影响力，如《周易》《孙子兵法》等。影响力有积极的与消极的，也有长期的与短暂的，那些"影响一时"的作品可称为名著。而影响力，并不完全出自作品自身，绝对自然发生的影响力是不存在的。每个人的阅读都受到很多因素的影响，如政治形态、家庭、个人的素质和兴趣、老师与同学、环境以及广告等，个人对读物的选择或理解都会受到这些因素的制约。

第二，时间性。一部作品，或许影响一时，或许在某个特定的时期被人们顶礼膜拜，但时过境迁，很快就被人们遗忘或者抛弃。而经典，则需经得起时间的检验，需经久不衰。也就是说，一切著作，若要成为经典，必须要经得起历史的考验。

第三，广泛性。这里论述的经典必须是广泛的，是指它所讨论的问题是人们所普遍关心和接受的。比如《诗经》《史记》《论语》《三国演义》等，其内容是广泛的。《诗经》流传三四千年，它讨论的话题今天仍然受关注，有不少诗在今天还成为流行歌曲，像《在水一方》等。[①]

从本质上说，阅读是一种个体行为，每个读者都可以根据自己的喜好对经典的内涵做出界定，正如一千个读者眼中有一千个哈姆雷特，因此，从学理角度对经典进行定义是十分困难的，且"令人怀疑的"。但是，从推广阅读的角度来看，特别是对于那些对经典感兴趣，但相关知识掌握较少的读者来说，仍然需要一个较为普适、操作性较强的标准来指导其选择和阅读经典。上述王余光教授关于经典的界定，就符合这一要求，其将专业经典排除在外，充分照顾了普通读者增长知识、提高修养的经典阅读需求，适用面较广。因此，本书对经典的界定将采用王余光教授的观点，并将上述标准作为选择经典书目的依据。

第三节　为什么要读经典？
——从近百年前经典阅读的论争谈起

上面我们介绍了经典概念的时代变迁，以及什么是经典的问题，不管经典的内涵如何变化，其文化传统的延续性，以及人们对于经典价值的判

[①] 王余光. 阅读，与经典同行［M］// 王余光. 阅读，与经典同行. 深圳：海天出版社，2013：16–42.

断一般是比较正面的。但是，随着近代学科体系的建立，信息时代的到来，关于是否还要继续读经典，曾经产生了比较多的争论，其余绪影响至今仍未消歇。下面我们就将在回顾这些论争的基础上，解决为什么要读经典的问题。

19世纪后半叶以来，随着西学东渐的深入，有志救国的知识分子努力探索救亡图存之路，希望以西方思想改造中国社会，以科学方法条理中国学问，其中的不少人将矛头对准了中国传统文化。科举制度的废除，白话文和学校教育的推行，客观上也让传统经典与读书人渐行渐远。青年人阅读传统文献的能力在持续下降。在这种社会背景下，"阅读经典"这一在古代社会带有天然"正义"性的论题便显得"危机四伏"了。

首先进入我们视野的代表性事件就是胡适、梁启超之间的"国学书目"之争。20世纪的前20年，以"输入学理、整理国故、再造文明"为目标的"新文化运动"对中国社会，特别是青年学子产生了巨大的影响。"新文化运动"的主要领导者之一——北京大学教授胡适也理所当然地成为"青年偶像"。

因应当时社会上青年人学习国学的需求，1920年，胡适曾开列一份《中学国学丛书》目录，列举古籍31种，从经部《诗经》《论语》到史部《史记》《汉书》，再到集部的陶渊明、李白、欧阳修、马致远诗词皆入其选，初见其对于国学经典的看法。

1923年，胡适收到清华学校《清华周刊》学生记者来信，请求其为即将出国留学的少年们提供一份书目，使其具有"国故学的常识"。胡适应允后，根据其要求，开列了《一个最低限度的国学书目》（以下简称"胡目"），分为"工具、思想史、文学史"三大类，收录国学文献190种，并言明："这个书目不单是为私人用的，还可以供一切中小学校图书馆及地方公共图书馆之用。"[①] 书目发表后，《清华周刊》的学生再次致信胡适，认为其目"一方面嫌先生所拟的书目不广；一方面又以为先生所谈的方面——思想史与文学史——谈的太

---

① 胡适.学问与人生——胡适四十自述（评注本）[M].北京：中国纺织出版社，2015：157.

深了"①,并请胡适考虑清华学生的"时间"与"地位"简化书目。于是,胡适复函在《一个最低限度的国学书目》基础上再做精简,圈出了39种书,将其命名为《实在的最低限度的书目》,详目如下:

《书目答问》《法华经》《左传》《中国人名大辞典》《阿弥陀经》《文选》《九种纪事本末》《坛经》《乐府诗集》《中国哲学史大纲》《宋元学案》《全唐诗》《老子》《明儒学案》《宋诗钞》《四书》《王临川集》《宋六十家词》《墨子间诂》《朱子年谱》《元曲选一百种》《荀子集注》《王文成公全书》《宋元戏曲史》《韩非子》《清代学术概论》《缀白裘》《淮南鸿烈集解》《章实斋年谱》《水浒传》《周礼》《崔东壁遗书》《西游记》《论衡》《新学伪经考》《儒林外史》《佛遗教经》《诗集传》《红楼梦》。②

在向胡适发出邀请的同时,《清华周刊》的学生们也向另一位学界巨擘——梁启超提出了同样的请求。大概由于梁启超当时正在西郊翠微山中修养,手头的参考书有限,他的回复比胡适晚了许多,在清华学生的再三催促下,1923年4月下旬,梁启超终于草就了《国学入门书要目及其读法》(以下简称"梁目"),分:(甲类)修养应用及思想史关系书类,收诸子百家及历代学术代表作;(乙类)政治史及其他文献学书类,主要收各类史书;(丙类)韵文书类,收包括《诗经》《楚辞》《文选》、唐诗、宋词、元明清剧曲在内的文学作品;(丁类)小学类及文法书类,收文字音韵之书;(戊类)随意涉览书类:包括《四库全书总目提要》《世说新语》《徐霞客游记》《曾文正公全集》等目录类、小说类、游记类、个人文集类图书。③共收录古书约160种。后来作者觉得"青年学生校课既繁,所治专门别有在,恐仍不能人人按表而读,"又将其精简成《最低限度之必读书目》,收各类图书20余种,详目如下:

---

① 胡适.学问与人生——胡适四十自述(评注本)[M].北京:中国纺织出版社,2015:167-168.
② 胡适.学问与人生——胡适四十自述(评注本)[M].北京:中国纺织出版社,2015:169-171.
③ 梁启超.读书指南[M].合肥:安徽人民出版社,2013:1-36.

第一讲 中国传统文化经典概论

儒家经典：《四书》《易经》《诗经》《书经》《礼记》《左传》
诸子百家：《庄子》《老子》《韩非子》《荀子》《墨子》《战国策》
史学经典：前四史、《资治通鉴》《宋元明史纪事本末》
文学经典：《楚辞》《文选》，以及李、杜、韩、白、柳集。[1]

对比胡梁二目的内容就可直观地发现，二人在对国学经典的认定方面存在着明显的差异。仅就类别的全面性而言，梁目的五分法比胡目的三分法要更加合理一些。胡目收书不全的问题，在《清华周刊》记者的来书中已经被学生明确提出：

第一，我们以为先生这次所说的国学范围太窄了。先生在文中并未下国学的定义，但由先生所拟的书目推测起来，似乎只指中国思想史及文学史而言。思想史与文学史便是代表国学么？先生在《国学季刊》的发刊的宣言里，拟了一个中国文化史的系统，其中包括（一）民族史，（二）语言文字史，（三）经济史，（四）政治史，（五）国际交通史，（六）思想学术史，（七）宗教史，（八）文艺史，（九）风俗史，（十）制度史。中国文化史的研究，便是国学研究，这是先生在该宣言里指示我们的。既然如此，为什么先生不在国学书目文学史之部以后，加民族史之部，语言文学史之部，经济史之部呢？[2]

由于胡目发表在前，梁启超在列书目之前应当已经看到了清华学生送来的胡目。从辈分上来说，梁是前辈，胡适对他一贯也比较尊重。但从学术观点和政治主张来看，两人却分属不同阵营。梁启超看到胡目后，显然是非常不满意的，以至于在列出自己的书目后，还"意犹未尽"地写了一篇口气十分不客气的批评文章发表在报纸上。在这篇名为《评胡适之的"一个最低限度的国学书目"》的文章中，梁启超针对胡目提出了两点质疑：首先，认为这份书

---

[1] 梁启超. 读书指南［M］. 合肥：安徽人民出版社，2013：205.
[2] 胡适. 学问与人生——胡适四十自述（评注本）［M］. 北京：中国纺织出版社，2015：167-168.

目"文不对题",清华学生希望的书目是"替那些'除却读商务印书馆教科书之外没有读过一部中国书'的青年们打算",而对他们来说胡适开列的书目实在是太难了;其次,是"把应读书和应备书混为一谈",梁启超不无反讽地说:

> 我最诧异的:胡君为什么把史部书一概屏绝。一张书目名字叫做"国学最低限度",里头有什么《三侠五义》《九命奇冤》,却没有《史记》《汉书》《资治通鉴》,岂非笑话?若说《史》《汉》《通鉴》是要"为国学有根柢的人设想"才列举,恐无此理。若说不读《三侠五义》《九命奇冤》便够不上国学最低限度,不瞒胡君说,区区小子便是没有读过这两部的人。我虽自知学问浅陋,说我连国学最低限度都没有,我却不服。[1]

此文一出,由于胡梁二人巨大的社会声望,很快便引起了社会各界的关注,两方各自的支持者你来我往,唇枪舌剑,一时之间好不热闹,终于演化成为一场被后世学者称为"国学书目之争"的学术"事件"。在近百年后,当我们以一个"旁观者"的心态来回顾这次事件就会发现,在是否鼓励甚至倡导青年学子阅读中国古代经典这个根本问题上,胡梁二人并无异议。争论的焦点主要在于入选国学基本书的具体书目,概言之,即二人在对中国经典内涵的认知上存在着比较大的差异。胡适是新文化运动的旗手之一,一向积极鼓吹白话文、文学改良,对于他来说,《三侠五义》《九命奇冤》这些普通民众爱读的通俗文学作品,与儒家经典具有同等重要的位置,而且这些"草根文学"更加鲜活,更能展现文学的"人民性",入选也在情理之中。梁启超的观点则更加正统一些,入选的书目也更符合我国文化传统中对于经典的认定。

如果说胡梁"国学书目之争"尚且属于学术观点之间的交锋,双方并未否定国学经典的价值。那么,1925年的《京报副刊》"二大征求"活动,让我们更加直观地感受到当时中国传统经典的"危险处境"。

1925年元月4日,《京报副刊》刊发《一九二五新年本刊之二大征求△青

---

[1] 梁启超. 读书指南[M]. 合肥:安徽人民出版社,2013:212–216.

年爱读书十部△青年必读书十部△说明》，正式发起被后世称为"二大征求"的推荐书目活动。时任主编的孙伏园在《说明》中写道：

（一）青年爱读书十部——是希望全国青年各将平时最爱读的书，无论是那一种性质或那一个方面只要是书便得，写出十部来填入本报第七版所附券内……如果举不到十部，则十部以下亦可，但希望不要出十部以外。1月25日截止，2月1日起在本刊上宣布征求结果。（二）青年必读书十部——是由本刊备券投寄海内外名流学者，询问他们究竟今日的青年有那十部书是非读不可的。本刊记者耳目容有未周，热心学术诸君如有开列书单赐下更所欢迎。2月5日截止，2月10起逐日在本刊上宣布征求结果。[①]

说明发出后，在较短的时间里，《京报副刊》共收到78份"青年必读书"书单，208张"青年爱读书"选票。该报从2月11日开始在报纸上连载"必读书"征求的结果。以下择几份有代表性的书目。

林语堂书目：分国学必读书和新学必读书。其中中国书分十类，分别为：戏剧《西厢记》；小说《红楼梦》；诗《诗经》；韵文《昭明文选》；散文《左传》；史《九种纪事本末》；小学《说文释例》；闲话《四书》；怪话《老子》；漂亮话：《庄子》。

徐志摩书单：中西结合，西学为主；文史结合，以文学为主，同时提倡选读。书目如下：《庄子》（第十四、十五篇）、《史记》（小半部）、《罪与罚》、汤麦司哈代的 *Jude the Obscure*（《无名的裘德》）、尼采的 *Birth of Tragedy*（《悲剧的诞生》）、柏拉图的《理想国》、卢梭的《忏悔录》、华尔德斐德的 *Renaissance*（《文艺复兴》）、歌德《浮士德》的前部、乔治·亨利·刘易斯的《歌德评传》。

马幼渔书单：顾炎武《日知录》、黄宗羲《明夷待访录》、戴震《孟子字

[①] 王世家.青年必读书——九二五年《京报副刊》"二大征求"资料汇编[M].开封：河南大学出版社，2006：1.

义疏证》、章学诚《文史通义》、龚自珍《定庵文集》、戴望述（舒）《颜氏学记》、夏曾佑《中国历史》（上古至隋中国教科书，商务出版）、康有为《新学伪经考》、崔适《史记探源》、章太炎《检论》。

周作人书单：《诗经》《史记》《西游记》《汉译旧约》《严译社会通诠》《道德观念之起源与发达》《爱的成年》《堂吉诃德》《格列佛游记》《伊壁鸠鲁的园》。

总体来说，上述学者开列的书单，都有强烈的个人倾向，体现了推荐者本人的治学兴趣，而其共同点在于对中西学问的同等关注。近代以来，为了改变中国积贫积弱、被动挨打的局面，有识之士纷纷探索近代中国衰落的原因，影响中国数千年的传统文化成为"靶子"，以西方理论研究中国问题，以科学方法条理中国学问是时代趋势。上列书目都展现了这一思潮的影响。

而真正让这次征求活动"名声大噪"的是1925年2月21日《京报副刊》刊出的著名作家鲁迅"青年必读书"选票。在这张"空白"选票上，鲁迅写道"从来没有留心过，所以现在说不出"，并在附注中特意说明：

我看中国书时，总觉得就沉静下去，与实人生离开；读外国——但除了印度——书时，往往就与人生接触，想做点事。

中国书中虽有劝人入世的话，也多是僵尸的乐观；外国书即使是颓唐和厌世的，但却是活人的颓唐和厌世。

我以为要少——或者竟不——看中国书；多看外国书。[①]

至此，一石激起千层浪，一场"中国书到底值不值得读"的大讨论拉开了帷幕。从1925年3月5日至4月8日，报刊上登出了大量辩论文章，其中大部分都是质疑和申讨性质的，如瞎咀（郝广盛）在《我希望鲁迅先生"行"》中直接喊话："鲁迅先生是感觉现在青年最要紧的是行，不是言，所以敢请你

[①] 王世家．青年必读书——一九二五年《京报副刊》"二大征求"资料汇编[M]．开封：河南大学出版社，2006：176–177．

出来做我们一般可怜的青年的领袖（连家眷）。先搬到外国去……"柯柏森在《偏见的经验》[①]一文里说："喂！鲁迅先生！你的经验……你自己的经验，我真的百思不得其解，无以明之，名之曰'偏见的经验'。"熊以谦发长文《奇哉！所谓鲁迅先生的话》[②]："奇怪！真的奇怪！奇怪素负学者声名，引起青年瞻仰的鲁迅先生说出这样浅薄无知识的话来了！……可不可以把先生平日看的中国书明白指示出来，公诸大家评论，看到底是中国书误害了先生呢？还是先生冤枉了中国书呢？"也有鲁迅的支持者，在为其不断申说，"柯、熊辈，其浅薄殊令人作呕。本欲写一长篇《教会学校生活》呈览。头痛笔便来不及了。如可将此数语披露，似亦可以给彼辈一醒悟剂也"[③]。署名为 Z.M. 在《鲁迅先生的笑话》[④]中说"最打动我的是鲁迅先生的两句附注"。

不论是讥讽反对，还是为自己辩解分说，鲁迅似乎都不屑一顾。在此期间，鲁迅以一贯的斗士精神，多次撰文反击，并反复强调绝不修正观点，比如四月三日的文章《就是这么一个意思》："……只是倘若问我的意见，就是：要少——或者竟不——看中国书，多看外国书。"[⑤]

事实上，持类似观点的并不只鲁迅一人，国民党元老吴稚晖甚至发出过更加激烈的声音，据民国时期北大校长蒋梦麟回忆：

（民国十一年）他老先生急遽地大步踏上台来，圆溜溜的两眼似乎突了出来，迸出两道怒火，这眯眯佛顿时变成了牛魔王，开口便说某先生的话，真

[①] 王世家. 青年必读书——一九二五年《京报副刊》"二大征求"资料汇编[M]. 开封：河南大学出版社，2006：232–233. 原载于一九二五年三月五日《京报副刊》。

[②] 王世家. 青年必读书——一九二五年《京报副刊》"二大征求"资料汇编[M]. 开封：河南大学出版社，2006：236–239. 原载于一九二五年三月八日《京报副刊》。

[③] 王世家. 青年必读书——一九二五年《京报副刊》"二大征求"资料汇编[M]. 开封：河南大学出版社，2006：244–245. 原件存鲁迅博物馆，原载于一九八九年《鲁迅研究资料》第二十二辑。

[④] 王世家. 青年必读书——一九二五年《京报副刊》"二大征求"资料汇编[M]. 开封：河南大学出版社，2006：250–251. 原载一九二五年三月八日《京报副刊》。

[⑤] 王世家. 青年必读书——一九二五年《京报副刊》"二大征求"资料汇编[M]. 开封：河南大学出版社 2006：287–288. 原载一九二五年四月三日《京报副刊》。

是亡国之谈,这次大战(指第一次世界大战)以后,没有坦克大炮,还可以立国么?那么古老的书还可以救国么?望你们快把那些线装书统统丢到茅厕里去。①

投线装书于茅厕,与传统文化割裂的决心近乎决绝。应当看到,不管是不读中国书,还是投书于茅厕论,它们的出现都有特定的时代背景。在中国面临亡国灭种危机的时刻,首要任务是让国家富强,而想让国家富强,就必须向西方学习,建立近代工业化国家。今天我们说中国传统文化博大精深,在和平年代,文化传承保证了民族精神的延续,但在变革时期,传统的惯性必然给改革带来阻力。因此,这批忧心国家前途命运的知识分子采用了这种"偏激"的表述,希望激起普通民众,特别是青年人拥抱民主、科学的勇气。而当形势一有好转,同样也是这批人,在为保存文化传统而努力。1934年,民国教育部削减教育经费,吴稚晖为此事专门去函给当时的教育部长王世杰,希望其为唐文治开办的无锡国专网开一面:

故弟当日戏告汪先生曰:"我是主张投线装书于毛厕中三十年者",然激宕之言,为极度紧张之词耳。设当时诚一致采纳,至今已三十年矣,则大炮、机关枪不可胜用,国货、重工业不可胜数,无严重之外患,此时尽听迎线装书于毛厕之中,尊孔读经,可曰"此其时矣"。故共觉文、法可缓图,线装书仍应投入毛厕耳。但当时弟欲投线装书于毛厕,私心亦何尝不望最少数之人守候在茅厕边,将欲投者窃取而私藏之,以备三十年后之欢迎。②

应当说,在当时痛斥线装书,呼吁不看中国书的人们,其实都具有深厚的国学功底,他们对于中国传统经典的看法,除了形势使然外,似乎还有一丝"爱之深责之切"的意味。但是,这些人在当时的社会影响力,以及近代

---

① 蒋梦麟.一个富有意义的人生[M]//激荡的中国.北京:九州出版社,2015:327.
② 王世杰.吴稚晖先生关于"投线装书于毛厕"的解释[J].传记文学,1971,18(6).

以来中国传统学问在面对"西学"时"节节败退"的局面，使得中国书不如外国书的观点在当时有很强的影响力，其余绪甚至波及今日。

2007年3月两会期间，朱永新委员与多位知名作家联合署名，提交了设立"国家阅读节"的提案。提案被公布后，迅速引起社会各界的关注。3月22日，文化学者余秋雨在其博客上发表《对四个重大问题的紧急回答》，就包括阅读在内的问题提出了自己的观点，其中的第四篇，余秋雨说道：

> 与旧时代文人的向往不同，我不认为阅读是一件重要的事。对文化见识而言，更重要的是考察、游历、体验、创造。阅读能启发生命，但更多的是浪费生命。孔子、老子、墨子、庄子为什么比我们伟大？因为他们的阅读量不到我们的万分之一。我们当代人的脑子已被文化垃圾塞满，即便拥塞的全是精华，也必然导致交通堵塞、营养过剩的死疾。比尔·盖茨曾说他早已读过一些最基本的书，今后不会多看书，我很理解。因为当代太忙，第一线的创造者们不会有时间写书，写成了书就不再是最前沿的了。[1]

确如余秋雨所说，在信息爆炸的时代，普通人所能接触到的知识数量都是十分惊人的，在这种情况下，读什么的问题显得尤为重要。但这种看低经典阅读的心态，不能不说与民国以来历次运动中对于传统文化的批判态度有关。

前面我们已经分析了，近百年来关于中国经典到底应不应该读的争论，与西学东渐、中国的近代化进程紧密相关。客观地说，虽然世界文明总体发展趋势是各种文明的互相交融，但在20世纪的一百年里，大部分时间都是西方文明对中华文明的强势输出，中国处于学习、跟随的位置。那么，在解决为什么要读经典之前，我们不妨来看看西方文明对于经典阅读的认识。

中国人注重传统经典的阅读，或许源于中国悠久的传统所赋予我们与生俱来的情感。而在西方，一个人不管从事什么行业，在他经受的家庭、社会、

---

[1] 余秋雨. 对四个重大问题的紧急回答[M] // 朱永新. 我的阅读观. 北京：人民大学出版社，2011：114–115.

学校教育中，起码诵读、学习过荷马史诗、柏拉图或亚里士多德等的希腊哲学、西塞罗等的罗马政论、莎士比亚文学作品等。这都是被视为理所当然的，是他们人文修养的基本功。[①]

  以美国为例，虽然美国的历史非常短暂，但其各级教育中的人文经典教育已经发展得相当完善。美国高中阶段都有AP（Advanced Placement）课程，可称为"高水平课程"或者"先修课程"。只要想上大学的优秀学生一般都要选AP课程。以夏威夷夏娃市（Wahiawa Hawaii）的雷乐华高级中学（Leilehua High School）的"AP英语文学与写作"课程为例，在一年的课程时间里要阅读15个剧本、36部小说。单就数量来说，就已经超过了国内很多英美文学专业本科生的阅读量。从阅读的内容来说，15个剧本中，有8部欧洲古典戏剧，如索福克勒斯的《俄狄浦斯王》和《安提戈涅》，莎士比亚的《李尔王》《麦克白》《奥赛罗》和《驯悍记》，还有易卜生的《玩偶之家》和《海达·高布乐》。36部小说中，既有英美古典名著，也有英美现代经典之作。英国小说如狄更斯的《双城记》与《远大前程》、哈代的《德伯家的苔丝》、奥斯丁的《傲慢与偏见》、艾米莉·勃朗特的《呼啸山庄》、奥威尔的《1984》、赫胥黎的《美丽新世界》等。美国小说则有霍桑的《红字》、麦尔维尔的《白鲸》、马克·吐温的《哈克贝利·费恩历险记》、斯坦贝克的《人鼠之间》《愤怒的葡萄》《珍珠》、凯特·肖邦的《觉醒》、普拉斯的《钟形罩》、海明威的《老人与海》、菲茨杰拉德的《了不起的盖茨比》、福克纳的《我弥留之际》与《喧哗与骚动》等等。学生们不仅要阅读这些作品，还要通过上课与讨论学习一些文学流派，如古典主义、现实主义、印象主义、超验主义、后现代主义、荒诞派等等。[②]

  如果说经典阅读在美国中学阶段属于提高性质的精英教育的话，在大学阶段则属于普及的通识教育。20世纪20年代初，美国哥伦比亚大学历史和社会科学的教授们开设了"现代文明"的课程，要求学生精读各种西方经典著作，

---

① 郭齐勇．人文教育从经典导读出发［EB/OL］．［2013-05-25］．http：//www.fjdh.com/wumin/2010/04/153715 102132.html.
② 郝振省．中国阅读：全民阅读蓝皮书：第二卷［M］．北京：中国书籍出版社，2011：366.

在阅读原典的基础上形成自己的观点，以口头和书面的形式提交报告。经典著作的书目由教授挑选，选择的标准包括：作者的历史地位、作品思想的持久的重要性以及作品引发思考与争论的能力等。随后该校英语系教授们又开设了一门"通识荣誉"（General Honor）的课程，每周2课时，学生必须读完指定的一本名著才能参加讨论。上述课程后来衍变为哥伦比亚大学的通识教育核心课"人文经典系列"，要求新生必修"人文A"，以小班形式攻读和研讨重要的西方文学名著，二年级的学生必修"人文B"，通过大课的形式教授音乐和美术。"现代文明"的课程为学生提供了一个哲学和社会理论名著选目，而"人文经典系列"课程则致力于提供一个欧洲文学名著的标准选目。前者意图在西方历史、哲学和政治思想等领域里为学生打下扎实的基础，"文学人文"则将学生推向西方文学的巅峰，让他们年轻的灵魂在文学的经典中得到一次洗礼。这两个目录包含了大量的传统经典，包括《圣经》《古兰经》，以及柏拉图、亚里士多德、马基雅维利、笛卡儿、约翰·洛克、卢梭、亚当·斯密、康德、马克思、达尔文、弗洛伊德、荷马、但丁、薄伽丘、莎士比亚、陀思妥耶夫斯基、伍尔夫的著作，等等。

哥伦比亚大学的实践收到了良好的效果，在其影响下，20世纪40年代，美国的众多著名大学都开设了类似课程，如哈佛大学"红皮书"（Red Book）报告、芝加哥大学的"西方世界伟大名著项目"等。[①] 哈佛大学的红皮书报告规定，大学毕业最低限的16门课程中，通识课程占六科，必须在人文、社科、自然三大领域中至少选一科，而人文领域至少要读"文学经典名著"（Great Texts of Literature）一科。而芝加哥大学校长赫钦斯在1929年上任之初即开展教学改革，放弃通行的让学生自由选修的做法，系统精选了西方经典名著，作为通识教育的共同必修教材，要求所有学生必须选修。这批名著包括希腊罗马的史诗、戏剧，欧洲中世纪经院哲学的作品，文艺复兴、科学革命、启蒙运动一直到19世纪的马克思及达尔文等的经典名著。芝加哥大学的教学方式——让学生直接阅读经典，而非教科书。在赫钦斯看来，"圣贤书"在20

---

① 王定华. 透视美国教育[M]. 北京：北京大学出版社，2012：297.

世纪遭遇了危机，一方面由于其古老高深，一般人望而却步，成为专家学者私有的天下，另一方面，由于人文科学、社会科学的教授、学者青睐于自然科学方法，传统经典被束之高阁。他认为，圣贤经典能够挽救教育上的畸形发展，使得个人的为学、做人、治事有一定的道德准绳，并能帮助学生学会思考最重要的问题，获得全面发展。直到现在，该校的圣约翰学院仍然坚持着"伟大的名著"阅读计划。他们还将这套精选的巨著交给大英百科全书出版社出版发行，从而把经典通识教育从大学教育延伸到社会教育，在社会上掀起一场以阅读名著、名著讨论为主要学习模式的"西方名著阅读运动"。

1991年，哥大校友、美国《纽约》杂志的电影评论家大卫·丹比，在他48岁之际，突然回到母校选修"现代文明"与"文学人文"这两门课，重读西方经典。他之所以这样做，主要源于他自身的知识危机。作为媒体人，他深感：媒体给予信息，但信息在20世纪90年代已变成瞬息万变、十分不稳定的东西。一个人永远不会得到充分的信息，这就是美国人现在焦虑不安得像半疯了一样的诸多原因之一。20世纪末，媒体威胁着要"全面接管"，但他却说"我拥有信息，但没有知识"，"严肃的阅读或许是一种结束媒体生活对我的同化的办法，一种找回我的世界的办法"。在谈到母校坚持开设这类课程的原因时，他说：

学校很清楚地知道，消费主义和平庸趣味的污染从来没有远离过这些经典著作名单。学校试图通过它组织和教授这两门课的方式驱除这种污染。首先，阅读常常是艰涩的，对当代的学生来说尤其如此。这是对西方传统的极度尊崇，而且校方坚持认为它是必要的。……它们应该成为每个人的教养的一部分。[①]

当然，在不同的社会发展时期，人们对经典的需求也是变动的。进入21世纪，美国教育界，经历了从最开始的重视英美经典，再到后来转向东方经典，继而又回归传统经典的过程。曾在美国任教的学者李欧梵谈到对经典阅读的感受时就说：

---

① 大卫·丹比. 伟大的书[M]//曹雅学，译. 南京：江苏人民出版社，2003.

第一讲
中国传统文化经典概论

我教书三十年，最开始教的学生和现在学生对待经典态度完全不一样，我开始教书的时候，年轻人还是蛮注重经典的，现在的年轻人全世界都一样。不过在哈佛，那里的学生你让他读经典真的会读，还会有自己的看法。

美国大学里对经典阅读的要求是"解读"，这种解读方式是西方人文主义传统。在美国学界，过去十年反经典十分厉害，他们认为教授经典就是保守，是白人至上。现在美国学界当然没有芝加哥大学当年的那个读名著传统了，也没一定要求读完多少本名著，现在都乱了。现在的说法是，要读第三世界的经典，老经典都不要看。不过最近情况又有变化，大家又开始重读经典了。……对我个人而言，经典是安身立命的所在。我今年退休，现在还不读经典做什么？我花了不少时间写杂文、讲学等，这些行为是后现代社会所有知识分子共同面对的危机，你没有时间去阅读特别是厚重的书，常常会有飘浮不定感，而阅读经典就能把你钉住。我常常反省自己，如果每天的生活要有意义、扎实，那就应该去读经典。①

可见，人文经典的作用是长期而深远的。应当说，随着科举与清王朝的结束，传统典籍与知识分子就越来越疏远了。在20世纪，传统典籍所构建的知识体系已经不能适应时代的需要了。但这不等于说，传统典籍就已失去了生命力。随着时代变迁，经典的内涵在变化，经典的价值也在被不断重新定义。对于古人来说，经典是前人智慧的结晶，阅读经典不仅可以提高个人修养，体悟万事万物之理，更是治理国家、建立功业的基础。从现实角度来说，儒家经典是科举考试的主要内容，经籍是古代读书人的进身之阶、登天之梯。因此，经典在古人心中的地位是十分神圣的，经典崇拜是中国古代阅读传统的核心。现代社会，经典中记载的知识性内容有许多已经过时，笼罩在经典上的神秘主义色彩也不复存在，人们尊重经典，从经典中汲取力量，但不会如古人般迷信经典。那么，我们为什么仍要倡导经典阅读呢？

---

① 石剑峰.李欧梵谈经典的阅读和重读［N］.东方早报，2009-08-09.

首先,经典是一种文化传承。朱自清先生在《经典常谈·序》中谈到为什么要读经典时说:

在中等以上的教育里,经典训练应该是一个必要的项目。经典训练的价值不在实用,而在文化……再说做一个有相当教育的国民,至少对于本国的经典,也有接触的义务。

梁启超在《治国学杂话》中也强调:

好文学是涵养情趣的工具,做一个民族的分子,总须对于本民族的好文学十分领略,能熟读成诵,才在我们的"下意识"里头,得着根柢,不知不觉会"发酵"。

我们常说,中华民族是一个拥有五千年灿烂辉煌文化的文明古国,那么我们的文化传统有哪些?精髓何在?对于我们的现实生活有何影响?这些问题都需要通过阅读经典来解决。

其次,经典是启迪智慧、涵养气质的养料。近代著名教育家唐文治先生在民族危亡之际曾经说过:

吾国经书,不独可以固结民心,且可以涵养民性,和平民气,启发民智。故居今之世而欲救国,非读经不可。[①]

时移世易,时代的发展让我们拥有了古人难以企及的知识,许多对古人来说无法想象的事情今天已经成为人们的基本常识。但数千年来先哲对人生价值、人类命运的探索永不褪色。人类从山林走向田野,从蒙昧走向清明,在漫漫历史长河中,如何与自己相处?与他人相处?与自然相处?古人的思

---

① 唐文治.大家国学:唐文治卷[M].天津:天津人民出版社,2008:123.

考从未停歇,思考的结晶就是一部部流传千古的经典名篇。今天我们阅读经典,重点不是学习知识,而应着重体会贯穿其中的先哲智慧、人生信仰,从经典中吸收营养,帮助自己形成独立完善的世界观、人生观和价值观。

再次,经典阅读是提高语文能力、培养写作水平的有效手段。这一点对于青少年读者尤其重要。经典作品经过了岁月的沉淀,其思想的深邃性毋庸讳言。但对经典思想性的理解,是需要以一定的人生阅历为基础的。并且人们对经典的理解,会随着阅历的累积而不断深入,因此,经典才会成为那些常读常新的作品。青少年处在成长阶段,人生经验几乎是一张白纸,要求他们体悟经典的深邃思想,本身就是不现实的。青少年在阅读古代经典时,觉得读不懂,读不下去都是十分正常的现象。今天的孩子从小接受的就是白话文教育,文言文涉及较少,没有语言环境的帮助,读古时候的书确实是十分困难的。我们应当正视这一点,严肃阅读与休闲阅读本就不同,需要读者付出更多的努力,克服阅读上的种种障碍。而当我们通过自己的努力,征服了文字上的困难,所获得的阅读快感也是加倍的。而更为重要的是,我们在青少年经典阅读的读物选择上应当是有所抉择的。在刚刚开始接触经典读物的阶段,应当选取那些内容较为简单、韵律感较强,更能体现文字之美的作品。举例来说,《论语》的思想价值堪称古代经典之巅峰,但很多内容孩子们是很难理解的,比如"三十而立,四十不惑"之类,这类作品就不宜选为青少年经典阅读的读物。古人发蒙,以小学为先,通过《三字经》《千字文》等韵律感强、朗朗上口的童蒙读物,让孩子掌握常用文字,并获得一些基本知识。长成之后,才开始系统学习经史子集四部学问,道理也是一致的。王余光教授通过长期的研究和教学实践提出,小学之前不宜过分要求孩子阅读古代经典,以免损伤他们的阅读兴趣。进入小学阶段,可以《唐诗三百首》《宋词三百首》等韵文选集为读物,培养语感,提高孩子们的写作水平,积累文言文阅读的经验。初中之后,可以精读《古文观止》等散文集中的选篇,掌握文言文的阅读方法,培养青少年对于美的鉴赏能力。这是由经典的工具属性决定的,同样不应被我们忽视。

经典,是先哲思考与实践的智慧结晶,代表了人类反思己身、认识世界的最高成就。古往今来，一代又一代的人们从经典中汲取力量，提高修养，完善人格，传承文化，同时也在不断的思考中继续丰富经典的内容，赋予经典时代的特性。这是经典著作能够穿越时间的迷雾，代代流传，历久而弥新的根本原因。经典，不一定能够教会你谋生的手段，却能激励你鼓起探索未知的勇气；它诞生的年代也许远隔千年，但其中蕴含的道理却让人觉得仿佛就在身边。不论身处任何时代，我们总能从经典中找到现实生活的影子，在感叹古人智慧的同时，每个人也都在参与经典的现代演绎。这是经典的生命力，也是经典的最大价值所在。

过去的几十年，我们在经济建设上投入了全部力量，相对忽略了文化建设和价值观养成。今天，中国人面临的物质条件得到了很大的改善，但是精神世界却仍待充实。对物质的过分追求蒙蔽了人们探寻高尚精神世界的乐趣，社会普遍存在着焦虑、浮躁的情绪，我们将经典阅读作为治愈这一切的良药，这是经典阅读推广十分重要的现实价值。

第二讲

从七略到四部——中国古代的知识分类

上一讲我们解决了经典是什么和为什么要读经典的问题。对于中国人来说，认同经典的价值或许并不困难，现代人面临的真正问题在于——读哪些经典，经典怎么读。经典是古人智慧的结晶，但是只有那些用特定的记录符号，以一定的载体形态流传下来的典籍才有机会被后人认知，通俗地说，只有形成了书籍或者作品，才会有经典的诞生。因此，在中国古代社会，经典一般都产生于学术文化活动之中。在解决经典怎么读的问题之前，我们有必要先简单地回顾中国古代学术文化的发展历程，以及中国古代的知识分类体系。

第一节　中国古代的学术文化

"文化"一词古已有之，本义为"以文教化"之意，随着词义演化，在现代语系中有了更为丰富的内涵。狭义而言，文化包括文字、知识、思想、教育、风俗等；广义而论，文化则是涵盖了人们生活的一切，不仅包括物质世界的种种，也包括人们的价值观念、道德标准、思维体系、政治制度等精神文明，从这个意义上说，"文化"二字无所不包。中国的传统文化，是中华民族自立于世界民族之林的根基和灵魂。

"学术"同样是一个含义很宽泛的词，在古代，作为名词的"学术"可以代指治国之术，也可以泛指学问、学识，作为动词的"学术"又可指学习治国之术，或者教化。近代以来，在西方专科治学的思想影响下，学术多被认为是有系统的较专门的学问，比如，梁启超的名著《清代学术概论》，即取此意。如果将人类文明分为物质文明和精神文明，那么学术无疑属于精神文明领域，学术活动是对实践、以及人的思维的理性概括，其成果大多体现为各种论著。应当说，学术活动既是传统文化的组成部分，同时也为文化发展提供支撑，是文化传统不断完善并生长出新的内容的土壤。了解中国古代学术文化的发展脉络，是我们阅读并理解经典的基础。

中国古代学术文化的起源，大约发生在殷商之世，史官从巫史传统中独立出来，脱去神职，专掌人间礼事。史官掌国政，自然就需要记录政务、治理经验的典册。汉代以后，史官多掌经籍，就是由此发展出来的。担任史官的人，地位尊贵，能够对政事诸端发表自己的见解，可视为中国学术思想的起源。

史官是最早的学术阶层，由他们记录下来的典籍就是最早的学术著作，而此时的典籍，大多是对政事的原始记录，因此清代的章学诚在追溯中国文化史源流时说："六经皆史也。古人不著书，古人未尝离事而言理，六经皆先王之政典也。"（《文史通义》卷一）就是说，后世追奉的六经（诗书礼乐易春秋），并不是某人的独立著作，而是"先王"时代流传下来的政事集合。在这种史官建置下，学术、阅读都是贵族阶级少数人的特权，造成了"学在官守"的格局，也就是说只有在官府任职，世代相继的阶层才有学习的机会。

这种局面一直持续到春秋末期，春秋末期至战国年间，是我国历史上一个具有里程碑意义的变革时期。周王室衰落，诸侯争霸，王室已经无力维系"学在官守"的旧制，相继兴起的诸侯国在争夺霸权的道路上需要大量人才辅佐，一个学术大分裂、大发展的时代也随之到来。随着士阶层的兴起，私人著述、自由讲学之风盛行，各种学术主张在竞争中融合，融合中分裂，开启了百家争鸣的新时代。

诸子学兴起的原因，自古有两种说法：一种为《汉书·艺文志·诸子略》的诸子出自"王官"之学说，西周末年礼崩乐坏，原本由史官执掌的先王政典散落民间，学术下移，先秦诸子在此基础上建立了自己的学派。另一种说法是《淮南子·要略》中的诸子兴于救时弊说，平王东迁，周王室的统治力大大削弱，继起的诸侯国为了争夺天下霸权，战乱频仍，社会动荡不安，诸子百家是士阶层中的精英，他们提出自己的政治主张、治国理念，是为了解决当时的困局，让社会重新安定。这两种说法都有一定的道理，后世学者多采二者综合的观点。

诸子百家到底有多少"家"？按照《汉书·艺文志》的说法，合计"诸子百八十九家，四千三百二十四篇"，就其对中国传统文化的贡献和当时的社会影响力来看，儒、墨、道、法四家可称显学。

儒、道二家可以说是中国古代人文学术体系中最为重要的两根支柱，至魏晋后与佛教并称"三教"，上升到类似宗教信仰的存在。先秦儒家，开创于春秋末期的孔子，被战国时期的孟子、荀子发扬光大。儒家学说的核心思想包括"智""仁""礼""义"几个方面，其精神主要体现为：首先，重视教育。孔子门下弟子三千，贤者七十二人，孔子在长期讲学的过程中，整理六经，规定了儒者修习的内容，确立了有教无类、学而不厌、诲人不倦的教育理念。孟子周游列国，授徒游说，倡仁义之学。荀子在稷下学宫"三为祭酒"，《劝学》名篇光耀千古。其后的历代大儒，无不以重教育而名世。其次，重仁重义的伦理精神。第三，重礼治的国家观念。"仁"和"礼"是孔子确定的两个核心原则。前者更偏向于个人修养，是儒家认同的高尚人格；后者则是儒家的政治主张，希望实现以礼治国的德化观念，最终达到天下太平、国家治理的最高目标。

如果说儒家思想追求的是德化，展现积极入世的姿态，那么，道家学派恰与之相反。先秦道家以老、庄、列三家为主流，其核心命题为"道"，所谓"道"，我们可以近似地将其理解为宇宙、人生运行的根本规律。道家学派追求大道，同时也认为道的运行是不以人的意志为转移的，所以需要通过提高自己的修养去"合于道"，相应地在政治主张上倾向于"无为而治"。

与儒道二家长期影响中国不同，墨家在秦代以后就慢慢衰落了，但在当时墨家的影响力不容小觑。墨家的创始人为墨翟，其核心思想：一为"兼爱"，反对亲疏等级，要求"上下相兼爱，爱人若爱其身"；二为"非攻"，倡导和平思想；其三为"尚贤"和"尚同"，是对周礼世卿世袭制度的批判；第四为"尚俭"，要求教派人员过俭朴的生活；第五为"知类"，就是今天说的逻辑思想。墨翟创立墨家学说后，将其追随者集中起来组建了一个严密的学术团体，帮助弱小国家抵御侵略，并四处游说国君实行其政治主张。在法家崛起之前，儒墨二家并称显学，《韩非子·显学》云："世之显学，儒墨也。儒之所至，孔丘也；墨之所至，墨翟也。"

先秦法家的代表人物有商鞅、申不害、慎道、韩非等人，其中韩非是法家思想之集大成者，其思想要点包括法、术、势相结合的法治思想及"法后王"的社会历史观。法家认为，时代不同，社会治理方式也应随之发生变化，"术"的实行要根据当时的"势"来调整，因此，当代"圣王"的言行、制度与去今已远的"先王"相比，更加值得尊崇。汉武帝"独尊儒术"后，表面上是儒家一家独尊的局面，实际上中国两千年帝制是外儒而内法，法家思想仍然在社会治理中发挥着重要的作用。

经历了春秋战国数百年的战乱，天下复归于秦。秦火过处，诸子百家受到了沉重的打击，百家争鸣化作历史的尘埃，中国就此进入了漫长的帝制时代。西汉建立后，为了恢复国力，初期奉行"黄老之术"，与民休息，同时重新搜集先秦典籍，复兴文化。而两汉在学术史上最突出的成就，就是经学的建立。前面我们在阐释经典的本义时已经提到，"经"最早并非专指儒家书籍。"六经"一词，初见于《庄子·天运篇》。直到汉代学者奉儒家原典"六艺"为"经"，取其经天纬地之义，"经"才慢慢演化为儒家经典的代名词。汉儒奉经书为经典，立经典为经学，由此形成了其后中华两千年学术之主流。

汉代为何会产生经学？根本原因是帝国政治的内在需求。经过长时间的休养生息后，汉代的社会经济得到了恢复，"黄老学说"讲究清静无为，不再适应加强中央集权，强化帝制的需要。汉武帝时的大儒董仲舒抓住了这个历史机遇，将阴阳五行学说与儒家思想相结合，建立了一套与天道圣统和宗法制度相契合的新政治伦理，在汉武帝的强力支持下，儒家终于获得了独尊的地位。

经学就是阐释经书的学问，儒家经典大多微言大义，人们对其理解必须依赖于今人的解释。而其出现的直接诱因，则要溯及贯穿整个汉代的今古文之争。

秦帝国建立后，实行文化专制，不允许民间私藏医书、农书之外的典籍，诸子百家之书均在禁止之列。汉代建立后，重新访求书籍，按照记录所用文字的不同，被分为今文和古文两类。今文，就是今天所说的隶书，是西汉时期使用的通行文字，今文经大多是由曾在战国、秦代生活过的老儒口授，再被以通行文字记录下来的。古文相对于今文而言，是秦代以前使用的各种古老文字，又被称为籀文。古文经大多是向民间征集或通过献书而来，最著名的事件就是武帝末年，鲁共王发孔子旧宅，在旧宅壁中发现大量经书，被孔子后代孔安国整理后献于学宫。今古文经之争，表面上看是文字上的不同，实际上是两种政治路线的搏斗，今文学家和古文学家各自以今古文经为武器，按照自己的政治主张阐释经书，并希望自己的学派能够压倒另一方，客观上促进了汉代经学的形成与完善。近人周予同在《经今古文学》中曾比较二者的差异：

今文学：崇奉孔子；尊孔子为受命的"素王"；认孔子是哲学家、政治家、教育家；以孔子为托古改制。以《春秋公羊传》为主，为经学派。斥古文经传是刘歆伪造之作。信纬书，以为孔子微言大义间有所存。

古文学：崇奉周公。尊孔子为先师，认孔子是史学家。以"六经"为古代史料，以《周礼》为主，为史学派。斥今文经传是秦火残缺之余。斥纬书为诬妄。①

自汉代经学形成一直到清末，今古文经学之间的交锋构成了中国学术的中轴，争论的问题大致不出上述方面。

三国两晋南北朝是我国历史上的一个大分裂时期，不可一世的汉帝国灭亡后，群雄并起的局面持续了三百余年，虽然有西晋短暂的统一，但纷乱的世事既给学术发展带来了障碍，也使魏晋学术与前汉呈现出不同的面貌。这一时期，

---

① 周予同.周予同经学史论著选集：增订版［M］.上海：上海人民出版社，1983：9.

魏晋玄学的兴起是其最大的特点。玄学兴起的原因，源自汉帝国经学政治文化的瓦解。大一统政治、儒家大一统思想似乎也随着汉帝国的衰败而被扔进了历史的角落，与关心时事、积极入世相比，魏晋士人更愿意沉浸在自己的"小世界"中，更加注重个人情绪的表达，表现出的外在形态便是"处士横议""论无定检""任情放纵"。从学理上说，魏晋玄学追求的是冲破汉学的枷锁，从旧的礼法中解脱出来，贯通儒道，思考宇宙人生的"义理"。这种思想倾向决定了魏晋士人疏狂不羁、洒脱放达的形象，魏晋学风亦一改汉代经学寻章摘句、严谨求实的作风，转向探求义理、崇尚清谈，注重哲学范畴的探讨。

玄学偏向于谈辩，对许多话题的讨论在我国哲学史上均有重要的地位，是中国哲学发展的一座高峰。但其弊病同样也在于此，玄学家从畅谈玄理到纵情山水，使其与实际政务、现实世界之间的距离越来越远，以至于玄学末流自放于山水而疏于理性思考，学术内部的危机已若隐若现。当下一个大一统时代到来前，东汉以来传入的佛学完成本土化改造后，玄学便走向了末路。

佛教从东汉末年传入以来，经历了由异域性到中国化的认同过程，魏晋玄学为其导夫先路，至隋唐时期，由于皇权的加持，最终取代汉晋经学、玄学而成为学术主流。佛学的传播，首功在佛经的翻译，译经事业在中国的发展经历了三个阶段：自东汉至西晋为外国人主译时期；东晋至南北朝为中外共译时期；唐贞观至贞元为中国自译时期。中国的佛学，并非对印度佛学的机械继承，而是在整合了大乘空观与中国心性之学基础上，形成的本土化、中国化的宗教流派。隋唐时期，佛教教派林立，但对后世影响最大的有"五宗"，即天台、法相、华严、禅宗、净土宗。其思想内核是对汉晋以来笺注学风及佛典传译之影响的消除，也是对传统学术中强调个性、平等的"人皆可以为尧舜"思想的发扬，对宋明理学的发展产生了重要的影响。

道教是中国的本土宗教，形成于东汉中后期，黄老道的神仙思想化与儒学谶纬化是道家学说从哲学到宗教化发展的历史中介。道教的教义思想内容，初期比较粗糙、不成系统，随着南北朝时期教团组织的整顿和发展，一些道教思想家对于道教教义的整理、深研和阐发，如北朝寇谦之"清整道教"，南朝陆修静整理"三洞"经书，陶弘景排列道教神系，臧玄静阐述道教"玄学"，使道教的宗教思想理论得到了长足的发展。隋唐的重玄学是道家思想发展的第四个阶段，继承和发展了先秦道家的老庄思想，并融合了大乘佛学思想，主张"非有非无"的思想观念，是纯粹道教义理的阐述和论证，属于哲学的范畴，从而体现了一种宗教向哲学的回归。这种回归，上接魏晋以后悄然消逝的道家义理的思想脉络。隋唐时期的道教思想逐渐臻于成熟，为道家学说发展成为与儒学、佛学并列的中国传统文化"三学"之一奠定了基础。

宋元时期，以韩愈、柳宗元、李翱为代表的知识分子发起了"古文运动"，以文学改革为号召，兼具思想改革和社会改革的性质，旨在一改六朝以来奢靡华丽的文风，恢复两汉以来的儒学道统。这一运动带来的直接结果就是：理学在宋代的诞生，是儒释道三教融合趋势发展到一定阶段的必然产物。

"理学"一词初见东晋《明佛论》，以"理学精妙"比喻佛门义理，至南宋陆九渊《与李省干》用来专指宋代儒学之学，后来逐渐演化为"性理之学"的简称。从学术史的角度看，理学传承了儒学道统，为近古学术之主流。但它的形成实际上得益于魏晋迄唐以来三教之融合，从学理上看，理学吸收了道家的宇宙观、佛学的因明学来弥补儒学只讲形而下之人生观的不足，建立了"性、道、教"的逻辑结构。同时，中唐以来疑古惑今的思潮，也决定了理学是对旧宗法秩序和道德观念的重建，因此也有"新儒学"之称。理学的形成，是在宋代文化制度变更，包括科举制度的完善、宗法制度的重构、书院制度的形成、馆阁和台谏制度的完备等诸多动因下的必然产物，是社会发展的内在要求。举例来说，魏晋南北朝以及唐末以来，中原王朝积弱，屡遭北方少数民族政权和地方藩镇侵袭，故而理学争相以"尊王攘夷"为号召，希望复兴王道政治与儒学传统，重建新的人伦秩序。

宋明理学的发展经过了四个阶段：第一阶段以周敦颐的"濂学"、张载的"关学"、二程的"洛学"为代表。第二阶段以朱熹的"闽学"、陆九渊的"象山学"为代表，是理学的鼎盛时期。第三阶段为元明时期的理学成熟期，此时由于朱熹的"闽学"已经被奉为科举考试的标准，朱学独尊的局面已经形成。

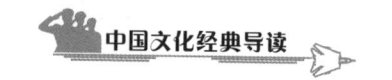

第四阶段是理学的衰落期，以明末心学的昌盛为标志，尤以"阳明学"为代表。理学的本质是对伦理哲学的深度探究，其学术体系的构建有两条路径：其一为返本，即回归先秦儒学的人伦道德；其二为吸纳，吸收包括释、道、玄学理论在内的汉唐学术，以改造旧儒学。理学诸流派的差异，大致都是由于在上述路径上的选择不同。

清代是我国最后一个王朝，清朝统治者虽然以少数民族入主中原的姿态登上历史舞台，但在清初的短暂磨合后，很快便接受了以儒学传统为主的中原文化，这是清朝的统治能够稳定下来的根本原因。但日益封闭的专制统治也决定了这将是中国传统学术最后的辉煌。

从历史的角度考察清学，清代中前期的清学，最显著的特征是对汉学和宋学的选择、融合与超越，以朴学为代表。鸦片战争后，西学东渐则成为主流。

清代初年，清学的兴起是建立在对明朝中后期以来心学横流批判之基础上的，明代阳明心学以朱熹理学反叛的姿态出现，对明代中期以来的思想解放起到了重要的促进作用，但发展至后期，心学末流空言心性，颓败空疏的作风流弊甚广。清初诸儒检讨明代末年政治腐败，大多将其归因于此。在反思的基础上，清儒强调实学精神，要求学术活动应当经世致用；在研究方法上则重视考据、探究学理，这些都构成了清学的核心精神；在学术研究方面，清代的学术以经史学问为主，但受到民族政策、文化政策的影响，在研究取向上更倾向于考据之学。

道咸以后，受时局影响，清学展现了两条不同的演进路径：在传统学问方面，感慨于清王朝的极速衰落，抛弃了一字一句上的汉宋之争，转而投身于学术上的综合和总结，汉宋融合的趋势进一步加强。另一条路径，则是在西学东渐背景下，传统学术艰难的近代转型。胡适在《新思潮的意义》一文中曾经总结近代学术思潮的"两个趋向"，一是"讨论社会上、政治上、宗教上、文学上诸问题"，一是"介绍西洋的新思想、新学术、新信仰。自此，西学和实学成为中国学术的主流"，中国学术近代化的进程就此艰难开启，至今仍在途中。

第二节　从《七略》到《隋书·经籍志》
——古代知识分类的演变

前面我们介绍了中国古代学术文化的大致脉络，在五千多年的历史长河中，中华文化博大精深，各个领域都涌现出大量经典著作，那么，经典的具体内容和学科门类有哪些呢？我们可以首先从古代知识分类变革的角度来了解中国古代学术的源流。

文字被发明后，由文字记载的书籍便随之出现了，当书籍的数量达到一定规模后，为了便于查找和使用，管理者需要按照一定的规则对书籍进行整理，目录学就是研究如何更好地管理和利用书籍的一门学问。夏商周三代之世，生产力水平还比较低下，文字作为少数贵族和巫史掌握的特权，只有与国家命运、战争祭祀等相关的大事才有被记载下来的可能，其中流传至今的代表就是殷墟甲骨。这一时期，由于典籍的数量还很稀少，人们对其整理一般只需遵从时间和事件的顺序排列，还没有学术分类的观念出现。

春秋战国是我国历史上第一个思想解放的时代，诸子并起，百家争鸣，学术思想的活跃，促进了社会和学术的发展。其中尤以孔子的贡献对后世影响最巨。春秋以前的教育"学在官守"，章学诚释之为"三代盛时，天下之学，无不以吏为师"[1]，故有吏则有师，只有官学才有能力提供教育资源。春秋时期，"礼崩乐坏""礼失而求诸野"，官守典籍散入民间，孔子整理经书，提出"有教无类"的教育理念，使受教育者的范围得到了一定程度的拓展。然而，由于当时的典籍主要以简帛书写，普通士子根本无法承担，知识的传播主要依靠师徒之间的口传心授，学生必须追随老师进行学习和阅读。《礼记·曲礼上》有云"礼闻来学，不闻往教"[2]，正是这种现象的写照。孔子除了是一位伟大的教育家，还是一位卓越的文献学家。他在教授生徒的过程中，系统整理了三代流传下来的图书文献，将其归纳总结为"诗、书、礼、乐、易、春秋"六

---

[1] 章学诚.文史通义[M].吕思勉评.上海：上海古籍出版社，2008：70.
[2] 郑玄注，孔颖达正义.礼记[M].上海：上海古籍出版社，1990：15.

经，并在编定六经的同时，对其中的一些地方提出了自己的意见和解释。孔子和他的弟子在各地继续传播六经，形成了一个有共同学术主张的流派，这就是儒家学派。其他诸子学派的情形与此类似，他们在阐释古代文献的基础上，积极著书立说，通过讲学扩大著述和政治主张的影响。这标志着我国学术思想史上私人著述时代的到来，也为后世学科分类打下了基础。

古代第一部真正意义上的系统目录出现在公元前1世纪末期——西汉刘向、刘歆父子的《别录》和《七略》。经过秦始皇焚书坑儒的残暴统治后，西汉政府在文化和经济方面都采取了较为宽松的政策。汉武帝时，曾感叹"书缺简脱，礼崩乐坏"，为此专门"建藏书之策，置写书之官"（《汉书·艺文志》）。经过历代经营，到了西汉末年，官府藏书达到了令人惊叹的规模，累积的书籍和"丘山"一样高，但是这些宝贵的书籍缺乏必要的整理，分散收藏在各个部门，不便利用，更不能反映西汉一代学术文化之盛况。因此，公元前26年，汉成帝命光禄大夫刘向作为总负责人，领导官府藏书的整理编目工作。此后又经过了二十余年的努力，到汉哀帝建平元年（公元前6）刘向去世之前，刘向领导的校书团队基本完成了对汉代官府藏书的校理。在每部书校对完毕后，刘向和他的团队都会誊写清本，然后再"条其篇目，撮其指意，录而奏之"（《汉书·艺文志》），即为每部书撰写一篇揭示图书内容的"叙录"，内容一般包括三个方面：校定本的篇目，校定过程的记录，全书大意。这种"叙录"，后世又称"解题""提要"或"述评""出版说明"等，开创了阐释图书内容、评价学术贡献的导读体例。

刘向去世后，他的儿子刘歆继承了父亲的事业，继续整理刘向校书的成果。在公元前5年左右，刘歆将所有的新校本集中于天禄阁，编成综合藏书目录《七略》7卷。而刘向所撰写"叙录"的单行本被汇编为20卷，以《别录》之名行世。《别录》《七略》的原本，大约至唐代便散佚了。所幸东汉班固撰《汉书》，创立了《艺文志》之体，基本据刘歆《七略》增删改撰而成，可供今人了解《七略》《别录》之概貌。

《七略》的大类称"略"，小类叫"种"，共著录图书38种，603家，13219

卷。虽名为七略,但"辑略"为全书大纲,总论先秦到西汉的各种文化学术流派,评述各流派的兴衰分合,并没有具体的图书,因此实际上是将全部书籍分为六类。其分类体系如下:

(一)六艺略。分为易、书、诗、礼、乐、春秋、论语、孝经、小学九种。收录儒家经典及传注之作。

(二)诸子略。分为儒、道、阴阳、法、名、墨、纵横、杂、农、小说等十种。收诸子百家作品。

(三)诗赋略。分为屈原赋之属、陆贾赋之属、孙卿赋之属、杂赋、歌诗五种。收文学作品。

(四)兵书略。分为兵权谋、兵形势、阴阳、兵技巧四种。收录军事文献。

(五)术数略。分为天文、历谱、五行、蓍龟、杂占、形法六种。

(六)方技略。分为医经、经方、房中、神仙四种。主要收录各种医学、科学及方士、巫术等杂家著述。

以六经为首,展现了汉武帝表彰六经,实行"罢黜百家,独尊儒术"的文化政策后,儒家占据了思想史的统治地位。诸子略将儒家和诸子百家并列,则又说明至西汉末年,人们依然认同诸子学说在社会生活中仍有很大的影响力。

刘向父子的"七略"分类体系,是根据当时图书事业的发展状况和学术思想的时代变迁而创立的。由于其编制体例严密、完备,很快被世人接受,对唐代以前的官修目录产生了深远的影响。《七略》《别录》之后,东汉的《汉书·艺文志》、南朝宋王俭《七志》、南朝梁阮孝绪的《七录》等,部类虽小有改革,但大体上都遵循七分法。

最早打破七分法的分类目录是西晋年间的《中经新簿》,由西晋的大学问家荀勖组织编撰完成。《中经新簿》将晋代官府藏书分为四类:一曰甲部,"纪六艺及小学等书";二曰乙部,"有古诸子家、近世子家、兵书、兵家、数术";

三曰丙部，"有史记、旧事、皇览簿、杂事"；四曰丁部，"有诗赋、图赞、汲冢书"，已经初具"经史子集"四部分类之雏形。东晋李充的《晋元帝四部书目》以甲乙为次，仍然没有标注经、史、子、集的类名。同时代仍然采用七分法的《七志》（王俭）、《七录》（阮孝绪），以类名标注图书内容和性质。

上述这些尝试为四部分类法的成熟奠定了坚实的基础。唐初，高祖、太宗先后数次命开馆修史，其中成书于显庆年间的《十志》之一——《隋书·经籍志》，是继《汉书·艺文志》之后的第二部史志目录，相比之前的目录书，《隋志》博采众家所长，仿"四"类书而"分为四部"，又采用了"七"类书目的类名标注方法，成为历史上第一部以经、史、子、集为类名的四部分类书目体系的著作。这样，自郑默《中经簿》，西晋荀勖《中经新簿》、李充《晋元帝四部书目》，四部分类法最终战胜了"七分法"，成为我国古代知识分类和图书分类之主流。

《隋志》的分类体系，是由"经史子集"四部加上"佛""道"两个附录共同构成的，共55个二级类目，除去佛道二部的15个子类有目无书，"经史子集"子部共有二级类目40个，其详目如下：

经部：

易以纪阴阳变化，书以纪帝王遗范，诗以纪兴衰诵叹，礼以纪文物体制，乐以纪声容律度，春秋以纪行事褒贬，孝经以纪天经地义，论语以纪圣贤微言，图纬以纪六经谶候，小学以纪字体声韵。

史部：

正史以纪记传表志，古史以纪编年系事，杂史以纪异体杂记，霸史以纪伪朝国史，起居注以纪人君动止，旧事以纪朝廷政令，职官以纪班序品秩，仪注以纪吉凶行事，刑法以纪律令格式，杂传以纪先贤人物，地理以纪山川郡国，谱系以纪世族继序，略录以纪史策条目。

子部：

儒家以纪仁义教化，道家以纪清净无为，法家以纪刑法典制，名家以纪循名责实，墨家以纪强本节用，纵横家以纪辩说谲诈，杂家以纪兼叙众说，农家以纪播植种艺，小说家以纪刍辞舆诵，兵法以纪权谋制变，天文以纪星辰象律，历数以纪推步气朔，五行以纪卜筮占候，医方以纪药饵针灸。

集部：
楚辞以纪骚人怨判，别集以纪辞赋杂论，总集以纪类分文章。

《隋志》的这40个类目虽然还远称不上完善，且多从《七录》中直接移植，但已经基本决定了四部分类法的总体架构，对后世影响深远，正如《四库全书总目》凡例所云：

自《隋志》以下，门目大同小异，互有出入，亦各具得失，今择善而从。

从七略到四部，表面上看是图书分类的部类变革，实际上却体现了汉代以来的文化之发展，学术之升降。自汉武帝实行独尊儒术的文化政策以来，儒家六经被奉为经典，在知识分类体系中独占鳌头，从"六艺"到"六经"，部类名称的变化，展现了这种"神圣化""经典化"趋势不断加强。中国古有史学传统，但受限于记载手段，早期"政史不分"，自《太史公书》出现后，史著激增，史学大兴，并脱离了经学附庸的地位，成长为一个独立的学术门类。春秋战国以来，学术下沉，在先秦诸子的大力推动下，平民教育取得了极大的发展，识文断字不再是贵族阶级的特权。东汉蔡伦改进了造纸术，简帛贵而纸贱，载体形态的变革，进一步扩大了知识群体的范围，为私人著述的大量出现创造了条件，集部书由此大兴于世。有升则必有降，在经历了先秦诸子百家争鸣的盛况后，思想上归于一统，诸子学说日渐衰落，相关著述大量减少。唐代以后，科举考试成为人才选拔的主要手段，而科举考试的内容围绕儒家经典展开，读书人不得不投入巨大的精力"皓首穷经"，使得我国古代在人文学术之外，科学技术诸项目均不发达，在知识体系上，表现为子部的庞杂，其他三部无法容纳的知识几乎全部被纳入此类。

从核心思想上说，七分法和四分法是一以贯之的，即相比类分书籍，更重视对学术源流的梳理，这是中国古代目录学最大的特征。由此带来的，则是对于书籍分类、检索利用的不便。因此，自四部法诞生之日起，就一直有目录学家试图改进其弊，表现突出的如宋代的郑樵，但四分法仍然占据了古代知识分类的主流，且改进者也只是在部类上进行调整，并未突破四部分类的精神实质。而清代《四库全书总目》的诞生，则标志着四部分类法发展至巅峰。

第三节 《四库全书总目》
——四部分类目录的集大成之作

《四库全书总目》亦称《四库全书总目提要》（简称《总目》），是清乾隆年间修《四库全书》的"副产品"，成书后的《总目》共200卷，著录书籍10254种，172860卷，其中包括"存目"中的书籍6793种，93551卷，是我国古代最大的一部官修目录。虽然是为《四库全书》的纂修而编制的目录，但却比《全书》多收6000多种书，因此，它不仅是《全书》的书目，也可以说是清乾隆以前中国古籍图书的总书目，是历代学者了解、研究乾隆以前古籍的重要工具。

顺治元年（1644），清军入关后在北京建立了清王朝。由于是少数民族入主中原建立的政权，清王朝统治者一直十分注意运用文化政策消除中原地区知识分子的民族思想。康熙年间，开博学鸿词科，组织编纂《明史》《古今图书集成》等大部头的丛书、类书。雍正时期，有意识地兴起文字狱，实行比较严酷的思想钳制。到了乾隆统治时期，下令纂修《四库全书》仍是这一文化政策的延续。而到乾隆即位时，清朝立国已逾百年，经过了数代经营，政权稳固，国家统一，经济发达，史称"乾隆盛世"，为《四库全书》的编纂奠定了坚实的物质条件。

乾隆三十七年（1772），乾隆皇帝下诏"稽古右文"采访遗书，标志着《四库全书》编纂工作的开始，在发布访求遗书诏的同时，乾隆下令在访书的过程中，需为采进之书撰写简明提要，是谓《总目》编写之缘起。需要注意的是，在下诏之初，乾隆的本意只是为采进之书编一个类似于后来《四库全书简明目录》的东西，经过安徽学政朱筠和大学士刘统勋、于敏中等人的上书讨论后，最后编成的《四库全书总目》是一个仿照"刘向校书序录成规"的叙录体目录，著录完备，特别是提要的撰写已达到我国古代目录学成就的巅峰。只此一点，便可见我国目录学"辨章学术，考镜源流"（《校雠通义》）传统之强大。

《总目》的编撰工作与《全书》几乎是同时展开的，自乾隆三十七年（1772）开启编书的工作，到乾隆六十年（1795）左右武英殿版刊行，前后历时二十余年，大致可分为三个阶段。

第一阶段：乾隆三十七年（1772）至乾隆四十六年（1781）。

乾隆三十七年（1772）正月初四，谕旨要求在采集图书时，各书叙列目录，注明作者、时代、书中要旨。乾隆三十八年（1773）五月初一日，谕旨要求词臣详为勘核，凡应刊、应抄、应存者，系以提要，辑成《总目》。乾隆三十九年（1774）底编写完成《永乐大典》散佚书和各省征集之书一万多种的提要初稿。乾隆四十六年（1781）二月十三日，《全书》总裁奏进所办总目提要。乾隆四十六年（1781）二月十六日，《总目》初稿办竣。旋即奉旨改变体例，将列朝御纂各书分列各家著撰之前，并将御题《全书》诸书诗文从《总目》卷首撤出。

第二阶段：乾隆四十七年（1782）至乾隆五十二年（1787），这一阶段主要是增补官书和修订《四库提要》。

乾隆四十七年（1782）七月十九日，《总目》编次改定，永瑢等奉表奏上，同时完成《简目》。此后，《总目》随《全书》的抽毁删补而不断增删补订。赶办《大清一统志》《开国方略》《盛京通志》《满洲源流考》《宗室王公表传》《皇朝通典》《通志》等官书提要，将其收入《总目》。

第三阶段：乾隆五十二年（1787）至乾隆六十年（1795）。

乾隆五十二年（1787），发现李清、周亮工、吴起贞、潘柽章诸人入选书籍违碍之处，降旨撤销。乾隆五十五年（1790）至六十年（1795）间武英殿本、浙本先后刊出。

《四库全书》是中国古代最大的一部官修丛书，在乾隆帝的直接督导下进行，汇集了当时最出色的学者，据统计，在二十余年里，参与纂修的馆臣前后有近四百人。其组织架构如图2-1所示：

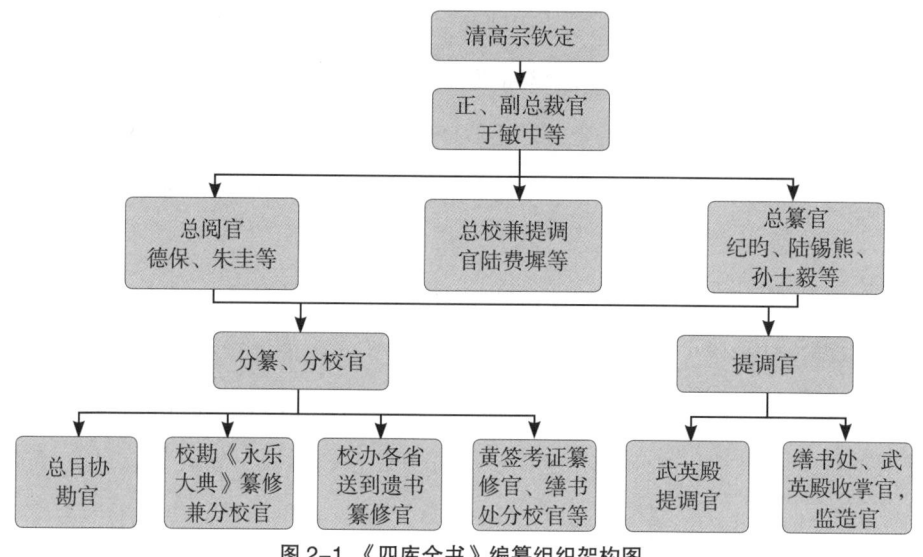

```
                        清高宗钦定
                            │
                      正、副总裁官
                        于敏中等
          ┌─────────────────┼─────────────────┐
        总阅官          总校兼提调          总纂官
      德保、朱圭等      官陆费墀等       纪昀、陆锡熊、
                                           孙士毅等
          │                                   │
      分纂、分校官                          提调官
  ┌────┬────┬────┬────┐              ┌────┴────┐
 总目  校勘《永乐 校办各省 黄签考证纂         武英殿    缮书处、武
 协勘  大典》纂修 送到遗书 修官、缮书         提调官    英殿收掌官、
 官    兼分校官   纂修官   处分校官等                    监造官
```

图2-1 《四库全书》编纂组织架构图

首先，位于金字塔顶端的是清高宗，在今天通行的《四库全书总目》的书名上，都有"钦定"二字，说明这部书的编纂秉持着乾隆皇帝的旨意。当然，对于具体的编纂工作来说，乾隆帝只是名义上的领导者，四库全书馆实际上的最高职务是总裁官，他们大都由皇室郡王、大学士以及六部尚书、侍郎兼任，负责总理馆内一切事务。总裁官以下是总阅官、总校官、总纂官。总阅官，总理书籍的审阅工作；总校兼提调官，总管全部书籍的校订工作；总纂官，负责"各书详检确核，撮举大纲，编纂总目"事宜。其中，担任总纂官的有纪昀、陆锡熊、孙士毅等人，从后来发现的史料来看，这三人对总目的编纂工作做出了更多的贡献。总纂官再下一层可以统称为分纂官，或者分校官，按照负责书籍的类别，纂修官们还被授予了不同的职务。这些分纂官是四库馆中数量最多的一群人，他们具体承担了总目初稿的写作、审查，可以说是总目编纂的基本工作人员。从开列的纂修官名单来看，四库馆也集中了当时

最有名望的学者名流,列名纂修官的,均可称得上是一时之选。在纂修官之外,还有一类人,我们把他们统称为提调官,从一位清代提调官留下的日记中来看,提调官的日常事务是负责翰林院、武英殿等处藏书的提取与收入,并不负责撰写提要或者校对图书的工作。

当时提要撰写的工作流程大致如下:首先从《永乐大典》、内府书籍,以及各省督抚的采进本和各地藏书家的进呈本中挑选底本。然后,由总纂官根据纂修官的专长进行分工,将每种书分配给分纂官撰写提要初稿。纂修官根据分工分别对每一种书的作者、成书年代、内容异同、版本优劣和流传情况进行考证,分别将考证成果以另纸粘于该书各卷末,形成提要初稿。总纂官为各书提要补订润色,做最后的学术把关。此时,基本定稿的提要需交总裁官裁正,过去的学者多认为总裁官由位高权重的大臣担任,徒具虚名而已,实际上由于高宗的重视,总裁官对此也不敢马虎。陈垣在《书于文襄论四库全书手札后》中就曾说道:"于敏中以大学士总裁其事,据寻常观察,必以为徒拥虚名,机轴实出纪、陆二人之手。今观诸札,所有体例之订定,部居之分别,去取之标准,立言之法则,敏中均能发纵指示,密授机宜,不徒画诺而已。"[①]总裁官裁正后,馆臣的工作基本告一段落,但是提要能不能最终通过,决定权在乾隆帝手中,作为一国之君,乾隆帝对《总目》的关注不会是细枝末节的,他唯一需要把控的是臣下的工作是否贯彻了他的思想,是否通过修书达到控制文化的目的。

综上,我们可以对《四库全书总目》的性质做一总结。首先,这是一部成于众人之手的目录学著作。但是,在思想内涵上,体现了以纪昀为代表的汉学家的观点,扬汉抑宋,尽力贬斥程朱理学的影响,这在对具体书籍的评价上表现得十分明显。同时,由于《总目》本身的官书性质,乾隆皇帝的意志也很好地体现在了目录的编纂中,主要表现在书目选择标准、体例设计,以及涉及明清鼎革、华夷之争的书籍评价方面。

作为中国历史上最大的一部官修目录,《总目》凝结了一代学者二十余年

[①] 陈垣.书于文襄论四库全书手札后[J].图书馆学季刊,1933(4).

的心血。它在目录学、分类学等方面都取得了极高的学术造诣，是古代目录学的巅峰成就，其影响至今仍在延续。

目录学方面的成就：自汉朝刘向、刘歆父子开创著录"条其篇目，撮其指意"的方式后，历代目录学者都极为推崇，注重对书籍的"辨章学术，考镜源流"。《总目》对于提要的编写有明确规定："每书先列作者之爵里以论世知人，次考本书之得失，权众说之异同，以及文字增删、篇帙分合。"这个原则始终贯彻于《总目》编纂之中，使《总目》较之历代任何一部目录都详尽、全面，并且善于针对各部书的实际情况，侧重于某一方面的叙述、考评。如《水经注》因产生年代久远，至清时已篇目错乱，注文不清，几乎无法卒读，其提要则侧重对体例、经文进行阐述，为后人留下了极宝贵的资料。再如北宋文学家欧阳修著作宏富，其文集多为后人裒辑，因而各自流传，刻本繁多，提要则根据一个本子，着重考其版本，以反映各书全貌。凡此种种，在总一条例下，对各书从学术价值、版本源流、篇章体例等方面进行考证，使读者对每一部书都能有一个清楚的了解，因而真正起到了目录提纲挈领、指点门径的作用。《总目》在目录学上的另一个特点是于各部前设小序，小序的意义在于综合叙述各门类学术的源流得失，反映书籍的辑佚情况。比如，列于四部之首的经部，收录的是儒家经典及历代注经之作，《总目》在《经部总序》中，全面概括地介绍了经学二千年的发展历史，并且总结为"要其归宿，则不过汉学、宋学两家互为胜负"。再如史部收录的主要是有关历史、地理、职官、政事，人物传记等方面的著述，《总目》阐述了史部的发展过程："汉《艺文志》无史名，《战国策》《史记》均附见于《春秋》。厥后著作渐繁，《隋志》乃分正史、古史、霸史诸目。"这为读者提供了史类书的发展情况的系统资料。

分类学方面的成就：上一节我们已经谈到，《隋书·经籍志》后，四分法正式取代了七分法，成为我国知识分类和图书分类体系的主流。从唐代到清朝中期，四分法经过长期的发展，不断改进、完善，至《四库全书总目》而集其大成。我们以《隋书·经籍志》与《总目》的类目体系进行对比：

《隋书·经籍志》

经部：易、书、礼、乐、春秋、孝经、论语、纬书、小学。史部：正史、古史、杂史、霸史、起居注、旧事、职官、仪注、刑法、杂传、地理、谱系、簿录。子部：儒、道、法、名、墨、纵横、杂、农、小说、兵、天文、历数、五行、医方。集部：楚辞、别集、总集。附道经：经戒、服饵、房中、符箓。附佛经：大乘经、小乘经、杂经、杂疑经、大乘律、小乘律、杂律、大乘论、小乘论、杂论、记。

《四库全书总目》

经部包括：易类、书类、诗类、礼类、春秋类、孝经类、五经总义类、四书类、乐类、小学类等10个大类。礼类又分周礼、仪礼、礼记、三礼总义、通礼、杂礼书6属，小学类分训诂、字书、韵书3属。

史部包括：正史类、编年类、纪事本末类、杂史类、别史类、诏令奏议类、传记类、史钞类、载记类、时令类、地理类、职官类、政书类、目录类、史评类等15类。其中诏令奏议类分诏令、奏议2属；传记类分圣贤、名人、总录、杂录、别录5属；地理类分宫殿、总志、都会郡县、河渠、边防、山川、古迹、杂记、游记、外记10属；职官类分官制、官箴2属；政书类分通制、典礼、邦计、军政、法令、考工6属；目录类分经籍、金石2属。

子部包括：儒家、兵家、法家、农家、医家、天文算法、术数、艺术、谱录、杂家、类书、小说家、释家、道家等14大类。其中天文算法类分推步、算书2属；术数类分数学、占候、相宅相墓、占卜、命书相书、阴阳五行、杂技术7属；艺术类分书画、琴谱、篆刻、杂技4属；谱录类分器物、食谱、草木鸟兽虫鱼3属；杂家类分杂学、杂考、杂说、杂品、杂纂、杂编6属；小说家类又分杂事、异闻、琐语3属。

集部包括：楚辞、别集、总集、诗文评、词曲等5大类。其中词曲类分词集、词选、词话、词谱词韵、南北曲5属。

将这两个类目表相比较，可以看出，《总目》的类目表设立得更加详细和科学，在各大部类下设二级类目，有的在二级类目下又增设子目，较《隋书·经籍志》的类目安排更趋合理，条目也更加清楚，显示了成熟的技术手段。

同时，《总目》还对历代目录学中的一些类进行增减修改，比如："经部""四书"类，虽然已由《论语集注》《孟子集注》《大学章句》《中庸章句》合并而冠以"四书"之名，被专立一门，成为科举必读之书，但有一些目录，除设"四书"专类外，又分设《论语》《孟子》各门，造成重复现象。《总目》认为，"四书"已流传几百年，自元、明以来的目录，大都将"四书"作为一个独立的门类分离出来，《论语》《孟子》的遗书已寥寥无几，因此，应专收"四书"的各种著作，取消《论语》等类目，使《总目》的分类体系更具有科学性和实用性。又如"史部"中的"诏令""奏议"，《文献通考》将它们收在"集部"，《总目》则将它们收入"史部"，主要考虑到诏令、奏议都是有关国政大事的文章，因此，收入"史部"更为恰当。根据当朝书文化发展的情况以及对世界认识的逻辑性，建立了一套比较严密、完善的分类体系，确立了"四分"图书分类法的历史地位，形成了中国王朝社会时期"四分法"一统目录学的局面。《总目》以科学的方法，使万余种古籍条理清楚地展现在读者面前，这是它最大的历史贡献。

七部分类被淘汰，由"经史子集"四部分类法取而代之。分类法的变革，决定性因素是学术思想变迁和社会思潮变革，但直接表现形式往往是某一部类书籍的减少，或新兴部类的兴起。以四部中新出现的"集部"为例，《隋书·经籍志》总集"叙"述其源流：

> 总集者，以建安之后，辞赋转繁，众家之集，日以滋广，晋代挚虞，苦览者之劳倦，于是采摘孔翠，芟剪繁芜，自诗赋下，各为条贯，合而编之，谓为《流别》。是后文集总钞，作者继轨。属辞之士，以为覃奥，而取则焉。[①]

集部是四部分类法中的新兴部类，集部书的大量出现在东汉建安以后，恰好与纸张普及的时间吻合。作为一种抒发个人情怀，记载私人著述的类别，集部书籍数量的激增，固然与东汉以来诗赋文体的兴起密切相关。同时也说

---

① 魏徵.隋书·经籍志[M].北京：中华书局，1973：1089–1090.

明，纸张用于书写后，作者群体的扩大。越来越多的读书人可以拥有书籍，进而进行创作。

除了诗赋等新兴文体的出现，原有部类的变化也同样说明了问题。《七录》是南北朝梁人阮孝绪的一部重要的目录学著作，其书虽然继承了刘向的七部分类，但具体的类目设置已经发生了较大的变化，如在《七录序》中阐释史部源流，谓之：

刘氏之世，史书甚寡，附见《春秋》，诚得其例。今众家记传，倍于经典，犹从此志，实为繁芜。且《七略》诗赋不从六艺诗部，盖由其书既多，所以别为一略。今依拟斯例，分出众史序记传录为内篇第二。[1]

可见，图书事业的发展，学术升降是导致部类变革的主要因素。自汉武帝以来，儒家经典的地位被确定，在科举制度的强化下，儒家学说在漫长的王朝统治时代一直占据思想领域的霸主地位，体现在部类上就是经部为诸书之首。同时，随着出版技术进步、私人著述盛行、书籍数量激增、市民文学兴起，都在部类设置上有所体现。与之相应的是诸子地位下降，兵书、方技等书籍的持续减少。而我国古代的科学、艺术同样也在中华历史上留下了浓墨重彩的一笔，虽然古代读书人视经史学问为正途，但仍有许多先贤将毕生精力投入到对科学、艺术之美的探索中去，留下了丰富多彩的文化遗产。应该说，用现代眼光来看，上述《四库全书总目》中的所有部类，历史上都曾产生大量经典著作。除去那些艰深的专业论著，其中仍有不少属于各个领域启蒙性质的经典读物，能够与今天的现实生活产生关联，构成了民族文化的血脉。下面我们就将按照四部之序，叙古代文化学术之源流，择其要者撰写导读，帮助读者更好地理解中华传统文化的精髓。

---

[1] 武汉大学图书馆学系编.目录学研究资料汇辑：第二册[M].武汉：武汉大学出版社，1983：42.

第三讲

经部要籍导读

第一节 经部源流

按照四部分类法，经部主要收儒家经典和小学类的书籍。"经"的本义指文笔简练的文章，在春秋战国时期，各家各派都有将自己学派的重要著作称为"经"的习惯，如《墨子》中的"墨经"等。

上一章在介绍我国古代学术文化源流时已经提到，春秋末期之前"学在官守"，春秋末年"礼崩乐坏"，学术下行，出现了第一个以"有教无类"为号召的学派——"儒家"。儒家学派的创始人孔子，利用前代流传下来的文献档案《诗》《书》等进行教学，并对其中的内容进行了一定程度的整理和改造。西汉以后，这些由孔子删定的典籍随着儒家学说地位的提升而"水涨船高"，日益神秘化，"经"最终成为儒家经典的专称。

《四库全书总目》的"经部"分为：易类、书类、诗类、礼类、春秋类、孝经类、五经总义类、四书类、乐类、小学类。四书五经及其注释，再加上帮助人们识文断字的小学书籍，构成了经部的主体。但"四书五经"的概念并不是儒家学说建立之初就有的，经部的发展亦经历了不断完善的过程。

战国时期，被儒家学派公认的经典有六，分别为《诗》《书》《礼》《乐》

《易》《春秋》。从战国到西汉初年，人们普遍认为六经都是由孔子编定并用作教材的，因此这六部书最早取得了"经"的地位。战国至秦汉时期，解释经的文字叫作"传"，最著名的传就是阐释《春秋经》的《公羊传》《谷梁传》《左传》及解释《易》的"十翼"等，由于"传"都是随着"经"流传的，所以汉代的人也常常把某个"经"的"传"称为"经"。此外还有一些被认为不是孔子用来教学的儒家的经典，如《论语》《孝经》，在汉代也被称为"传"。

六经中，《诗经》是西周至春秋时期的诗歌总集。《书》，也叫《尚书》《书经》，是三代直至西周的政事合集。《礼》，在西汉时期，专指高堂生所传的《仪礼》，被称为"礼经"。汉代以后多以《仪礼》《礼记》《周礼》并称为"三礼"，并以《周礼》为首。《礼记》本来不是"经"，只是汇集若干有关礼的"传"和"记"而成的资料集，由于其记载了大量先秦时期礼节习俗的资料，后来越来越受到人们的重视，最终取代了《仪礼》成为"五经"之一。《乐》在《汉书·艺文志》中尚记载有六家，汉代以后慢慢都散佚了，因此后世的"五经"减少的一种就是"乐经"。《易》是周人的卜筮用书，记载了六十四卦的卦辞和爻辞。"春秋"本不是史书的专名，春秋战国时期各国的史籍都叫"春秋"，现在看到的《春秋经》是在鲁国的史书基础上删削修订而成的。《左传》《谷梁传》《公羊传》并称为"春秋三传"，都是解释《春秋》的书。其中《左传》重视补充史实，而《公羊传》《谷梁传》则偏重阐释义理。

上述六经和六经的重要注本，是最早的一批"经"。除此之外，还有几部重要的典籍，虽然不被汉代学者认为是"经"，但同样是士子的必读书。首先就是《论语》，这部书是孔子弟子整理的孔子的言行录，历战国至秦汉，各个时期的儒生均有所增益。汉代的人读经之前，首先要读《论语》《孝经》，可以看作是当时人们的启蒙书。《孝经》，篇幅短小，文意浅白，汉代立国后，以"孝"治天下，因此经短小易读，被作为宣传孝道的重要材料。

《尔雅》本来是一种训诂书，类似于今天的词典，分为"释诂""释言""释训""释亲""释宫""释器""释乐""释天""释地""释丘""释山""释水""释草""释木""释虫""释鱼""释鸟""释兽""释畜"等19篇。《孟子》是孔子之后儒家学派的代表人物孟轲的言行与思想集，汉代时孟子只是先秦诸子之一，《汉书·艺文志》将其列入儒家，与荀子的地位相当。

唐文宗时刊刻石经，包括《周易》《尚书》《毛诗》《周礼》《仪礼》《礼记》《春秋左传》《公羊传》《谷梁传》《论语》《孝经》《尔雅》。但《旧唐书·文宗纪》记载此事称"立石壁《九经》"，可见直到唐代中期人们仍然认为《论语》《孝经》《尔雅》还只是"传"而非"经"。直到宋徽宗时再次刊刻石经，增刻《孟子》入内，这才标志着"十三经"概念的正式形成。

魏晋南北朝至唐代经学家的研究成果，被称为"义疏""疏"或"正义"，"传"是"经"的注释，"疏""正义"则既注"经"也注"传"。唐宋人为十三种经书先后做了注疏或正义，与经传合刊就成为《十三经注疏》。北宋时，"正义""疏"一般是与经注单独刻印的，南宋以后合刊本才相继出现，《十三经注疏》的名称日渐通行。现在通行的《十三经注疏》本，是清代中期阮元根据宋元间十行本校勘后的善本，已经成为文史工作者案头必备的工具书。

从中唐开始，经学上出现了摆脱旧注疏另寻新解的风气，直接导致了经学分支——理学的出现。唐宋时期的学者，以朱熹为代表，不满意汉儒寻章摘句的注释，纷纷另行注释五经，朱熹本人还编定了著名的《四书章句集注》。"四书"指《大学》《中庸》《论语》《孟子》。《大学》《中庸》是从《礼记》中抽出的单篇，朱熹认为这四篇文章或书，是治学的基础，读的顺序应该是：《大学》—《论语》—《孟子》—《中庸》。后人因为《大学》和《中庸》的篇幅太短，便将二者合为一册了。宋元人的注本，相比汉儒注本，其优点在于通俗易懂，并且符合中古以后社会变革的需要。大约在元代的时候，便规定科举考试的内容，要依从四书五经及其宋元注本，明清延续了这一传统，官方刊刻的《四书五经大全》全用宋元人注，古注基本上被废止了。

理学在明代末年日益显现空疏的学风，清初的有识之士在探寻明朝灭亡的原因时，学问空疏导致的社会风气的败坏是其中一条重要的原因。因此，清代学者又致力于重新恢复汉学的传统，专务搜辑阐发汉人之说，特别是汉代古文经学家所讲的训诂制度，将文献考证的学问发展至巅峰，《四库全书总目》

就是这一时期汉学成就的集中反映。道光以后，受西方列强入侵的影响，清朝内部亦变乱不断，学者不满汉学家皓首穷经，不关注现实问题的弊病，积极在经学传统中寻找救国之道，今文经学在清末得到了复兴，其代表就是康有为的《新学伪经考》。

最后要简单介绍一下经部的最后一个门类——小学。"小学"的名称，出自《汉书·艺文志》，原指古时小孩子初学识字的读本。由这些识字读本后来发展起来研究文字的结构、读音和训释的学问，分别为"文字""音韵""训诂"，这几个专门的学问合起来被称为"小学"。此时的小学已经是研究文字学精深学问的学科门类，与其原意不啻天壤。

上面我们简单地介绍了经部书籍的概要，之后的几节将从经部书中选部分影响深远，对民族性格的塑造发挥了重要作用的经典作品，进行详细地介绍。

第二节 《诗经》

《诗经》是中国古代最早的一部诗歌总集，共收集商末、西周至东周初年600年间的305篇诗歌，据传，是由伟大的教育家孔子从当时民间流传的大量民歌、民谣里删减编排而成的，在孔子编定《诗经》之前，这些诗歌主要依靠口耳相传。后来王室设了采诗官，他们摇着木铎深入民间采集民间歌谣，再由王室乐师谱曲，演唱给王室成员，一方面供王室成员的娱乐消遣，一方面也可作为王室了解民间生活的途径。

孔子说"诗三百，思无邪"，这是对《诗经》内容和思想倾向十分准确的概括。因为《诗经》是民歌、民谣的精粹，包含的内容广泛，有礼赞先祖创业的颂歌、祭祀神鬼的乐章，也有贵族之间的宴饮交往、社会下层对劳逸不均的怨愤，更有反映劳动、打猎以及大量恋爱、婚姻、社会习俗方面的动人篇章。其语言精练，意境优美，表达情感精准到位，今天读来仍有极强的感染力。

孔子又说："不学诗，无以言。"这并不是说不读《诗经》就不会说话，而是说不读《诗经》不能说出优美动听的话，可见《诗经》对个人修养培养的重要性。

《诗经》的内容，包括"风""雅""颂"三个部分，三者的区别主要在于来源和音乐方面。《风》主要收录各地民歌，是《诗经》中最具地方特色、乡土气息的篇章。今本《诗经》有15"国风"，分别为《周南》《召南》《邶风》《鄘风》《卫风》《王风》《郑风》《齐风》《魏风》《唐风》《秦风》《陈风》《桧风》《曹风》《豳风》，共计160篇。其内容以描写男女爱情、各地民风民俗为主。

《雅》，分为《大雅》和《小雅》，前者31篇，后者74篇，另有6篇有目无诗。"雅"有"雅正"之意，在《诗经》中主要指周朝都城一代的雅声正乐。

《颂》，分为《周颂》31篇，《鲁颂》4篇，《商颂》5篇。顾名思义，就是歌颂统治者美德、功绩的诗篇。

上述诗篇的作者，大多已不可考。只能从诗文内容推断，《诗经》中的作品主要诞生于黄河流域，包括陕西、山西、河南、山东、湖北等地，最南到达湖北北部，也就是长江北岸地区。而其写成的时间，大致在西周初年到春秋中叶。

用今天的眼光来看，《诗经》属于文学作品，而在古人眼中，《诗经》则是不折不扣的"经书"，拥有神圣的地位。溯其源头，是因为孔子以"六艺"授徒，《诗经》就是其中一门教材。孔子为什么如此重视《诗经》？除了前面说到的记述内容丰富、文字优美外，在以孔子为首的儒家学派看来，《诗经》不仅是一部诗歌集，更是一部记载了历史变迁的"信史"。孔子之后最著名的儒家学派代表人物孟子曾云："王者之迹熄而《诗》亡，《诗》亡然后《春秋》作。"(《孟子·离娄下》)对这句话，学者有不同的解读，但将《诗经》与《春秋》并列对照之意是很明显的。《春秋》是鲁国的国史，而《诗经》就是在各国国史兴起前，由王室主导的记载当时社会面貌、国家礼制的书籍。孔子的政治理想之一就是恢复周礼，因此，记载了"王者之迹"的《诗经》自然就成为其施教、传播思想的重要材料了。

上面我们介绍了《诗经》的主要内容和历史地位，对于今天的读者来说，《诗经》作为"经"的社会背景已不复存在，今人读《诗经》，更多的是将其作为一部杰出的文学作品来看待。因此，下面我们将重点从文学的角度对《诗经》的主要特点进行解析。

首先，从文字的角度看，《诗经》大量使用了当时的方言，特别是在《国风》中尤为明显，更加凸显了《诗经》民歌、民谣集的性质。

试举几例说明：

《国风·周南·汉广》：

南有乔木，不可休思。汉有游女，不可求思。汉之广矣，不可泳思。江之永矣，不可方思。

翘翘错薪，言刈其楚；之子于归，言秣其马。汉之广矣，不可泳思；江之永矣，不可方思。

翘翘错薪，言刈其蒌；之子于归，言秣其驹。汉之广矣，不可泳思；江之永矣，不可方思。

全诗三章，第一章意思独立，后两章略微变更几字，反复叠咏，将整首诗的感情推向巅峰。诗中的"思"字，许多注本都注释为："思，语气助词，无实意。"流沙河先生《诗经现场》则认为，这里的"思"可以理解成蜀地方言里广泛使用的"噻"字。这样，"思"在这里所表达的情感立刻活泼起来，"你想不想我噻？""不可求思"——"求不到噻。"

再如《大雅·烝民》篇，注释云："烝民，众民也，老百姓。"熟悉宝鸡一带方言的读者很容易理解，烝（zhēng）民就是众民。宝鸡一带是周的发源地，"周原膴膴，堇荼如饴"，说的就是此处，这里的人民祖祖辈辈把"众"字读作"烝"，"烝民""天生烝民"就是"众民""天生众民"的意思。为什么会出现这种情况？这是因为古时候的汉字还没有现在这么多，人们书写，往往会有与现代人不同的习惯。对于发音相同或者字形接近的字，互相借用的现象比较普遍,这就是"通假字"的来历。比如"亨"字就常常被用来替代"烹","为"字常常被用来替代"伪","人"字常常被用来替代"仁","大"字被用来替代"太","被"字被用来替代"披"等。《诗经》里对"烝"字的使用也是这样。比如《小雅·南有嘉鱼》:

南有嘉鱼,烝然罩罩。君子有酒,嘉宾式燕以乐。南有嘉鱼,烝然汕汕。君子有酒,嘉宾式燕以衎。

南有樛木,甘瓠累之。君子有酒,嘉宾式燕绥之。翩翩者鵻,烝然来思。君子有酒,嘉宾式燕又思。

如果将其中的"烝"字理解为"蒸",诗意很难解释,如将"烝"字理解为"众",形容很多的样子,理解起来就顺畅多了。

再如,《小雅·斯干》里有一句"约之阁阁,椓之橐橐",这里的"约"应读作"yao",平声,因为在关中平原,人们的日常用语中还这样说:"把这捆麦约起来。""麦捆中间的约松了,约紧。"这个"约",既可做名词,亦可做动词。

就笔者熟悉的关中方言来说,《诗经》里出现的许多词语,至今仍在关中一带方言中广泛使用。比如"嗟""噫嘻"常用于表现感叹的语境。猫头鹰,老一辈人都习惯叫它们"鸱鸮"(chīxiāo);筷子笼,老人们还是习惯叫"箸笼";渭南有些地方,今天仍把臭椿叫"樗(chū)樗树"。

民间语言活泼调皮,表现事物形态非常生动,了解了这样的规律,读起《诗经》来会觉得趣味盎然,借助方言理解诗文,似乎让读者从感情上也与《诗经》拉近了距离,对《诗经》里那些质朴的场景会有更深一些的体会。

其次,从表现力的角度看,《诗经》的篇章情感充沛,体现了中华先民热烈奔放、感情真挚的一面。同时,古今相通的情感表达,也为我们理解《诗经》的精神内涵提供了一座桥梁。我们同样用几个例子来说明。

《召南·摽有梅》描写了一位青春少艾的美丽女子祈求心中的"白马王子"

快点到来的迫切心情，其诗云：

摽有梅，其实七兮！求我庶士，迨其吉兮！摽有梅，其实三兮！求我庶士，迨其今兮！摽有梅，顷筐塈之！求我庶士，迨其谓之！

翻译成现代文：

有人在打落成熟的梅子呀，树上的果实只剩七成了！要向我求婚的男子啊，趁着美好的时光快来吧！

有人在打落成熟的梅子呀，树上的果实只剩三成了！要向我求婚的男子啊，趁着风光正好快来吧！

有人在打落成熟的梅子呀，树上的果实纷纷坠落捡了满满一筐！要向我求婚的男子啊，求你快快开口吧！

作者焦急的心情表露无遗，与今天"恨嫁"的女孩，同样的感情外露，同样的可爱。

再如《郑风·褰裳》，表达的内容与《摽有梅》类似，但感情要更加强烈、直白。其诗云：

子惠思我，褰裳涉溱。子不我思，岂无他人？狂童之狂也且！
子惠思我，褰裳涉洧。子不我思，岂无他士？狂童之狂也且！

诗里提到的"溱""洧"是河南境内的两条河，《诗经》中的许多爱情诗都写在这两条河水之畔，可以说，"溱""洧"之滨是中华先民的爱情乐园。《褰裳》的意思非常大胆，出自一位热恋中的姑娘之口：

你要是爱我的话，就撩起你的衣裳从溱河走过来。如果你不爱我的话，难道就没有别人爱我吗？你这个狂野无知的家伙！

你如果爱我的话，就撩起你的衣裳从洧河走过来。如果你不爱我的话，难道就没有别人爱我吗？你这个狂野无知的家伙！

从诗的内容看，这首诗应当写于恋情刚刚开始，双方感情尚不稳定的阶段，而诗的作者——一位热情泼辣的姑娘，毫不掩饰自己对于爱情的炽热追求，并且对待爱情态度也直接决绝，丝毫不拖泥带水。这与我们熟悉的中国古代文学作品中哀怨婉约的女子形象大相径庭。宋代之后，由于理学的发展，中国人的情感世界由热情奔放走向了含蓄内敛，而在此之前，特别是《诗经》产生的时代，先民表达情感的方式是直白而真诚的。据王余光教授统计，《诗经》中的婚恋诗大概有60多首，其中表达情感的方式与我们上面所引的两首诗类似，可以说，《诗经》是我们有文字记录的情恋之源。现代社会，追求自由、个性成为了全世界的共识，而《诗经》则生动地告诉我们，在数千年前的中国，人们的情感表达就是如此的热诚，文字跨越千古，给古今中国人搭建起一座沟通情感的桥梁。

除了描摹爱情，《诗经》中也有大量篇章记述了当时人们的生活场景。如《齐风·东方未明》：

东方未明，颠倒衣裳。颠之倒之，自公召之。
东方未晞，颠倒裳衣。颠之倒之，自公令之。
折柳樊圃，狂夫瞿瞿。不能辰夜，不夙则莫。

劳累一天的人们还正酣睡，监工的吆喝声突然响起，催促着他们去上工。这时东方还没有一丝亮光，原来寂静的夜空，一下子被这叫喊声打破。人们一个个被惊醒过来，黑暗中紧张得手忙脚乱，有的抓着裤管套上胳膊，有的撑开衣袖伸进双腿。一时间，乱作一堆，急成一团，真可谓洋相出尽。对20世纪60~70年代农村生活经验有所了解的人不难理解上述场景。在电力供应

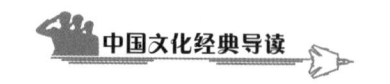

有限的情况下，摸黑赶工是常有的事，辛勤的农人常常在凌晨四五点钟就要出门劳作。摸黑穿衣，不免忙乱，穿错衣袜便成了繁重劳动之余有趣的谈资。

再如《鄘风·相鼠》：

相鼠有皮，人而无仪。人而无仪，不死何为？
相鼠有齿，人而无止。人而无止，不死何俟？
相鼠有体，人而无礼。人而无礼，胡不遄死？

这首诗，历代人们的理解各不相同，有说是劳动人民痛斥统治阶级的，也有说是妻子痛斥终日无所事事的丈夫的。笔者更愿意将其理解为一位泼辣的邻家大嫂，因一件小事起了争执，站在自家门口破口大骂。虽然形象并不美好，但浓郁的生活气息扑面而来，让后世的读者不禁莞尔。

当然，《诗经》展现的情感并不全是如此热情美好的。在《诗经》产生的年代，生产力低下，等级森严，普通民众要承担繁重的徭役，尤其在战争时期，成年男子还要应征入伍，故而《诗经》的篇章中也有大量的诗歌是在哀怨命运的不幸，喟叹生活的艰辛，控诉统治者的残酷。《王风·君子于役》就是其中非常著名的一首：

君子于役，不知其期，曷至哉？鸡栖于埘，日之夕矣，羊牛下来。君子于役，如之何勿思！

君子于役，不日不月，曷其有佸？鸡栖于桀，日之夕矣，羊牛下括。君子于役，苟无饥渴！

这首诗描写的是一位妻子对服役在外的丈夫深深的思念之情。韵律优美，意境深远。如果把它改写成现代诗，是这样的：

太阳快要落山了/鸡都默默地上架了/放牧出去的牛羊都从山上下来了/

那个远征的人哪／什么时候才能回来呀？

太阳快要落山了／鸡都默默地上架了／放牧出去的牛羊都从山上下来了／那个在外服役的人哪／什么时候才能相聚呀？

他孤孤单单一人在外／鸡都默默地上架了／不知道他饿不饿渴不渴／他的生活有人关爱吗？

新民主主义革命时期，杨开慧烈士曾经写下一首诗《偶感》：

天阴起朔风，浓寒入肌骨。念兹远行人，平波突起伏。
足疾已否痊？寒衣是否备？孤眠谁爱护，是否亦凄苦？
书信不可通，欲问无人语。恨无双飞翮，飞去见兹人。
兹人不得见，惆怅无已时。

"君子于役，苟无饥渴"，"足疾已否痊？寒衣是否备？孤眠谁爱护，是否亦凄苦？"古今景况大不相同，但对亲人的牵挂思念却毫无二致。

再如《召南·小星》：

嘒彼小星，三五在东。肃肃宵征，夙夜在公。寔命不同。
嘒彼小星，维参与昴。肃肃宵征，抱衾与裯。寔命不犹。

全诗二章，每章五句，通过一位征夫之口叙述征程的某个瞬间以及此时的内心感受：

三三五五散布夜空的星星／陪伴我这样孤寂的行程／为了王室的事情日夜奔忙／这就是我的宿命／参星与昴星／在幽寂的天空／我抱着行李踽踽独行／为了完成一段征程／这就是我的宿命

诗中男子所处的时代，诸侯兼并，夷狄交侵，社会动荡不安，男子常年在外服役。《召南·小星》反映的就是当时社会环境下役夫的悲惨命运。

最后，从文学艺术史的角度看，《诗经》以凝练优美的语言、多样的修辞手法，极大地丰富了我国古代文学艺术的宝库，其艺术技巧广为后人师法。

比如人们耳熟能详的《秦风·蒹葭》：

蒹葭苍苍，白露为霜。所谓伊人，在水一方。溯洄从之，道阻且长。溯游从之，宛在水中央。

蒹葭萋萋，白露未晞。所谓伊人，在水之湄。溯洄从之，道阻且跻。溯游从之，宛在水中坻。

蒹葭采采，白露未已。所谓伊人，在水之涘。溯洄从之，道阻且右。溯游从之，宛在水中沚。

诗的唯美意境通过对自然之物的巧妙组合展现出来：白露之后的芦苇穗，正是一年当中最能打动人心的时刻，它的旁边再有一弯蜿蜒曲折的流水，秋晨淡雾，烟笼寒水，露凝霜结，诗情画意中，一位美丽的女子出没无常，时隐时现，一会儿在对岸，一会儿在水渚。她丝毫没有觉察到那个远远站在水岸的男子，为她愁肠百结，魂牵梦绕。而那个孤独的男子，因为爱得深切，不敢贸然打扰，只有自己失魂落魄，默默地守望。

这首诗蕴含的朦胧而美好的意境，同样也让千载以来的中国人魂牵梦萦，久久难以忘怀。据此诗改编的歌曲传唱一时，著名作家琼瑶取其意境创作的小说《在水一方》感动了无数国人，足见其影响力之大。

再如《卫风·硕人》，形容女子之美：

……

手如柔荑，肤如凝脂，领如蝤蛴，齿如瓠犀，螓首蛾眉，巧笑倩兮，美目盼兮。

……

纤长的手指像春天破土而出的白毛嫩芽一样柔软，皮肤细嫩得像凝固的油脂，脖颈又白又透亮，牙齿像整齐的葫芦籽，宽阔的额头下是一对弯弯的蛾眉，笑起来是如此的灵动，一双美丽的眼睛左顾右盼眉目生辉。将世间的一切美好加之一身，极尽美之能事，从此之后，这些美丽的文字便成了美人的专属名词，今天仍在广泛使用。

再如描写月亮升起的《陈风·月出》：

月出皎兮。佼人僚兮。舒窈纠兮。劳心悄兮。
月出皓兮。佼人懰兮。舒忧受兮。劳心慅兮。
月出照兮。佼人燎兮。舒夭绍兮。劳心惨兮。

《月出》是现存最早的一首借月咏怀诗，对后世咏月诗有深远影响。它描写了一位月光下的美丽女子，以月起兴，以她的容色、行动姿态之美，表达了诗人因爱慕她而心绪不宁、惆怅徘徊的感情。诗对景色的描写很出彩，"月出皎兮""月出皓兮""月出照兮"，柔美朦胧的月光意境迷离，以它作为背景来衬托女子的倩影，愈发显得秀美。著名学者郑振铎曾经这样描述本诗的意味："其情调的幽隽可爱，大似在朦胧的黄昏光中，听梵阿林（注：小提琴）的独奏，又如在月光皎白的夏夜，听长笛的曼奏。"[①]这首诗带给读者的感受，确如在听一曲柔美的小夜曲，哀婉悠长，连绵不绝于耳侧。

上面我们主要从文学角度介绍了《诗经》的主要特征，而《诗经》不仅是一部重要的文学作品，同时也是一部有史料价值的古代文献。《诗经》中某些诗歌记录了商、周民族起源的传说，商周之际的重大历史事件和周民族早期活动的历史，都极有价值，并成为《史记》所依据的材料之一。《诗经》所反映的那个时代的社会制度、社会生活也是多方面的，当时的赋税、殉葬，各阶层人士的喜怒哀乐，民风民俗，以及天文、灾异、农耕，等等，在《诗经》中都有所反映。这些都是研究社会史极珍贵的材料。

[①] 郑振铎.中国文学史：上[M].南昌：江西教育出版社，2018：32.

《诗经》的版本流传，较之其他儒家经书较为清晰。汉代传《诗》者有四家：鲁、齐、韩、毛，其中《毛诗》为古文经，流派区分标准主要在于各家对经书原文注释的不同。东汉末年，经学大师郑玄作《毛诗传笺》，成为通行本，其他三家经之后相继失传。唐孔颖达在《郑笺》基础上，作《毛诗正义》，收入《十三经注疏》，成为科举考试的规定教材。南宋朱熹作《诗集传》，后被确定为官方认可的注本，遂居于诸家注释之正统。《诗经》的今注今译本数量众多，在这里，我们推荐周振甫先生的注本，供感兴趣的读者深入阅读参考。

第三节 《论语》

　　孔子，名丘，字仲尼。公元前551年生于鲁国陬邑（今山东曲阜），祖籍宋国栗邑（今河南夏邑），是中国古代伟大的思想家、教育家，儒家学派创始人。

　　孔子祖上原是宋国的贵族，到其父亲叔梁纥时，为避宋国战乱逃到鲁国定居，官职为陬邑大夫，其母颜征在。孔子生而七漏，头上圩顶（意为凹陷），又因其母曾祷于尼丘山，故名"丘"，字"仲尼"。鲁襄公二十四年（公元前549），叔梁纥病逝，母子失去庇佑，搬到曲阜阙里，过着清贫的生活。青少年时代，他曾为别人管粮食，看牲畜，干过许多杂活。他天资聪明，博学多思，成年后开始收徒讲学，渐有名气。他希望从政施展自己的政治抱负，却迟至51岁那年才步入仕途，先后当过鲁国的中都宰、司空、司寇。没过几年，便因与当权者政见不合，去职离国，率弟子游卫、宋、陈、楚等国。其间，虽时时似有希望，结果却一再失望，甚至颠沛流离，被人说成是丧家之犬。68岁时，他结束了十多年的流亡生涯，返回鲁国，专心教授学生，整理古籍。公元前479年，孔子去世，享年73岁，葬于鲁城（今山东曲阜）北泗水岸边。

　　古人认为，孔子曾修《诗》《书》《礼》《乐》，序《周易》，撰《春秋》，由于当时没有私人著述的风气，孔子并没有独立著作传世。《汉书·艺文志》云："《论语》者，孔子应答弟子时人，及弟子相与言，而接闻于夫子之语也。

当时弟子各有所记,夫子既卒,门人辑而论纂,故谓之《论语》。"西汉刘向《别录》记载:"《鲁论语》二十篇,皆孔子弟子记诸善言也。"北宋邢昺《论语注疏解经》云:"直言曰言,答述曰语,散则言语可通,故此论夫子之语而谓之善言也。"由此可见,论语是一部记录孔子及其弟子言行的书籍,成书年代大约在战国初期,即公元前400年左右。后因秦始皇焚书坑儒,到西汉时期留存三个版本《齐论语》《鲁论语》《古文论语》,东汉末郑玄在此基础上作《论语注》,遂为《论语》定本。《论语》全书20篇,492章,以语录体为主,叙事体为辅。各取篇首二三字为题,篇题与内容、同篇的各章之间没有逻辑联系。从称谓、内容分析,前10篇比较纯粹,后10篇显得驳杂,因此有人分析说,前10篇成书在前,后10篇为后来补缀,时代要更晚。

《论语》描述的核心人物是孔子,"夫子风采,溢于格言"(《文心雕龙·征圣》),司马迁则云:"诗有之:'高山仰止,景行行止。'虽不能至,然心向往之。余读孔氏书,想见其为人。适鲁,观仲尼庙堂、车服、礼器,诸生以时习礼其家,余祗回留之,不能去云。天下君王至于贤人众矣,当时则荣,没则已焉。孔子布衣,传十余世,学者宗之。自天子王侯,中国言《六艺》者,折中于夫子,可谓至圣矣!"(《史记·孔子世家》)西汉武帝以后,这种孔子崇拜持续了2000多年。与圣人地位相对应,《论语》成了中国人的圣书。汉代以来,《论语》就是人们必读之书。南宋朱熹将《论语》与《大学》《中庸》《孟子》收入《四书》,作《四书章句集注》,和儒家五经一起成为科举考试的主要内容之一。到元代《论语》被定为科举用书。在古人心目中,《论语》是修身治国的宝训。北宋名相赵普原先读书不多,晚年常读《论语》,手不释卷,从中领悟理政决策的道理,因而留下"半部《论语》治天下"的传说。

《论语》二十篇,内蕴丰富,贯穿其中的主线如果用一句话来概括,可以说是"内仁外学当君子,德政礼制管国家"。第一强调内外兼修的个人发展之路,第二强调以德治国的国家治理之路。

"仁"是《论语》中个人道德修养的核心概念,在文中总共出现109次,也是书中最重要的概念。《吕氏春秋·不二》中说"孔子贵仁"。孔子所说的"仁"

约略等同于"爱人",就个体而言,《论语》谈到了各种类型的人,而其中提及最多的便是"君子"。"君子"可谓是孔子心目中的理想人格。与君子类似,还有圣人、贤人等。都是指品格高尚、人格健全的人,只是这些人在人格道德的程度上有"量"的差异罢了。孔子认为,"圣人"是可望而不可即的,而"君子"是可望且可即的。"圣人,吾不得而见之矣;得见君子者,斯可矣。"(《论语·述而》)而君子又是什么样子的呢?《论语·宪问》记:"君子道者三,我无能焉:仁者不忧,智者不惑,勇者不惧。"首要的便是"仁",此外,在《论语·里仁》云:"富与贵,是人之所欲也,不以其道得之,不处也。贫与贱,是人之所恶也,不以其道得之,不去也。君子去仁,恶乎成名?君子无终食之间违仁,造次必于是,颠沛必于是。"可见,"仁"是达到君子这一理想人格的核心品质,而孔子是极端推崇君子这种理想人格的,因而"仁"也成为了后世儒家信徒最重要的精神追求,影响了整个中国古代历史。这里择要介绍几点。

"知仁方可得仁"。《公冶长》篇云:"子张问曰:'令尹子文三仕为令尹,无喜色;三已之,无愠色。旧令尹之政,必以告新令尹。何如?'子曰:'忠矣。'曰:'仁矣乎?'曰:'未知,焉得仁?'"令尹子文,在官无喜,失位无愠,没有把个人进退放在心上;在被免职的情况下仍能认真负责地把交接工作做好,体现了他的敬业精神和大公无私的胸怀。所以,孔子认为令尹子文"忠矣"。但当子张问令尹子文"仁矣乎"时,孔子却说"未知,焉得仁",这是为什么呢?据史书记载:子文于楚庄公三十年为令尹,至楚僖公二十三年让于子玉。子玉是子文推荐的。子玉为令尹后,竭力主张与晋国作战,终致军败后被赐死。这说明子文不知人。再者,仁人"仁以为己任",而子文轻易将要职让于不贤于己的人,便是不知仁的表现。子文能忠而不能得仁,就在于其不能掌握仁的思想原则,不知道如何做才能实现仁。

何谓"知仁"呢?《颜渊》篇记载:"樊迟问仁。子曰:'爱人。'问知。子曰:'知人'。"樊迟曾三次向孔子问"仁",每次答案都不相同,但也可以看出"知"是"得仁"的前提条件,"知仁"的理念中包含了"知人"。人是理性的动物,是可以控制自己的感性思维的,特别是具有"仁"思想的人,更加会规范约束自我的行为。在《述而》篇孔子说："仁远乎哉？我欲仁，斯仁至矣。"《宪问》篇又云："君子而不仁者有矣夫，未有小人而仁者也。"在"仁"方面，因为孔子信仰仁，已经有了实现仁的理性自觉，因此可以我欲仁而仁至也。而能够为实现仁而自觉修身的人才可以称得上是君子，小人则是没有仁的信仰而不知修身的人，君子能够修身，从而控制自己的行为感情，于是才能求仁得仁。

仁者可以有自己的物质追求。仁者讲究向他人奉献，但是也是常人之乐的追求者，不过仁者追求个人欢乐和幸福是讲究原则的。《里仁》篇说："富与贵，是人之所欲也，不以其道得之，不处也。贫与贱，是人之所恶也，不以其道得之，不去也。"《述而》篇则云："富而可求也，虽执鞭之士，吾亦为之。如不可求，从吾所好。"仁者也是正常的人类，必然有物质的追求。孔子很坦白地说，自己也追求富贵，只不过是有原则的，是要"以其道"的，如果"不以其道"，即使大富大贵唾手可得，也不会去攫取；即使贫穷卑贱，也不会去谋求摆脱。《雍也》记载，樊迟向孔子请教仁的标准，子曰："仁者先难而后获，可谓仁矣。"仁者能够自食其力，先苦后甜，由此可见，仁者所追求的享乐，是合理的享乐，是通过自己劳动从而获得物质和精神上的享乐。如果没有能力或者机缘获得这种机会，也能够"贫而乐"。

仁者究竟是怎样的人物呢？《论语》中，弟子问仁者形象时，多是侧重于某些方面，比如性格表现、言语形象、动作形象等，孔子对此的回答，勾勒出一个立体的仁者形象。在生死问题上，《卫灵公》篇云："志士仁人，无求生以害仁，有杀身以成仁。"志士仁人，不会为了求得生存而行不仁之事，却可以为了实现仁而舍生取义。仁者职业不同，仁的表现也不尽相同，《阳货》篇记载，子张问仁于孔子，孔子曰："能行五者于天下，为仁矣。"子张继续追问，孔子接下来说："恭，宽，信，敏，惠。恭则不侮，宽则得众，信则人任焉，敏则有功，惠则足以使人。"孔子作为传道授业者，表现出了"学而不厌，诲人不倦"的仁者形象。一名官员，如果能够表现出恭、宽、信、敏、惠这五种德行，孔子认为便是符合仁的标准的好官了。用我们今天的话来说，就是尽管职业不同，但至少要做到"爱岗敬业"，才算基本达到了仁的要求。

在言语行动上，仁者应谨言慎行。《里仁》篇："古者言之不出，耻躬之不逮也。……子曰：君子欲讷于言，而敏于行。"《为政》记载，子贡问何为君子，子曰："先行其言而后从之。"仁者应该做到言行一致，表里如一，说话讲究分寸。而因为考虑全面，言行谨慎，所以不免给人以"讷"的感觉。《论语》中对仁者的总体形象特征也做过描述。《子路》篇云："刚，毅，木，讷，近仁。"仁者应该坚强，有毅力，质朴，谨慎，有这几种品德，就接近仁者了！

孔子根据"仁"的理念提出了为政以德的仁政学说。《为政》中说："为政以德，譬如北辰，居其所而众星拱之。"说明了用教化和道德感化来治理国家的重要性。《卫灵公》载"民之于仁也，甚于水火。水火吾见蹈而死者矣，未见蹈仁而死者也。"说明当时民众对于仁政的迫切需要。孔子主张实行惠民政策，"道千乘之国，敬事而信，节用而爱人，使民以时"（《学而》），对民众要重教化，"道之以德，齐之以礼，有耻且格"（《为政》），用道德去引导百姓，用礼制去同化他们，百姓才会臣服归顺。这种德政的观点后来为统治者所采纳，从而奠定了儒家思想在古代社会的统治地位。

"礼"是孔子思想的另一个重要概念。孔子生活的时代，礼崩乐坏，他以维护、恢复周礼为使命，希望能够恢复三代之治，因而有时被人们视为保守、倒退的代表。应该指出的是，孔子并不主张全盘复古，而是对殷周时期的统治秩序即所谓礼制有所损益。在他的礼治思想中，以君权神授为中心的宗教神秘色彩大大淡化，烦琐的仪式不再被强调，而规范各个阶层的行为准则，使其各安其位，进而建立理想的社会秩序，成为问题的关键。孔子在许多场合发表过他的政见，其中同齐景公的一次谈话，是其纲领所在："齐景公问政，子曰：'君君，臣臣、父父、子子。'"（《颜渊》）君臣、父子，是王权社会最重要的两组社会关系，孔子的施政理念，就是要通过实行"礼"，理顺君臣、父子之间的秩序，"君使臣以礼"（《八佾》），"上好礼，则民易使也"（《宪问》）。身为君主，固然可以高高在上，役使臣民，但要想统治长期延续，也必须受到礼的约束，不能过分攫取民力。

具体说来，君上应注意自身修养，重视教化感召的作用，对内不滥施刑杀，君上是有德之风，百姓就是有德之草，你自己做好了，别人自然就会跟着做好，如果自己做不好，怎样去纠正别人呢？对外不用征伐，自己的国家治理得好，四方的人就会前来归顺。靠法律刑罚强力统治，只能使人民免于犯罪；用道德礼教来引导，人民就会知道荣辱，自动打消犯罪的念头。统治者要爱护人民，节俭费用。"礼之用，和为贵。"（《学而》）对于国家来说，"不患寡而患不均，不患贫而患不安"。财富分配平均就没有贫穷，上下和睦就不怕百姓数量少，内部安定就没有危险。一个政权的维持，要有充足的粮食和军队，更需要人民的信任。必不得已，可以削减武装，又不得已，可以减少口粮，而人民对政府的信任却是万万不可动摇的。推行德政的人好比北极星，臣民们会像群星一样拱卫着他。这才是政治的最高境界。"君使臣以礼，臣事君以忠"（《八佾》），以礼待之，臣民就不会犯上作乱、欺君误国，而是忠心侍君，匡正君上过失。"天下有道则见，无道则隐"（《微子》），"邦有道则仕，无道则退"（《卫灵公》）。邦国无道，却享受富贵，是很耻辱的。为了保住自己的官职，不惜曲意逢迎，无所不为，最为卑鄙。

在家庭关系上，《论语》对人父一角未作议论，对人子却有不少的训诫。他特别强调孝悌，认为这是立身之本。讲究孝悌，就不会犯上作乱。孝不单是生活上的奉养，更要从内心尊敬双亲。犬马也都能养老，如果没有发自内心的亲情，便与犬马没有区别（《为政》）。一个人，要使父母只为他的疾病担忧，而不用操心其他，才算得上孝。晚辈对长辈的过失，应婉言劝谏，即使不被听取，还得要敬重他们（《里仁》）。孔子所构拟的，是伦理型的理想之国。但是，孔子对君臣父子各种角色的设定，当时、后世都无人能够真正做到。他希望君主圣明，却不曾提供可以牵制的社会力量，他要求臣属匡正君主，却只让他们在劝谏与退隐之间选择。这种说教当然不能消除逆子贼臣的犯上作乱，也不能阻止昏君酷吏的暴政残民。

在仁和礼的关系上，孔子说"克己复礼为仁"，又说"人而不仁，如礼何？"（《八佾》），认为仁是礼的根本，礼是仁的精神具体化和外在化，是贯彻仁的具体措施和目的。

除了对"仁"和"礼"的阐释，《论语》还有大量篇章涉及孔子的教育思想。讲学习方法的，"学而时习之，不亦说乎！"（《学而》）。"君子食无求饱，居无求安，敏于事而慎于言，就有道而正焉，可谓好学也"（《学而》）。"学而时习之"与我们今天讲的预习、复习如出一辙。学习态度方面，"知之为知之，不知为不知，是知也"（《为政》）。提倡"敏而好学，不耻下问"（《公治长》）的精神，指出在学习中要虚心求教，多向他人学习。谈学习的重要性，"我非生而知之者，好古，敏以求之者也"（《述而》）。"好仁不好学，其蔽也愚；好知不好学，其蔽也荡；好信不好学，其蔽也贼；好直不好学，其蔽也绞；好勇不好学，其蔽也乱；好刚不好学，其蔽也狂。"（《阳货篇》）认为如果不能好学深思，仁、智、信、直、勇、刚等品质就会流于"六蔽"了，反复申说学习的重要性。

《论语》博大精深，其内容言简意赅，含蓄隽永，寓意深刻，值得今人在人生的不同阶段反复诵读。今人的注译本，以杨伯峻先生《论语译注》最为精到，钱穆先生的《论语新解》亦可供读者参看。

第四节 《礼记》

《礼记》又名《小戴礼记》《小戴记》，是以儒家思想为指导的先秦典章制度汇编，凡四十九篇，内容丰富，涉及政治、法律、道德、哲学等诸多方面，是研究先秦时期社会情况、典章制度和儒家思想的重要史料，也是中国作为礼仪之邦的重要精神来源，对中国后世政治制度、社会思想、伦理观念、乡约民俗等的形成产生了深远影响。

《礼记》与《周礼》《仪礼》并称"三礼"，其中只有《仪礼》在西汉时取得了"经"的地位，而《礼记》主要侧重于阐明礼的意义和作用，属于《仪礼》的从属性资料。随着汉末《礼记》独立成书，讲解、传习日渐增多，到了唐代才真正取得了经典的地位。从西汉直到明、清，《礼记》的地位越来越高。

从性质上说，尽管它只是儒学资料的杂编，但因为能够"陈其数""知其义"，所以受到的重视程度不断提高。这里的"数"，即各种礼节和仪式的具体规定，"义"则是各种礼节和仪式所体现的思想内容。例如，《仪礼》十七篇涉及的冠、婚、乡、射、朝、聘、丧、祭等八类礼节，基本上都属于"数"的范畴，主要讲述各类礼节的具体行为规范。《周礼》（原名《周官》）作为一部记述王室职官制度的著作，按照天官冢宰、地官司徒、春官宗伯、夏官司马、秋官司寇、冬官司空六个序列，记载了三百多种官职的设置及其职掌，也基本上属于"陈其数"的范畴。相比之下，《礼记》一书不仅陈述各种礼的"数"，而且揭示各种礼的"义"，集中阐述先秦儒家政治、哲学和伦理思想，所以明代焦循说："《周官》《仪礼》，一代之书也。《礼记》，万世之书也。必先明乎《礼记》，而后可学《周官》《仪礼》。《记》之言曰：'礼以时为大。'此一言也，以蔽千万世制礼之法可矣。"（《礼记补疏·叙》）

关于《礼记》的作者和成书过程，学界历来聚讼纷纭，莫衷一是，争论的焦点主要集中于《礼记》的成书时间和编纂者。一般认为，《礼记》是孔子弟子及其后学论述先秦礼制的论文集。先秦时期，以单篇的形式流传，往往被不同的儒家弟子在传授时编选采用，因而作者并非一人，写作年代也前后不一。李学勤、杨天宇等认为《礼记》的纂辑者是西汉的戴圣，而近人洪业则认为《礼记》成书于二戴之后、郑玄之前。钱玄则将《礼记》的成书时间考订在东汉。有学者根据《汉书·儒林传》和《后汉书·儒林传》的记载梳理《礼记》的成书过程："（汉初）鲁高堂生传授《士礼》17篇给瑕丘人萧奋，萧奋再传授给东海郡人孟卿，孟卿又传授给东海郯县人后仓（苍），后仓传授给沛人闻人通汉、庆普和梁人戴德、戴圣。"[①] 戴德为戴圣的叔父，号为"大戴"，所编纂的礼学文献八十五篇，称为《大戴礼记》；戴圣号为"小戴"，编纂的礼学文献四十九篇，称为《小戴礼记》。大小戴在汉宣帝时位居学官，是当时礼学的权威，后将礼学文献编辑成书，教书收徒，于是就有了戴德和戴圣所编纂的两种《礼记》的版本。但是由于《小戴礼记》的学术地位比较高，学术影响比较大，《小

---

① 丁鼎.礼记解读[M].北京：中国人民大学出版社，2010：11.

戴礼记》四十九篇流传得更为广泛。《后汉书·曹褒传》也说"(曹褒)父充传《礼记》四十九篇"。这些都能说明《礼记》在戴圣时已经编定成书，否则，西汉的目录学家刘向就不可能在《别录》中多次提及《礼记》一书。至《经典释文·叙录》引刘向《别录》，称《礼记》四十九篇的篇次与今本同。而孔颖达《礼记正义》也说："按《别录》：《礼记》四十九篇，《乐记》第十九，则《乐记》十一篇入《礼记》也，在刘向前矣。"由此可见，不但刘向作《别录》时已有四十九篇本《礼记》，而且其篇次与今本《礼记》并没有什么不同。

关于《礼记》的主要内容，由于《礼记》非成于一时一人之手，内容庞杂，编排凌乱，后人多采取分类方式研究。东汉郑玄将四十九篇分为"通论""制度""明堂阴阳""丧服""子法""祭祀""吉事""乐记"等八类。清人梁启超分为五类，分别为：通论礼仪和学术、解释《仪礼》十七篇、记孔子言行或孔门弟子时人杂事、古代制度礼节、格言名句。总的来说，《礼记》四十九篇按照所述内容大致可分为四类：（1）记礼节条文，补他书所不备，如《曲礼》《檀弓》《玉藻》《丧服小记》《大传》《少仪》《杂记》《丧大记》《奔丧》《投壶》等。（2）阐释周礼精髓，如《曾子问》《礼运》《礼器》《郊特牲》《内则》《学记》《乐记》《祭法》《祭义》《祭统》《经解》《哀公问》《仲尼燕居》《孔子闲居》《坊记》《中庸》《表记》《缁衣》《问丧》《服问》《间传》《三年问》《儒行》《大学》《丧服四制》等。（3）解释《仪礼》之专篇，如《冠义》《昏义》《乡饮酒义》《射义》《燕义》《聘义》等。（4）专记某项制度和政令，如《王制》《月令》《文王世子》《明堂位》等。

从本质上而言，儒家把"礼"视为治国的大纲和根本，所谓"礼者，君之大柄也"（《礼运》），主张无礼则无以治国，强调"民之所由生，礼为大。非礼无以节事天地之神也，非礼无以辨君臣、上下、长幼之位也，非礼无以别男女兄弟之亲、婚姻疏数之交也"（《哀公问》），将"礼"作为教化民众的工具，通过循序渐进、潜移默化的方式，让民众趋于善良与淳朴，远离邪恶，便于统治，即《经解》篇"礼之教化也微，其止邪也于未形"，这正是儒家以仁治国的思想体现。所以，《礼记》集中收录了秦汉以前的制度，尤其是周朝的典章制度，以及天子和天子之下各等级人士的冠、昏（婚）、丧、祭、燕、享、朝、聘等礼仪制度，基本将社会各个方面和各个阶层的行为准则涵盖其中，目的就是让各个阶层都按照既定的行为规范做人行事，通过社会个体的习礼养德、修身养性，不断提高个体的品行修养，逐步提升社会的整体素质，构建真善美的和谐社会秩序。

在社会秩序的构建中，儒家尤其重视的是丧礼和祭礼，"儒家认为，丧礼和祭礼（特别是祭祖宗）在礼中最为重要"①。在整部《礼记》中，关于祭祀之礼的讨论和延伸占据了突出的地位，其中杂记丧服丧事的篇目，如《檀弓》《曾子问》《丧服小记》《杂记》《丧大记》《奔丧》《问丧》《服问》《间传》《三年问》《丧服四制》等，反复论述了祭祀之礼在礼仪活动中的性质、特点、程序及其伦理的社会意义。其目的就是通过严格细致的祭祀礼节表达对先人、对天地的尊重，强调天地之高低、君臣之尊卑。"凡治人之道，莫急于礼。礼有五经，莫重于祭。夫祭者，非物自外至者也，自中出生于心也。心怵而奉之以礼，是故唯贤者能尽祭之义"（《祭统》），"明乎郊社之礼，禘尝之义，治国其如示诸掌乎"（《中庸》），就是以礼治国思想的具体体现。

古代家族关系维系与扩展的基本方式是血缘和姻缘，"婚""嫁"作为古代宗法社会日常生活风俗礼节，不仅仅代表婚姻双方的结合，更是双方宗族之间缔结的契约，由家而后国，家庭关系是维持宗族秩序的基础，进而也是国家治理的基石，因此，对婚嫁礼仪的规范也是儒家国家治理思想的重要组成部分。《礼记》中的《聘义》《昏义》等篇均是对"婚""嫁"的记载。据《礼记·昏义》中记载：

昏礼者，将合二姓之好，上以事宗庙，而下以继后世也，故君子重之。是以昏礼纳采、问名、纳吉、纳征、请期，皆主人筵几于庙，而拜迎于门外，入，揖让而升，听命于庙，所以敬慎、重正昏礼也。父亲醮子而命之迎，男先于女也。子承命以迎，主人筵几于庙，而拜迎于门外。婿执雁入，揖让，升堂，再拜，

---

① 蔡元培.中国伦理学史[M].北京：东方出版社，2012：176.

奠雁，盖亲受之于父母也。降，出，御妇车，而婿授绥，御轮三周，先俟于门外。妇至，婿揖妇以入，共牢而食，合卺而酳，所以合体、同尊卑以亲之也。敬慎重正而后亲之，礼之大体而所以成男女之别，而立夫妇之义也。男女有别，而后夫妇有义；夫妇有义，而后父子有亲；父子有亲，而后君臣有正。故曰："昏礼者，礼之本也。"

这些礼仪规范中无处不体现着明确尊卑、教化民众、规范秩序的意图，并最终上升到巩固国家政权的高度。同时，为维护严格的等级制度，规范家庭内部秩序，"尊老""奉老"也是《礼记》的一个重点，《礼记·王制》中记载："五十养于乡，六十养于国，七十养于学，达于诸侯，八十拜君命，一坐再至九十使人受。"以制度的形式明确规定对不同年龄阶段老人的奉养标准。《祭义》篇中亦有"七十者不有大故不如朝，如有大故而入，君必与之揖攘，而后及爵者"的记载，国君也需遵从这一礼制规范，率先垂范尊老养老的礼制，以展现孝行天下，维护尊老奉老秩序，构建和谐家庭、和谐宗族，进而达到构建和谐社会、维护统治的目的。

《礼记》作为一部儒家经典，在古代社会的地位十分重要，自郑玄撰《礼记注》以后，备受历代学者和政权的关注，注疏刊刻，代不乏人。东汉郑玄遍注群经，"就经学而言，可谓小一统时代"。三国两晋南北朝时期，《礼记》被列于学宫，设置博士，成为五经之一，地位超过《仪礼》。三国时期为《礼记》作注者有王肃《礼记注》三十卷、孙炎《礼记注》三十卷和吴国射慈的《礼记音义隐》等。东晋时期，文立、范隆、董景道、范宣等皆习《三礼》，范宣、徐邈等有《礼记音》等著作。至南北朝时期，皇侃、熊安生的《礼记义疏》、陆德明《经典释文》中的《礼记释文》四卷，成为该时期《礼记》研究的代表作。隋唐五代时期，颜师古专门考订《礼记》文字，孔颖达主持撰写《礼记正义》，并被列入科举考试的定本。唐开成年间雕刻石经，以备天下学子参考，《礼记》也赫然在列。五代后周时期，又将《礼记》等儒家经书付之枣梨，雕版印刷，为《礼记》的进一步流传奠定了坚实基础。北宋初年，学者治经笃守古义，各承师传，犹有汉、唐遗风，邢昺著《论语正义》《孝经正义》《尔雅疏》解经，仍以汉、唐旧注为据。刘敞、王安石以后，宋人解经之风发生巨变。《礼记》在两宋的流传和研究状况，突出表现在重视《礼记》研究，《礼记注》《礼记正义》《礼记释文》的刊刻和汇刻，对《大学》《中庸》《儒行》等单篇的看重和翻印，卫湜《礼记集说》的撰写等方面，这些与两宋重视儒家经典、书院教育是分不开的。朱熹以《仪礼》为经，分附《礼记》《大戴礼记》相关篇章，撰《仪礼经传通解》三十七卷，然仅成家礼、乡礼、邦国礼、王朝礼等部分，后其弟子黄干及再传弟子杨复续成丧礼、祭礼，成《仪礼经传通解续》二十九卷。《礼记》在元、明时期的流传，可述者有吴澄《礼记纂言》的撰写、陈澔《礼记集说》的广为传播、《五经大全》的编纂以及《十三经注疏》的汇集刊印等。此外，有明一代研究《礼记》的学者很多，有大量研究著作问世，如心学代表人物王阳明，著《五经臆说》，对《礼记》发表己见。另有嘉靖年间李元阳之闽本《附释音礼记注疏》六十三卷，对后世也产生了深远影响。清代以"崇儒重道"为基本国策，表彰经学，尊重先儒。《礼记》在清代的流传，大致从政府开"三礼馆"并组织学者注释《三礼》、大量学者投身《三礼》研究、收藏并刊印前代和当代《礼记》研究成果等方面，可观察到概貌。清高宗开"三礼馆"，修纂《三礼义疏》。此外，清代亦有《日讲礼记义疏》六十四卷、《大清通礼》的修纂印行，对清代初期以前研究《礼记》的成果进行了总结。除前述外，清代《礼记》注疏以孙希旦《礼记集解》和朱彬《礼记训纂》最为有名。近百年来，《三礼》的研究也延续了之前的热度。章太炎、王国维、梁启超、刘师培、黄季刚等一代大家，皆沿乾嘉学者治学之旧路，结合西方社会科学的研究方法，造就了近代国学研究的辉煌。就《三礼》而论，钱玄、王文锦、杨向奎、孔德成、沈文倬等先生，为此中翘楚。钱玄《三礼名物通释》《三礼辞典》《三礼通论》、王文锦《礼记译解》和他整理的《大戴礼记解诂》《周礼正义》《礼书通故》、杨向奎《宗周社会与礼乐文明》、沈文倬《宗周礼乐文明考论》《菿闇文存》等，是近代以来《三礼》研究的代表作。

《礼记》不仅集中代表了中国传统社会统治理念之精髓，也是士人百姓行为规范的准则，它在维护古代社会稳定方面发挥了重要作用，其地位也随时代发展而不断提高，由解说经文的著作侧身"经书"，其中蕴含了许多可供当今学习和借鉴之处，比如其中体现的中庸观、大一统等思想，以及《学记》"君子如欲化民成俗，其必由学乎！玉不琢，不成器。人不学，不知道。虽有嘉肴，弗食不知其旨也。虽有至道，弗学不知其善也"的实践教育哲学思想。再如《礼记》全书以散文撰成，有的篇章用短小生动的故事阐明某一道理，有的气势磅礴、结构谨严，有的言简意赅、意味隽永，有的擅长心理描写和刻画。书中还收有大量富有哲理的格言、警句，精辟而深刻，值得我们细细品读，与古代先贤作一番心灵与思想的沟通和交流。

第五节 《周易》

《周易》又称为《易经》，相传为周文王姬昌所作。由"经"和解说的"传"两个部分构成："经"主要是六十四卦和三百八十四爻，作为占卜之用；"传"包含解释卦辞和爻辞的七种文辞共十篇，统称《十翼》，相传为孔子所作。《周易》是我国传统思想文化中自然哲学的源头，也是我国古代人民思想和智慧的结晶，对中国文化的发展产生了极其深远的影响。

由于早期社会生产力低下，科学不发达，先民们对于自然现象、社会现象以及人本身的生理现象不能做出科学的解释，因此产生了原始崇拜，认为在事物背后有至高无上的神存在，它支配着世间的一切。人们屡遭天灾人祸，就萌发出了借助预测神意来预知突如其来的横祸和自己行为会带来何种后果的欲望，以达到趋利避害的目的。在长期实践中发明的沟通预测方法，是《周易》产生的背景和条件。

传说伏羲作八卦，文王将八卦演为六十四卦，并不太可靠。根据考古发现，殷代出土的甲骨文记载，国之大事在行动前都会用龟卜方法向神灵求吉问凶，以寻求指示，甲骨文就是占卜的记录。周朝时，王室和贵族也用此方法占卜，但周人主要用筮占,也就是《易经》算卦,《周易》最早是作为算卦的书编纂的。据后世学者研究认为:《易经》应该是在积累前代经验基础上,由周王朝和列国一批掌握占卜的巫、史官,以世代相传、不断积累的占卜资料和社会生活经验为依据,逐步整理加工而成的;在以后的漫长历史岁月中,后人又根据自己时代的经验给予进一步补充和修订。近十几年来的考古发现证明,《易经》成书经历了一个相当长的过程。例如,长沙马王堆三号汉墓出土的《周易》帛书,就与今本《易经》不尽相同。但将《易经》的成书时间定在商周之际,则是大致可信的。

夏商周三代流传的《易》有《连山》《归藏》和《周易》。夏朝的《连山》易,其起于艮卦,艮代表山。商朝的《归藏》易,其起于坤卦,坤有收藏的意思。周朝的《周易》,起于乾卦,乾为天,有起始之意。《连山》《归藏》皆已失传,只有《周易》流传了下来,因此,现在说的易就是指《周易》。到了春秋战国时期,中国的思想文化领域呈现了空前绝后的繁盛局面,出现了老子、孔子等思想家、哲学家。孔子及其门人为《周易》做注解阐释,即《易传》。《史记·孔子世家》记载:"孔子晚而喜易,序彖、系、象、说卦、文言。读《易》,韦编三绝。曰:假我数年,若是,我于《易》则彬彬矣。"经过儒家的解释,《易传》内容变得十分丰富,有十个部分,包括《系辞》上下、《彖》上下、《象》上下、《文言》、《说卦》、《杂卦》、《序卦》,统称为"十翼"。"翼"就是辅助,好像翅膀一样,作为《易经》的辅助让人了解《易经》。《易经》和《易传》合并起来,就是后世所称的《周易》了。

"周易"的得名,必须从《易经》的形式和内容加以考察。《周易》之名,最早见于《左传·庄公二十二年》:"周史有以《周易》见陈侯者,陈侯使筮之,遇《观》之《否》。"公元前705年,周天子的一个史官去见陈国的陈厉公,并为其儿子陈完卜卦,史称"周史见陈侯"。书中还载有许多用《周易》占卜的事例,故此,《易经》自古被视为卜筮书,所以秦始皇焚书,不在被焚之列,得以流传。"周"字,有两种解释,一说指周朝,古代常称周朝的书为周书,如《周礼》等。唐代孔颖达在《周易正义》中认为"周"指岐阳地名,是周朝的代称。也有人认为《易》流行于周朝，所以称为《周易》。第二种解释是指周普，普遍，即易道广大，无所不包。东汉郑玄著《易论》，认为"周"指无所不备，周而复始。《说文解字》解释"易"字曰"蜥易，蝘蜓，守宫也。象形。"以壁虎象征月亮，蚕蛾又为月的象征。日为蚕（龙），地为茧，月为蛾（凤）。蛾处茧中，类似守宫。月因日而有光，如同蛾由蚕变而成。蚕蛾象征陷阱中的弓弩。其中弓弩必须保持弓箭平衡，不致早发而失去设伏的作用。维持平衡，就是守恒，所以月亮在殷商卜辞中，以及在《易经》中都叫作"恒"。月象征弓，故甲骨文中的恒字，有从弓者。月被称为姮娥，姮娥者，恒我也。《易经》中的我皆指月。月之盈亏，蚕蛾之隐显，都象征弓之张弛，待时而动。月亮、蚕蛾、蜥蜴都是阴阳的形象化。另一说"易"字，上为"日"，代表阳，下为"月"，代表阴。日为白天，白天为阳；月为黑夜，黑夜为阴。所以"易"即为阴阳结合，表示为一天中白天和黑夜的全部时间；阴为过去，阳为未来，易也代表了过去和未来全部的时间。日又为南，因南方热，月则为北，因北方冷，所以，"易"又涵盖了从南到北的全部空间。白天黑夜是不断变化的，阴阳也不断变化，所以，"易"代表了变，即万事万物都处于不断的变化中。

变，是宇宙的规律，"一阴一阳之谓道"（《易经·系辞上》），所以可以说，"易"就是"道"，"故易者，阴阳之道也"（朱熹《周易本义》序）。东汉郑玄在其著作《易论》中认为"易，一名而含三义：易简一也；变易二也；不易三也"。这句话总结了"易"的三种意思，即"简易""变易""恒常不变"，是说宇宙万物顺乎自然，有"简""易"两种性质，但时刻都处于变化中，这种变化是有规律的，表现出一种恒常。综合来看，"周易"可以理解为讲宇宙万物阴阳变化规律之书。

《易经》开始只是一本占筮用书，"《易》乃卜筮之书，古者则藏于太史太卜以占吉凶"（《朱子语类》）。到了孔子及其门人作《易传》后，慢慢上升到了哲学的范畴，演变成了一部讲哲理的书。从汉朝开始，形成了"孟京之学"、"京氏易"体系和"费高易学"体系。郑玄是汉代经学大家，是费氏易的代表人物，他写的《周易注》对《周易》做了详细注释。而汉易中影响最大的是孟京易学，史称"象数之学",首创了《周易》预测的纳甲法,开辟了《周易》预测的新篇章。从汉代开始,《易经》就成了五经之首,汉代是易学发展的第一阶段,开始了易学理与数的分化。到了魏晋隋唐时期,易学明确转向,由两汉的重象数转向重易理。以王弼为代表的玄学家强调"忘象以求意",提出了"得意忘象,得象忘言"的新观点,成为了易理学派的创始人,是魏晋易学派的主流。唐代经学大家孔颖达的《周易正义》提出元气说来解释太极、阴阳,对易理进行了总结,使易理派得到进一步发展。晋至唐代可以说是与《周易》密切相关的风水理论最繁荣兴盛的时期。宋朝则是易学大繁荣时期,也是《周易》哲学高度发展时期。北宋周敦颐提出了太极学说,从特殊的视角论述了宇宙形成的过程,到程颐著《伊川易传》,创立了理学派的易学体系。到南宋,理学集大成者朱熹著《周易本义》,以儒解《易》,以《易》说儒,建立起了一个庞大的易学哲学体系,《易经》就此确定了其牢不可破的"五经"之首的地位。

《周易》的内容分为《易经》和《易传》。其中,《易经》分为上经和下经,上经三十卦,下经三十四卦,共六十四卦,每卦里有卦画、卦名、卦辞、爻题、爻辞五个部分。由于《易经》年代久远,它的表现形式也相对特别,是通过特殊的图像符号系统和文字解释系统来表达的。"卦画"的基本单位叫作"爻",爻有两种,一种称为阳爻,用一条长的横线"—"表示,一种称为阴爻,用两条短横线"- -"表示。单卦,又称为"三画卦"或者原卦,是由三个阴阳爻组成的卦,由于每个爻阴阳属性不同,就决定了不同的卦。由下至上第一爻称为"初爻",第二爻称为"二爻",第三爻称为"三爻",分别代表"三才",即地、人、天。按照三爻不同的组合形式,就形成了八卦,即"☰"(乾)、"☷"(坤)、"☳"(震)、"☴"(巽)、"☵"(坎)、"☲"(离)、"☶"(艮)、"☱"(兑)。古人为了记住八卦的符号,编了一首顺口溜:"乾三连,坤三断,震仰盂,艮覆碗,离中虚,坎中满,兑上缺,巽下断。"

重卦,由两个三画卦组成,故又称为"六画卦"、复卦、别卦、成卦等,重卦是由上下两卦组成,上面的叫作上卦或者外卦,下面的叫作下卦或者内卦。八卦之间的互相组合可形成六十四卦,按照一定的次序排列后就是《易经》

的主体内容。每卦各有其名，各有其义，各有其辞，各有其象。"卦画"就是由六条爻组成的卦，为六十四卦之一。"卦名"是"卦画"的名称，如乾，就是卦名，卦名是对卦画最简要的说明，是这个卦的主题。乾这个卦画是由六条阳爻组成，故乾有刚健之义。"卦辞"是在卦名后的一段文字，是对一卦六爻的总结和说明。如乾，后面有"元亨利贞"四个字，就是乾卦的卦辞。"爻题"即爻位名称，表示某一爻在六爻中的具体位置及阴阳性质。六爻卦位自下而上数起，分别为初（即一）、二、三、四、五、上（即六）爻，初二爻为地，三四爻为人，五上爻为天。其中，阳爻称为"九"，阴爻称为"六"，爻题即为"初六""初九""九二""六三"等。"爻辞"即单条爻的说明、描述文辞，一卦有六爻，故有六条爻辞。《周易》中，爻辞一般分为两部分，一部分是取象，即叙述一件事，或描述某一自然现象，以说明事理。另一部分是断语，即下结论，多用吉、凶、悔、吝等辞。同一卦六条爻辞之间，相互独立又相互关联、相互作用，表示不同时间和阶段的发展状态，以构成完整的发生、发展过程，即全卦的内容总结——卦辞，从而达到占问的目的。

《易传》是最早的解说《易经》的文章。《易传》从抽象意义上对《易经》做了注释，将其六十四卦三百八十四爻上升到了理论高度进行概括说明和解释，从宏观角度探讨《易经》起源，认为其中的八卦和六十四卦体现了天地阴阳变化的规律，使《周易》理论变得博大精深。《易经》卦爻辞多是对某事或某现象的记录和叙述，而《易传》注释时将卦爻辞和卦爻画联系起来，把具体的卦爻辞上升到了抽象的阴阳关系。同时，《易传》从整体上对《易经》六十四卦加以排列和说明，解释了卦与卦之间、卦象与卦辞之间、爻象与爻辞之间、卦与爻之间的内在联系，使《周易》变成了一个有机的、具有一定逻辑关系的统一体。

另外，《易传》对《易经》的体例做了详细说明，还保留了古代原始的占筮方法——大衍法，对后人了解和研究《周易》筮法的起源有重要意义。"彖"通"裁"，为周易中总括一卦之辞，称为彖辞或卦辞。对彖辞的解释称为"彖传"，共有六十四条，孔子作《彖传》，凡卦内"彖曰"则皆出于《彖传》。象，即《象传》，卦象取法自然之象，即自然界事物所呈现的容貌、形态，如日月星辰所呈现的象为天象，山川草木所呈现的象叫作地象。从释卦来说，总释一卦之象曰大象，论一爻之象曰小象。系，即系辞或《系辞传》，是指系属在卦爻之下的文辞，即卦爻辞，通论一经的大体，从一阴一阳之谓道出发，阐述事物变化。文言，指《文言传》，专释乾坤二卦义理，通过注释乾坤卦辞，阐发天地阴阳变化之理。说卦，又称《说卦传》，用来系统阐述八卦之德业变化及法象所为。序卦，说明六十卦排列次序及排列的客观根据。杂卦，不依六十四卦顺序，杂糅众卦，错综其义，或以同相类，或以异相明。

《易传》不仅对《易经》的图像符号系统进行了重新解释，同时也对《易经》文字解释系统的意义进行了拓展，使之由具体经验转化为抽象的哲学。例如，《易传》提出了《易经》中根本就没有的太极演化模式，来说明卦象的发生，认为"易有太极，是生两仪，两仪生四象，四象生八卦，八卦定吉凶，吉凶生大业"（《系辞上》）。所谓太极，是阴阳混沌未分的原初状态，由太极分化而产生阴、阳两仪，由阴阳分化而产生太阴、少阳、少阴、太阳四象，由四象再分化产生八卦乃至六十四卦。又如，《易传》对矛盾转化问题进行了谈论，提出"穷则变，变则通，通则久"（《系辞下》），认为一切事物在其变化过程中，量的积累达到一定的限度，就会向相反的方面转化，这种量变到质变的转化是一个渐进的过程。《易传》总结了春秋战国时期社会变革的历史经验，提醒人们注意社会矛盾运动中的"积"和"渐"，"积善之家，必有余庆；积不善之家，必有余殃。臣弑其君，子弑其父，非一朝一夕之故，其由来者渐矣"（《文言》）。善与恶都可以通过逐渐的积累而由小到大，社会矛盾的激化有一个逐渐发展的过程。因此，"君子安而不忘危，存而不忘亡，治而不忘乱，是以身安而国家可保也"（《系辞下》）。统治者只有居安思危，防微杜渐，防止社会矛盾发展到剧烈对抗的程度，才能保持住自己的统治。《易传》所赋予《易经》的这些新的意义，显示了比《易经》文本更强的思辨性和概括性。如果说《易经》的文字解释系统在于使阴阳互补方法具有经验性和可理解性，那么《易传》的文字解释系统则使得阴阳互补方法更富有哲理性。

《周易》中蕴含了丰富的哲学思想，其中对后世影响最大的，应该是其变易思想，它通过八卦推衍，说明万事万物都处在不断的运动之中，阴阳、祸福等都在不断转化之中，因此可以说《周易》是一部专门讲"变易"的哲学著作。《周易》的变易观念与其来历密切相关，它初为卜筮而作，通过爻的"九六"变化来为求问者指示行动方式，不变的爻则不具备这种功能，因而"变"成为关键和根本。《系辞》说："《易》有圣人之道四焉：以言者尚其辞，以动者尚其变，以制器者尚其象，以卜筮者尚其占。""动则观其变而玩其占"，"爻也者，言乎变者也"（《周易·系辞上》）。阴爻和阳爻的相互变动造成了卦的变化，从而引起《周易》的系统变化。因此说明世上的人、事乃至宇宙万物，没有不变的，都随着时间、地点、环境的变化而处于恒常的变化之中。这就是"变易"的原则和根本，也是《周易》的根本所在。

　　《周易》与中国古代自然科学也有着密切的联系。《周易》的阴阳互补方法，以及天、地、人相统一的思维模式，对中国古代天文学、数学、医学的发展产生了深刻影响，古代天文历法学说的创立、四大发明的问世，都或多或少受到易学理论的影响。科学史还证明，《周易》的辩证智慧对于近代和现代的科学发现仍具有某种启示性。例如，量子力学的奠基者玻尔，在1937年访问中国时惊异地发现作为量子论中心思想的并协性，对于西方人来说，似乎是一种全新的观念，而在中国古老的阴阳思想中，却早已得到了最恰当的表述。他特别看中了表示阴阳互补的太极图，认为这是运用象征性形象对并协原理的自然表述。后来，他采用太极图作为爵士纹章的图案，并写上"对立即互补"的铭文。当前，《周易》与现代自然科学的关系已成为易学研究的一个重要方面。

　　《周易》是中国传统文化的精髓，是中华民族智慧的结晶，被誉为"群经之首""大道之源"，是中国古代杰出的哲学巨著。其讲究阴阳互应，刚柔并济，提倡自强不息，厚德载物，革故鼎新，积极进取，奠定了中华优秀传统文化的重要价值取向，对中国古代社会发展、世界文明进程产生了巨大影响。

第六节 《春秋》

"历史"的发展与人类历史的发展似乎有这样一段暗合：当人类从粗犷的野蛮时代走向儒雅的文明时代，"历史"也由浪漫的诗歌咏唱走向理性的文字记载。在古希腊，大约公元前12世纪至前9世纪，是荷马史诗的时代，直到公元前5世纪，才出现了希罗多德（约公元前484—约前425）及他的《历史》。在中国，大约公元前11世纪到公元前7世纪，是风雅颂的时代，直到公元前6世纪，才出现了孔子（公元前551—前479）与他的《春秋》。

孟子说"王者之迹熄而诗亡，诗亡然后春秋作"（《孟子·离娄下》）。这句话说明了在中国的《诗经》中保存了早期王者的事迹，更为重要的是，这句话反映了我国早期历史文献在春秋时代发生了相当大的变化。春秋以前的周王室是天下的共主，各诸侯国每年要朝拜周王，参加周王室的祭祀鬼神或歌颂祖先、夸耀战功等活动，作成不少诗歌。此外王室和各诸侯的乐官为了尽到自己的责任，留心搜集流传在民间的或出于士大夫之手的诗歌，用来献给王室。这些诗，我们可以称为文学资料，同时也可以说是历史文献。到了春秋时代，周王室的势力小了，诸侯不常来朝拜，也不常参加王室的祭祀、征战等活动，因此，周王室也就没有许多新的功德可以歌颂，这就是孟子所说的"王者之迹熄而诗亡"。王室的衰落，"礼乐征伐自诸侯出"，各诸侯国有了自己的纪年和自己的史官，并从事历史记载。当时有晋之《乘》、楚之《梼杌》、鲁之《春秋》等编年记事形式的史书出现，这就是孟子所说的"诗亡然后春秋作"。

春秋时期的各国史书直接流传下来的较少，孔子编撰的《春秋》一书，至今尚存。这本书以鲁国的旧史为底本，吸收了春秋时各国史书的材料，经孔子的笔削，成为我国历史上第一部私人修撰的史书。孔子修《春秋》，采用编年体，在材料的取舍和写法上都有一定的标准或准则，记述自公元前722年至公元前481年，共242年的历史，简要反映了春秋时期的政治军事等活动，以及一些自然现象，同时也体现了孔子对历史的看法。《春秋》的出现，对后世政治、思想、学术都有着极其深远的影响。

《春秋》成书以后，孔子后学根据各自的理解，对《春秋》作有不同的解释，这些解释当时只是口头传授，还没有写成书面文字。班固说："及末世口说流行，故有《公羊》《谷梁》《邹》《夹之传》。四家之中，《公羊》《谷梁》立于学宫，邹氏无师，夹氏未有书。"（《汉书·艺文志》）现在保存下来的《公羊》《谷梁》二传是最早解《春秋》的专书。《公羊传》相传是战国时人公羊高所口述，至汉景帝时，由公羊寿和他的学生胡毋子都写定成书。《谷梁传》相传是与公羊高同时人谷梁赤所口述，也是到西汉时才写定的。二传对《春秋》的注解注重词句的诠释，并阐发所谓的"微言大义"和"春秋笔法"。

关于"微言大义"和"春秋笔法"问题，是后世经学家和史学家们讨论的热点，也是《春秋》对后世影响的重点所在。

孟子说："晋之《乘》，楚之《梼杌》，鲁之《春秋》，一也。其事则齐桓、晋文，其文则史。孔子曰：'其义则丘窃取之矣。'"（《孟子·离娄下》）《春秋》按时间顺序排列史事，并用简约的文字将这些史事记载下来。《春秋》的史事主要是约取晋、楚、鲁等国的史书，但通过这些史事所体现的含义则是孔子自己的思想，亦即所谓的"微言大义"。因此，正如孟子所说，孔子成《春秋》，而乱臣贼子惧。能使乱臣贼子惧怕的，大概就是《春秋》的大义了。

《春秋》一书，在后学看来，已不是一部史学著作（古代各书目均将《春秋》作为经书著录），它的意义被推演到政治、法律和道德伦理的范围，因而，董仲舒说《春秋》"是非二百四十二年之中，以为天下仪表，贬天子，退诸侯，讨大夫，以达王事而已矣"（《汉书·司马迁传》）。司马迁更进一步阐明《春秋》明辨人事经纪，判别嫌疑、是非、善恶，以宣扬王道，是一部政治、百官之大法，人伦、礼义之大宗，有国者，为人君者，为人父者，为人臣子者，都不可不知《春秋》。

西汉以后，许多学者依据《左传》《公羊传》《谷梁传》（即《春秋》三传），对《春秋》的"微言大义"作了更为具体的分析。所谓"微言"，我们认为就是用来表述史事的那些最精粹、简括的语言，但《春秋》的目的不仅仅是在这些史事的表述上，而是要通过这些史事的表述来体现孔子的思想，这些思想就是所谓的"大义"。(按传统的说法，贬乱臣贼子、大一统、尊王攘夷等为《春秋》的"大义"，大义尚可于文字间求之，而"微言"则不能于文字间求之，只可从文字之外领会得之。)

"微言"要通过一定的规则或体例才能体现"大义"，这些规则或体例就是人们所说的"春秋笔法"。

晋代学者杜预（222—284）通过《左传》对《春秋》笔法作了详尽的分析，他在《春秋左氏经传集解序》中说：

其发凡以言例，皆经国之常制，周公之垂法，史书之旧章，仲尼从而修之，以成一经之通体。其微显阐幽，裁成义类者，皆据旧例而发义，指行事以正褒贬。……为例之情有五：一曰微而显，文见于此，而起义在彼，"称族尊君命，舍族尊夫人"，"梁亡"，"城缘陵"之类是也；二曰志而晦，约言示制，推以知例，"参会不地"，"与谋曰及"之类是也；三曰婉而成章，曲从义训，以示大顺，诸所讳辟，"璧假许田"之类是也；四曰尽而不污，直书其事，具文见意，"丹楹""刻桷""天王求车""齐侯献捷"之类是也；五曰惩恶而劝善，求名而亡，欲盖而章，"书齐豹盗""三叛人名"之类是也。推此五体，以寻经传，触类而长之，附于二百四十二年行事，王道之正，人侯之纪备矣。

按照杜预的说法，孔子在修《春秋》之前，就订立了一个通则，概括起来就是上面说的五种类型，孔子就是以此通则来修撰《春秋》，以寓褒贬的。

"微言"是通过一定的规则来显现"大义"的。那么"大义"是什么呢？东汉学者何休（129—182）说的"三科九旨"，指的应当就是《春秋》的大义（按传统的说法，"三科九旨"是《春秋》的"微言"）。何休说"新周、故宋，以《春秋》当新王"为一科三旨，"所见异辞、所闻异辞、所传闻异辞"为二科六旨，"内其国而外诸夏，内诸夏而外夷狄"为三科九旨。一科三旨即是存三统，简言之就是保存夏、商、周三代之传统，有些经学家则指三统为商、周与新王（新王是指孔子的理想王国）。二科六旨就是张三世，即所传闻世（据乱世）、所闻世（升平世）、所见世（太平世）。三科九旨即"异内外，以何休"的说法，据乱世时为"内其国而外诸夏"，升平世时为"内诸夏而外夷狄"，太平世时为"夷狄进至于爵，天下远近大小若一"。（《春秋公羊传解诂》卷一）

　　孔子修《春秋》，用一定的历史编纂法来体现自己的历史哲学，进而抒发其政治理想。孔子借用"以事系日，以日系月，以月系时，以时系年"的方法记载史事，通过对史事的记载来存传统，评时事，憧憬那"大道既行，天下为公"的大同太平之世。这或许就是孔子寄寓于《春秋》的大义吧，这也正是一个史学家所寄望的——述往事，思来者。

　　《春秋》及其各解释学派对后世都有很大影响，特别是《春秋》公羊学派对中国政治的影响尤为明显。西汉董仲舒曾作《春秋繁露》，专治《公羊传》，发挥"大一统""张三世"，以阐述《春秋》大义，又提出"独尊儒术"，为汉武帝所采纳，公羊学遂为汉代之显学。历代今文经学家常以公羊学说为依据来议论政治、褒贬人物。近代康有为对《春秋》公羊学重新作出解释，为他的托古改制、变法维新提供理论和历史依据。

第四讲

史部要籍导读

第一节 史部源流

在《汉书·艺文志》中,包括《太史公书》在内的史书,是著录在六艺的"春秋"类下的,因为此时的史书数量还不多。后世史学发达,史籍越来越多,四部分类法就把史部独立出来了。至《四库全书总目》之时,史部的子类包括正史、编年、纪事本末、别史、杂史、诏令奏议、传记、史钞、载记、时令、地理、职官、政书、目录、史评十五类。这些类别也是随着时代推移而陆续产生的,下面我们就将按照时间脉络介绍史部之源流。

"史"字在古代的原始含义是指文字。汉代许慎在《说文解字》中说:"史,记事者也。"用来记事的东西,就是文字。后来"史"既指记事之物,又指记事之人,这是根据"史"记录的属性生发的引申义。也就是说,史籍和史学出现的先决条件是文字的产生。出于记录事件的需要,人们发明了文字,最早的史籍也就随之出现了。

我国目前发现的最早的文字是甲骨文。据学者考证,甲骨上记载的内容涉及商代的天文历象、征战祭祀等社会生活的方方面面,可以看作最早的史书。西周至春秋时期,周王室和一些文化发达的诸侯国已经设置了较为完备的史官制度，负责记载本国的重要事件。编撰成的史书，晋称《乘》，楚称《梼杌》，宋、鲁、燕、齐等国统称《春秋》。相传，后来流传的《春秋》就是孔子在鲁国国史基础上编订的。

《春秋》是我国现存最早的一部编年体史书，它不仅确立了编年体史书体裁，更创立了后人所谓"微言大义"的"春秋笔法"，对中国史学的发展产生了深远的影响。由于《春秋》笔法简练，到战国时期又出现了为《春秋》作注的《公羊》《谷梁》《左氏》三传，其中尤以《左传》叙事完备，描写生动，完善了编年体史书的体例。同为儒家经典之一的《尚书》，是一部上古时期的历史文献汇编，所载据称为尧、舜、禹、周各代的典、谟、训、诰、誓、命等诏令奏议，用今天的眼光来看，其实就是一本政治史料集。此外，成书于战国初年的《国语》，是我国最早的一部国别体史书。《世本》《战国策》《逸周书》等书，保存和记录了先秦时期部分历史档案资料。

事实上，先秦经典，诸子百家，都没有脱离事物而空谈道理，而是通过记述古代的典章制度，来阐发自己的政治主张，从这个意义上说，"六经皆先王政典也"（《文史通义》）。所以章学诚最早提出"六经皆史"（《文史通义》）的观点。钱穆先生也说"则凡先秦诸子学，实可谓乃无一而非源自史学"（《中国史学发微·序一》）。可以说，先秦至汉代以前，是我国史学的萌芽期。

两汉是我国史学的形成期，其中尤以司马迁和他的《史记》厥功至伟。司马迁继承家学，发愤著书，"究天人之际，通古今之变"，在广泛搜集史料的基础上，以煌煌五十万余言，记载了自黄帝至汉武帝三千余年间的历史事迹。他的伟大之处，不仅在于其非凡的史学和文学才华，更在于对史书体例的创制与完善。《史记》以前的历史著作，如《春秋》《左传》等，记载简略，体例单一。司马迁开创的纪传体通史，以"本纪""世家""列传"为中心刻画人物，辅以"表""书""志"记载典章制度，形成了一套完整的历史记述体系。这种新的体例产生后，极受史学家和历代统治者推崇，东汉班固《汉书》、陈寿《三国志》、范晔《后汉书》等均采用了这一体裁，并对体例有所改进。纪传体也成为历代官修"正史"的指定体裁。应该说，司马迁《史记》出现以后，中国的史学才进入了独立发展的阶段。将《史记》《汉书》等纪传体史书凑成"钦定"的二十四史，是乾隆皇帝的意志，后世亦沿用了下来。《二十四史》的名目包括《史记》《汉书》《后汉书》《三国志》（以上四部也被称为"前四史"）《晋书》《宋书》《南齐书》《梁书》《陈书》《魏书》《北齐书》《周书》《隋书》《南史》《北史》《旧唐书》《新唐书》《旧五代史》《新五代史》《宋史》《辽史》《金史》《元史》《明史》。民国时期，清朝遗老赵尔巽主持修撰《清史稿》，因此也有人将其加入而称为"二十五史"。该书与经部的《十三经注疏》一样，都是古籍中最常见的书。1949年后，中华书局出的点校本《二十四史》是目前最易得通行的版本。

魏晋南北朝至宋元时期，是中国史学发展的黄金时代。在这一阶段，史学正式从经学中独立出来，成为与经学并列的一大门类。西汉刘向、刘歆父子编撰《七略》《别录》，史书附于"六艺略""春秋"类之后。至唐初编撰《隋书·经籍志》时，正式确立了"经史子集"四部分类。"七略"向"四部"的演变，是史学发展的必然结果。魏晋以来，史学取得了显著的发展。《隋书·经籍志》记载的史籍，数量已经大大超过了经籍，部类也更加完善，除了纪传体、编年体外，还有杂史、地方史、杂传、典志史、谱系、地理、起居注等十余类。史籍以附庸而成大国，史学也从经学中分化出来，成为一个独立的门类。

唐宋时期创立了大量新的史书体例，也是这一时期史学发达的特征之一。随着古代社会政治、经济、文化的发展，史学家们在前代史学成就的基础上，又开辟史评、史论，典制体，纪事本末体三种新的史书体裁。

史评、史论是对历史事件、史书或者史学发展进行评价、论断的一种著作形式。唐代刘知幾的《史通》是我国古代第一部史学评论专著，该书系统总结了我国唐代以前史学发展的状况，同时也开创了史学理论研究的先河。典制体史书，是专门记载历代典章制度的一种史书体裁，源自纪传体史书中"书、志"。古代社会发展到唐代，各项政治、经济、军事制度日趋完善，出于国家治理的需要，将涉及社会生活方方面面的典章制度按照类别记载下来以备查考，变得必要而迫切。唐代中期杜佑编撰的《通典》是我国第一部典制体史书。

《通典》的体例被后代史学家沿用，宋代郑樵撰《通志》，元初马端临撰《文献通考》，合称"三通"，是中国古代典章制度史上的重要成就。

纪事本末体是在总结纪传体、编年体史书各自优劣的基础上产生的一种新的史学体裁。纪传体和编年体是我国史书最重要的两种体例，但编年史"一事而隔越数卷，首尾难稽"，纪传史"一事而复见数篇，宾主莫辨"(《四库全书总目提要》)，各有无法克服的缺陷。如何扬长避短，自南北朝起就有史学家为之争论不休。南宋袁枢编撰的《通鉴纪事本末》较好地解决了这一问题。该书依据《资治通鉴》的内容，重新排比史事，以事为纲目，把历史上发生的重要事件，详其首尾，完整地加以介绍。这种新的史学体裁也因书得名，被称为"纪事本末体"。明代陈邦瞻《宋史纪事本末》《元史纪事本末》、清代高士奇《左传纪事本末》、李有棠《辽史纪事本末》《金史纪事本末》、张鉴《西夏纪事本末》、谷应泰《明史纪事本末》，将袁枢创立的这种新史体继承并发扬光大。

除了出现新的史书体裁，宋元时期，编年体史书也重新焕发了生机。编年体是诸史体中最古老的一种，但自《史记》诞生后，纪传体成为史学撰述的主流，被视为"正史"，编年体几乎失去了生存空间。这种情形，直至北宋司马光等人撰成《资治通鉴》后才得以改观。《资治通鉴》是中国第一部编年体通史，以司马光为首的编撰班子，以其审慎的史德、卓越的史识、完善的史例，将编年体史书叙事的优点发挥到极致。《资治通鉴》也与《史记》一道，被后人誉为"史学双璧"。在《资治通鉴》的影响下，宋代还产生了一批编年体史著，如李焘《续资治通鉴长编》、李心传《建炎以来系年要录》、徐梦莘《三朝北盟会编》等，是编年史发展的全盛时期。

明清为中国古代社会的后期，中央集权达到巅峰，统治者对思想领域的控制也前所未有的严苛。在文化专制的背景下，虽出现了明末清初短暂的思想解放浪潮，但密不透风的文网牢牢地钳制着人们的思想，给包括史学在内的各项学术活动的发展带来了严重的负面影响。为了躲避文字狱，明清的史学家将研究兴趣转向考据之学，以对文献的爬梳、考证见长，这也直接造就了明清史学的特点，考据学（或称文献学）达到了空前的高度，但在史学理论和体例创新方面，相比唐宋史学则要逊色得多。

第一，在传统史学领域，明清两代在继承的基础上有所发展，完善了史书的编撰体例。由于建立了专门的收藏机构和管理制度，明清两代的实录保存得比较完整，存留的其他史料也很丰富。清初诏修《明史》，可供择取的史料范围就很广，《明史》也成为唐代之后官修史书中体例和史实最严谨的一种。此外，明清时期是我国方志史发展的黄金时代，现存的古代方志，约有四分之三是清代撰修的。清中期的史学大家章学诚不仅积极参与方志撰修实践，还对方志编撰理论进行了系统的研究和总结，撰写了《方志立三书议》《州县请立志科议》《修志十议》等文章（参见《文史通义》），对方志理论的完善和方志学的形成起到了重要的历史作用。

第二，明清之际政权鼎革，思想激荡，各种新思想、学术流派层见叠出，出于梳理学术史的需要，一种新的史学体例——学案体应运而生。这种体裁以记载学者传记、言行录、著作摘要为主，特别重视对师承和学术流派的爬梳。明末清初，黄宗羲撰《明儒学案》，以学派为纲目，记述各学派代表人物的生平和学术成就，是我国第一部系统的学案体学术史。此后，此类史籍新作时出，著名者有黄宗羲初撰而由全祖望完成的《宋元学案》、唐鉴《国朝学案小识》（又名《清学案小识》）、江藩《国朝汉学师承记》《国朝宋学渊源记》、阮元《皇朝经解》《儒林传稿》等，丰富并完善了学案体这一新的史书形式。

第三，明清史学最突出的成就，体现在乾嘉学派的形成。乾嘉学派是清乾隆、嘉庆时期出现的以考据为主要治学手段的学术流派。这一学派形成后，利用我国传统的学术研究方式，训诂、校勘、注释、辑佚、辨伪、目录等，对古代典籍进行了系统的整理总结，尤其以史实考据、文献辨伪见长。受此学风影响，乾嘉学派留下了大量的史考之作，著名者如王鸣盛的《十七史商榷》，钱大昕《廿二史考异》、赵翼《廿二史札记》等，其功力之精深，考证之严密，达到了古代史学研究的巅峰，对民国以后的史学发展也产生了深远的影响。

清代中叶以后的中国，是我国历史上思潮最为激荡、社会变革最剧烈的一个时期。在西方列强坚船利炮的威胁下，中国艰难地开启了近代化进程，在学术思想领域同样如此。清代中后期以来，许多学者在严峻的社会现实及西方思潮的影响下，对中国固有学问提出反对或者批评的意见。及至清末民初，社会急剧动荡，各种主张不同的学派风起云涌，虽然在对待中国传统学问的态度上有所不同，但均毫无例外地经受了以西方思想为基础的"新学"的影响。其中，尤以"新史学运动"最为典型，其影响持续到今天。

"新史学"一词，最早是由梁启超在1902年《新民丛报》第1至20号发表的《新史学》一文中提出的。在20世纪20年代后，执"新史学"牛耳者，则是以"新文化运动"起家的胡适一派。概言之，这一被后人指认为"新史学"的流派，核心思想有三：其一是扩大史学研究的范围，他们认为，中国的旧史学是专写帝王将相的政治史，而新史学则应是以民史为中心的整体史，因此史学的门类应该扩大。举例来说，"新史学"派的主要阵地——北京大学研究所国学门就曾将中国学的研究范围划分为民族史、语言文字史、经济史、政治史、国际交通史、思想学术史、宗教史、文艺史、风俗史、制度史十类（《国学季刊·发刊宣言》），其中如经济史、宗教史、风俗史之类都是古代史学较少关注的。其二是对史料的态度。史学是什么？"史学就是史料学"，以"新史学"派的主将傅斯年的回答最具代表性。这句略显决绝的论断不一定完全正确，但也反映出"史料"在新史学流派中的核心地位。"大如地方志书，小如私人的日记，远如石器时代的发掘，近如某个洋行的贸易册"，"近代史学所达到的范域，自地质学以至目下的新闻纸"（《治学的方法与材料》），都是可资利用的重要材料。在这种史料观念下，史学的疆域得到了极大的扩充，传统意义上不入大雅之堂的民俗、方言、俗文学史料，乃至考古发掘都成了学者关注的对象。其三是对科学研究方法的提倡。胡适在"整理国故"运动中提出，"必须要用评判的态度，科学的精神，去做一番整理国故的功夫"（《新思潮的意义》），所谓的科学方法，"清朝的'汉学家'……用的方法无形之中暗合科学的方法"（《论国故学——答毛子水》），而清代汉学家所运用的科学方法，其实就是欧洲学者所常用的假设、验证、归纳等法则。胡适主张的"科学方法"

就本质而言，仍是以西学方法为主体构建的，但是明确提出乾嘉考据之学暗合其道，无疑为中国传统学问与西学的交汇融合提供了一个出口。不久之后，胡适的学生顾颉刚，在其领导的"古史辨"运动中，一方面将"疑古"的思想发挥至极致，另一方面灵活地运用了乾嘉以来的考据方法，是对新史学思想方法的一次完美实践。

以上我们介绍了传统史学的发展与主要内容，史部中除了史书与政书两大类外，还有两种特殊的文献类型值得关注。

一类是地理书。最早的一部地理书叫作《禹贡》，是《尚书》中的一篇，被归入了经部。后世比较著名的地理书有：《元和郡县图志》四十卷，唐代的一位宰相李吉甫所编；《太平寰宇记》二百卷，北宋乐史撰；《大元大一统志》《大明一统志》《大清一统志》，均为历代官修地理总志。

第二类是目录。现在保存下来的最早的书籍目录，是历代纪传体正史的《艺文志》或者《经籍志》。最早的史志目录是《汉书·艺文志》，是刘向、刘歆父子所编《七略》的节本。《七略》为西汉末年整理官府藏书的成果，记载了西汉一代藏书的盛况，这一传统被后来的正史继承了下来。《隋书》改称《经籍志》，后世遂二名并行。其后纪传体正史中有书志的，比如《旧唐书·经籍志》《新唐书·艺文志》《宋史·艺文志》《明史·艺文志》《清史稿·艺文志》。其他原文没有书志的，亦有历代学者的补辑本。《明史·艺文志》的底本是明末清初人黄虞稷编写的《千顷堂书目》，该目改"纪一代藏书之盛"为"纪一代著述之盛"，即只著录本朝产生的著述，其后《明史》和《清史》均赓续了这一传统。

上面介绍了官修书目的情况，中国古代目录学十分发达，突出表现之一就是各种目录体式的出现与完善。中国古代的目录，从编制体例上可以分为两大类，一类为仅记书名、作者、卷数等信息的目录，以正史中的《艺文志》《经籍志》为代表。另一类是带提要的目录。而提要式目录，按照提要的文体，又可分为叙录体、传录体和辑录题。叙录体是最早的一种提要体例，代表作品就是刘向的《别录》，举凡作者生平、图书校勘、学术得失均在论述之列，这种体式的提要最接近学术史，最能体现我国目录学"辨章学术，考镜源流"的传统，因此受到历代学者的重视。私家目录中，南宋晁公武的《郡斋读书志》、陈振孙的《直斋书录解题》、官修目录中的《四库全书总目》，均属此类。

辑录体提要，顾名思义，就是广泛辑录与图书或作者相关的资料，按照一定的顺序和方法排列在书名下的一种体例。一般认为这种体例起源于佛经目录。元朝马端临的《文献通考·经籍考》、清儒朱彝尊的《经义考》为其代表。

传录体提要，由于采用这种形式的古籍多已亡佚，对其体式学界向来存在着争议。传录体始于刘宋王俭的《七志》，《隋书·经籍志》说它"不述作者之意，但于书名之下每立一传"，后世学者解读此条，一派观点认为传录体就是专注于作者生平传记的提要体式，另一派则认为传录体是叙录体的简化版，只如实介绍原书的主要内容，而不涉及其中的思想内涵。

今天，当我们回望20世纪的史学史时，可以毫无疑问地说这是中国史学的一个黄金时代，名家辈出，名作不穷。身处这样一个社会急剧变革的时代，即使不屑于新史学的名头，也不可能不受到西方学术思潮的影响，即使是满腹洋墨水的超级"海龟"，也不能不从我国丰富的史学传统中汲取养分。近代史学史上留下的那些振聋发聩的名字——王国维、陈寅恪、胡适、顾颉刚、钱穆、傅斯年、朱希祖等，我们考察他们的学术脉络时，毫无例外地发现，可称大师者，无一不是学贯中西、博古通今之人。近代史学虽然是以西方社会科学的架构建立起的一门新学科，但中国悠久的史学传统、独具特色的史书编撰体系，仍在其中起到了不可替代的作用，这也是今天我们仍然要关注古代史学、阅读古史的重要原因。

第二节 《史记》

位于黄河西岸的陕西韩城，古称"龙门""夏阳""少梁"，是华夏文明的发祥地之一，历史上曾为中华民族哺育了无数英才，而生活在汉武帝时期的史学家、文学家——司马迁，无疑是其中最为耀眼的一颗明星。今天，我们提起司马迁和《史记》，每一个中国人都耳熟能详。"太史公""史圣""史界太祖"（梁启超语）之称呼，表达了后世对司马迁的敬仰。"史家之极则"（清赵翼《廿二史札记》），"史家之绝唱，无韵之离骚"（鲁迅《汉文学史纲要》），展现了《史记》在中国古代学术史上无可替代的地位。"前事不忘，后事之师"（《史记·秦始皇本纪》）"外举不隐仇，内举不隐子"（《史记·晋世家》）"仓廪实而知礼节，衣食足而知荣辱"（《史记·管晏列传》），这些我们耳熟能详的句子，以及其中蕴含的思想，早已深入中华民族的血脉，成为我们共同的文化基因。

由于不显于当世，虽被后世奉为"史圣"，司马迁的生平史料十分匮乏，导致后人对其生平行事均不明晰，通过无数研究者的努力，我们今天只能大约推断他出生于景帝末年至武帝初年（公元前145—前135）的这段时间里。[①]他的童年，是在故乡龙门度过的。龙门即龙门山，在今陕西韩城市东北三十公里处，两山壁立，河出其中，相传为大禹治水时所凿建。《太平广记》卷四百六十六引《三秦记》云："每暮春之际，大鱼集龙门下数千，不得上，上者化为龙。"又林登曰："一岁中，登龙门者不过七十二。初登龙门，即有云雨随之，天火自后烧其尾，乃化为龙矣。"[②]就是我们俗语中"鲤鱼跃龙门"的出处。也许是故乡的灵气滋养着司马迁，这个生于龙门，"耕牧河山之阳"的少年，"年十岁则诵古文"，表现得十分聪颖。这里所说的"古文"，是指先秦六国传下来的文字，其中自然也包括了大量的历史典籍。

就这样一边耕作，一边读书，司马迁在龙门脚下、黄河之滨生活到了二十岁。古人强调"读万卷书，行万里路"，更何况是以续写《春秋》为己任的太史公。于是，二十岁时，司马迁离开了家乡，开始了他长达数年的游历，足迹遍布祖国的山岳河流。

[①] 关于司马迁的生年，学界一直争讼不休，代表观点有两种：其一为汉景帝中元五年（公元前145），王国维《太史公行年考》持此论；一为汉武帝建元六年（公元前135），郭沫若《"太史公行年考"有问题》（《历史研究》，1955年第6期）持此论。
[②] 刘庆柱.三秦记辑注·关中记辑注［M］.西安：三秦出版社，2006：95.

二十而南游江、淮，上会稽，探禹穴，窥九疑，浮于沅、湘；北涉汶、泗，讲业齐、鲁之都，观孔子之遗风，乡射邹、峄；厄困鄱、薛、彭城，过梁、楚以归。于是迁仕为郎中，奉使西征巴、蜀以南，南略邛、笮、昆明，还报命。（《太史公自序》）

从长安出发，司马迁一路向东南而行，经过襄樊、江陵等地，渡过长江，溯沅江至湘西，泛舟而上以"窥九疑"。九嶷山，又名苍梧山，位于湖南省南部的宁远县境内，《五帝本纪》谓舜帝南巡时崩逝于此。之后北上长沙。在这里拜望了屈原沉江之处（《屈原贾生列传》）。经洞庭，出长江，顺流东下，进入江西境内。在这里登临庐山，考察了大禹疏通九江的山川形貌（《河渠书》）。再由江西入浙江，"上会稽"，抵达绍兴，"探禹穴"，相传大禹死后葬在距绍兴东南六公里的会稽山上，于是上山探访洞穴[1]。

既至绍兴，便继续往北，到达江苏境内，在姑苏城中远望太湖[2]（《河渠书》）。此时已至楚国故地，于是又拜访了淮河以北战国四公子之一春申君黄歇的故城，只见宫室巍峨，遥想当年繁华，不免让人生出许多兴亡之叹（《春申君列传》）。这里距离西汉开国功臣韩信的家乡不远，再访淮阴侯故里（《淮阴侯列传》）。然后沿着淮、泗、济、漯[3]四条河流的走向回到了黄河流域（《河渠书》）。

向北渡过汶水、泗水到达山东，这里早在春秋战国时期就是文化中心，于是在齐鲁故地跟当地的大儒耆宿讨论学问，参加邹、峄（孟子故里，山东邹城）之地的乡射礼（《太史公自序》）。拜谒曲阜，瞻仰孔子居住过的宗庙厅堂、使用过的车辆服装、礼乐器物，这里的儒生们仍然遵照圣人的教诲，按时在孔子故居演习礼仪，此情此景，怎能不让后生小子追慕不已，以至于流连忘返，

---

[1] 张大可，丁德科.史记论著集成：第1卷［M］.北京：商务印书馆，2015：36.
[2] 近代一般以洞庭湖、鄱阳湖、太湖、巢湖、洪泽湖合称"五湖"，但在《史记》中五湖专指太湖，或太湖及其附近的湖泊。
[3] 淮，淮河。泗水，在山东省中部。济水，古水名，源于今河南省济源市，流经山东省入渤海。漯（tà）河，古水名，在今山东省。

不忍离去（《孔子世家》）。当然，旅行也不是一帆风顺的，在山东、江苏一带，司马迁大约受到了一些挫折，但是这些小小插曲并没有打乱他的脚步。

行程仍在继续，到了古薛国遗址（今山东省滕县），寻访孟尝君的遗迹（《孟尝君列传》）。徐州西北部的丰县、沛县，是汉兴之地，汉高祖刘邦和他手下许多将领生长于斯，没有不去拜访的道理，于是又拜谒了萧何、曹参、樊哙、夏侯婴等汉初功臣的墓地（《樊郦滕灌列传》）。至此，这次壮游了大半个中国的行程即将迈入尾声。远方的游子，由魏、楚故地踏上了回家的道路，还不忘顺道拜访魏国都城大梁（河南开封）的废墟（《魏世家》及《信陵君列传》）。

回到了家乡，也许是才名显著，或者是得到了有力之人的举荐，司马迁正式踏入仕途，担任了郎中的官职。郎中是皇帝的侍从官，司马迁与汉武帝的一生纠葛也由此开启。元鼎六年（公元前111），汉武帝派兵平定西南，设立了武都、牂柯、越巂、沈黎、文山郡（《汉书·武帝纪》）。战事已了，命司马迁为使者，沿着长江往源头方向走，代替汉武帝安抚新平定的西南地区，这次出使，足迹远至四川（重庆、成都）、云南一带（《太史公自序》）。

这时的司马迁，游江淮、黄河，再奉旨出使西南，在青年时代已经走遍了大半个中国。剩下还没到过的地方，借随侍汉武帝巡游天下的机会又补充了一些。如元鼎五年（公元前112），武帝巡幸雍州故地，一直走到甘肃平凉一带，登崆峒山。司马迁应该在扈从之列（《五帝本纪》）。再如《史记·封禅书》云："余从巡祭天地诸神名山川而封禅焉。"《齐太公世家》言："吾适齐，自泰山属之琅邪，北被于海，膏壤二千里。"《伯夷列传》曰："余登箕山，其上盖有许由冢云。"《蒙恬列传》曰："吾适北边，自直道归，行观蒙恬所为秦筑长城亭障，堑山堙谷，通直道，固已轻百姓力矣。"应当都是入仕后随武帝所到之处。故此，王国维不无钦佩地总结："是史公足迹，殆遍宇内；所未至者，朝鲜、河西、岭南诸初郡耳。"（《太史公行年考》）

此外还值得一提的是，青年时期的司马迁除了四处巡游增长见闻，还曾至长安跟随当时的硕学大儒孔安国、董仲舒等人学习。据《汉书·儒林传》

载:"司马迁亦从孔安国问故。迁书载《尧典》《禹贡》《洪范》《微子》《金縢》诸篇,多古文说。"孔安国是孔子的第十世孙,曾跟伏生学习《尚书》,今天流传的古文《尚书》,据说最早就是由孔安国根据孔子旧宅壁中所得之本编定的①,孔安国是汉代古文经学的代表人物。提出"罢黜百家,独尊儒术""天人感应"等学说的董仲舒,更是极受汉武帝尊重的一位大学问家,司马迁在《太史公自序》中直接引用了董仲舒的许多观点。但与孔安国的学术主张正好相反,董仲舒是汉初今文经学的代表人物。东西两汉,今古文经学的斗争贯穿始终,激烈程度已经远远超过了学术的范畴,甚而演变成残酷的政治斗争。但是对于司马迁来说,能够师从武帝朝的两位学术大师,兼收今古文学派之长,无疑是非常幸运的。而司马迁也能以卓越的识见、宽阔的胸襟,在《史记》中毫无偏颇地吸收今古文学派各自的进步观点,进而形成自己的思想体系,提高了《史记》的思想高度。

元封元年(公元前110),汉武帝封禅泰山,下诏改元。司马谈或因老病,没有能够亲自到场,这让他深深感到自己的专业没有受到皇帝的重视。在这样的打击下,司马谈很快病入膏肓,在父亲的病榻前,父子俩进行了一次深入的交流,司马谈将修史的志愿托付给儿子,谆谆嘱托其肩负起史官世家的使命。司马谈去世后,司马迁并没有马上接任太史令,直到三年后才被正式授予这个职务。在这段时间里,司马迁有充足的时间整理父亲的遗著。我们常说,一部跨越时代的伟大著作往往不是一个人的力量能够完成的,《资治通鉴》《红楼梦》皆如是。司马谈的工作,为《史记》的诞生打下了坚实的基础,从这个意义上说,《史记》是司马氏父子二人共同的心血结晶。

元封三年(公元前108)担任太史令后,司马迁的主要工作是整理官府和皇室藏书,这让他有机会饱览群籍,收集第一手材料,为《史记》的撰写积累素材。如果时间就这样平静地过去,那么对于司马迁个人和家庭来说无疑

---

① 孔安国编定的《古文尚书》和《尚书孔氏传》因武帝末年"巫蛊之祸",均散佚。东晋时梅赜献《古文尚书》及《尚书孔氏传》,就是今天我们所能看到的古文本。该书之真伪,自宋代开始便有学者怀疑,清阎若璩《尚书古文疏证》力证其伪。

是一件非常幸运的事。太史令的俸禄虽然不高，但对矢志修史、赓续《春秋》的司马迁来说，安静地读书、写作，未尝不是求仁得仁。然而，也许是应了那句老话"悲愤出诗人"，伟大作品的诞生总与作者的苦难如影随形。

天汉二年（公元前99），汉武帝派宠妃李夫人的哥哥贰师将军李广利领兵三万人讨伐匈奴，另委派名将李广的孙子骑都尉李陵为副押送粮草辎重。李陵自请率领一支偏师去牵制单于的主力，汉武帝嘉许他的勇气，便让他率领所部五千人直击单于王庭。李陵率部出居延，向北走了三十日，在浚稽山（阿尔泰山脉中段，今蒙古国境内）扎营，遭遇到了匈奴单于三万骑兵的围困。李陵处变不惊，采用战术合理，将士用命，多次击退了敌人的进攻，斩杀匈奴骑兵无数。双方交战数十日，李陵率部且战且走，退至距离汉朝边境仅百余里的山谷中，被匈奴军队阻断后路，此时汉军已经矢尽粮绝，将士伤亡大半，而援军迟迟未到，走投无路之下，李陵不得不率部投降。消息传回长安，汉武帝震怒，群臣都说李陵有罪。武帝以此事询问司马迁的意见。司马迁了解李陵的为人，认为他忠诚勇敢，爱护士卒，投敌是万般无奈下的举动，于是直言为李陵辩解："李陵手下的兵卒不足五千，深陷匈奴腹地，牵制了对方三万主力骑兵，尚且跟敌军周旋良久，转战千里，最后实在是因为矢尽道穷，又缺乏援兵，才不得不向匈奴投降。而且他没有以死殉国，也是希望留下有用之身，有朝一日报答汉朝的恩德啊。"然而，武帝认为司马迁的言下之意在责怪李广利没有尽到主帅职责，而李广利的任命完全出自汉武帝的私念。迁怒之下，将司马迁打入大牢。第二年，原本派去接应李陵的公孙敖传来消息，投降了的李陵积极为匈奴练兵，准备攻打汉朝。虽然这个消息后来被证实是误传，但盛怒下的武帝下令族灭了李陵的亲人，司马迁也因之被判了死刑。

按照汉律的规定，犯罪的官员可以交钱赎身，或者接受带有人格侮辱性质的刑罚保全性命。司马迁家贫无力负担罚金，本想一死了之，保全自己的尊严，但是一转念又想到：自太初元年（公元前104）开始写作《史记》，至今恰好过去七个年头，这部凝结着父亲和自己全部心血的书还没有完成。今日一死固然容易，但我父母早丧，又没有兄弟姐妹，父亲的理想、家族的荣耀又该交给谁去继承！古往今来，能够成就一番事业的人，哪个不是遭受了常人难以忍受的磨难！

盖文王拘而演《周易》；仲尼厄而作《春秋》；屈原放逐，乃赋《离骚》；左丘失明，厥有《国语》；孙子膑脚，《兵法》修列；不韦迁蜀，世传《吕览》；韩非囚秦，《说难》《孤愤》。《诗》三百篇，大底圣贤发愤之所为作也。(《报任安书》)

姬昌被纣王囚禁在羑里演绎了《周易》；孔子被围困在陈蔡之间才创作了《春秋》；屈原被楚怀王放逐于是吟唱了《离骚》；左丘双目失明仍坚持写下《国语》。其他留下经典著作的人，哪个没有经受过命运的折磨？正所谓"艰难困苦，玉汝以成"。腐刑（或称宫刑）对于士大夫来说，是最大的侮辱。但是有这些大圣先贤的榜样摆在我面前，司马迁难道不能效仿先贤，化悲愤为力量，为后世留下光耀千古的著作吗？！

在这样刚烈到决绝的精神力量支撑下，司马迁含垢忍辱接受了腐刑，从此更加投入地献身到《史记》的创作中去。今天，我们重读司马迁的《太史公自序》《报任安书》，透过纸背，仍然能够清晰地感受到作者在写下这些文字时满腔悲愤，称其为字字泣血也不为过，同时也不得不为太史公的刚毅坚强击节称赞。"人固有一死，死有重于泰山，或轻于鸿毛"(《报任安书》)，千载之下，太史公的形象如泰山般屹立不倒。

回过头来看，太史公的悲剧命运无疑是他个人和家庭莫大的不幸，但是，从心理学的角度来说，人们内心的郁结得不到表达，才需要用文字的形式记录下来，成就"圣贤发愤之所为作也"。步入仕途后的司马迁，可谓少年得志，如果没有因李陵事件罹祸，司马迁仍然会是一位优秀的史官，在平静的生活中按部就班地完成他的著述。但如此一来，《史记》中蕴含的文字与情感的力量就不会那么强烈，读者也失去了读到那些力透纸背之篇章的机会。生活的磨难让人成长，命运的挫折让人重新审视自己所处的环境，从这个意义上说，司马迁个人和家庭的不幸，是《史记》读者的幸运。

从太初元年（公元前104）开始动笔，到太始四年（公元前93）最终完成这部巨著，《史记》的写作前后历时十余年之久。后世总结《史记》的贡献，首先提到的就是它在体例方面的创新，是我国古代第一部纪传体通史。《史记》全书由十二本纪、十表、八书、三十世家、七十列传构成，"纪传体"的命名，取自"本纪"之"纪"和"列传"之"传"[①]。命名方式已经体现了纪传体史书最突出的特征——以人物为中心的叙事方式。不同于《春秋》完全按照时间序列铺陈史事，《史记》中的"本纪"基本遵从时间顺序记载一个统治时期内的大事，篇目划分大部分按照一帝一纪的标准，但也有少数特例，如《秦本纪》《项羽本纪》《吕后本纪》。究其本质，"本纪"虽然是以帝王或者某一时期的实际统治者为中心的传记，但同时汲取了编年体的优点，将一个时期内的大事统一记录于此，让人们对某朝某代有一个总括的认识，所以刘知幾谓之"包举大端"。"世家"和"列传"是《史记》的主体部分，"世家"记载有重要事迹的诸侯王及其家世谱系，"列传"则是上古至汉武帝时期有重大历史影响人物的传记，形形色色的人物，包罗万象的世态，通过"世家"和"传记"娓娓道来，这就是所谓的"委曲细事"。"表"是"本纪""世家""列传"的补充资料，用谱录的形式编排各年代大事，可以和前面的传记参照阅读。"书"则是国家各项事业，包括历法、礼节、祭祀、水利、财政等方面的系统记载。通过这种"本纪""世家""列传"为主，"表""志"为翼的叙事结构，《史记》开创了一种十分完备的，以描摹人物见长的史书体例，为后世正史所继承。

《史记》中的"本纪"共十二篇，分别为：五帝本纪第一；夏本纪第二；殷本纪第三；周本纪第四；秦本纪第五；秦始皇本纪第六；项羽本纪第七；高祖本纪第八；吕太后本纪第九；孝文本纪第十；孝景本纪第十一；孝武本

[①] 纪传体体例的最终定型，是由《史记》和《汉书》共同完成的，《汉书》继承了《史记》的基本结构，但删去了"世家"，全部归入"列传"，后世的纪传体史书采用了《汉书》的做法。"世家"和"列传"在本质上也是类似的，都是以人物为中心的传记和家族史。

纪第十二。按照司马迁的阐释，这十二篇本纪的作用是"科条之"。"科条之"就是科分条例，举其大纲的意思，换句话说，"十二本纪"是《史记》全书的纲领。

《史记》五体中，未被后世纪传体史书继承的唯有"世家"，东汉班固作《汉书》，废除"世家"，将之全部合入列传，"世家"就此成为了绝响。究其原因，与历代学者对"世家"定义的理解不无关系。由于司马迁仅在《太史公自序》中言及"世家"的作用是"辅弼股肱"，并没有详细的阐释。历代学者所理解的"世家"，一般都采用了"开国承家，世代相继"之意。在《太史公自序》中司马迁对"世家"的解释只有一句话：

二十八宿环北辰，三十辐共一毂，运行无穷，辅弼股肱之臣配焉，忠信行道，以奉主上，作三十世家。

将世家比喻为拱卫北斗的星辰，保护车轴的辐条。对此，朱东润曾有非常贴切的描述：

周汉之间，凡能拱辰共毂，为社稷之臣，效股肱辅弼之任者，则史迁入之世家。开国可也，不开国亦可也；世代相续可也，不能相续亦可也；乃至身在草野，或不旋踵而亡，亦无不可也。明乎此，而后可以读《史记》。[1]

可见，司马迁虽然没有明确说明世家的定义，但绝无以"开国与否"和"世代相继"为标准的意思，他的重点在于其人的辅弼之功。简单地说，能否入选世家主要是看这个人或者这个家族在政权建立和国家治理的过程中是否发挥了重要作用，而不关注其世袭的地位。秦代以后的中国，是以皇权为中心的等级社会。司马迁设置世家这种体裁，是以承认皇权在政治体制中的核心地位为前提的，体现了大一统或者说中央集权制度发展的需要，体现了历

---

[1] 朱东润.史记考索.[M].武汉：武汉大学出版社，2009：12.

史进步性。

《史记》的"列传"共有七十篇，占据了全书的半壁江山，作为一部以人物为中心的纪传体史书，列传可以说居于整部书的核心位置。我们都知道，《史记》不是一朝一代的断代史，而是上溯传说中的黄帝，下迄汉武帝太初年间，约三千年的通史。三千年里，曾经登上历史舞台的人物不可胜数，在这期间又经历了春秋战国和秦末两个"大争"之世，可谓中国古代史上人才辈出、群星闪耀的大时代。但是，最终被写入《史记》的仅仅有七十篇，那么，司马迁是如何做出选择的呢？在为人物作传时，太史公是否有一个共同的标准呢？

《太史公自序》对列传的解释仍然十分简要：

扶义俶傥，不令己失时，立功名于天下，作七十列传。

其中既有道德原则，也包含了对人格魅力的赞赏；既重视天下大势、时势变迁对历史发展的决定性影响，也尊重每个历史人物在各自舞台上为社会发展做出的贡献。通过七十列传，司马迁完整地勾勒出春秋战国以来至汉武帝中前期的风云变幻，达到了太史公"通古今之变"的创作目的。

《史记》叙事从三皇五帝直到汉武帝太初年间，时间跨度长达三千年。史书容量有限，如此长的时间范围，不可能将每件重要的事情都记录下来，因此司马迁设计了"表"，用直观的形式编排各代的大事。年代不可考的作"世表"，年代可考的作"年表"，变化剧烈的时期作"月表"，此外还表列汉兴以来侯王的封立和将相的任免。这就是司马迁在《太史公自序》中说的："并时异世，年差不明，作十表。""十表"的名目为《三代世表》《十二诸侯年表》《六国年表》《秦楚之际月表》《汉兴以来诸侯王年表》《高祖功臣侯者年表》《惠景间侯者年表》《建元以来侯者年表》《建元以来王子侯者年表》《汉兴以来将相名臣年表》。除了《汉兴以来将相名臣年表》外，每篇均有司马迁撰写的序文，介绍每张表的内容和编撰目的。这些序文，历来被认为是《史记》的精华部分，集中体现了司马迁通古今之变的思想，是非常值得读者重视的。

《史记》的最后一种体裁叫作"书"，《史记索隐》释之为："书者，五经六籍总名也。此之八书，记国家大体。班氏谓之志，志，记也。"简单地说，书是专门用来记载国家典章制度的一种史体。班固《汉书》改"书"为"志"，后世正史遂依班书。

《史记》成书后，司马迁担心自己的著作不被世人理解，故而将书稿抄写了两部，将之"藏之名山，副在京师，俟后世圣人君子"（《太史公自序》）。不管是"藏之名山"还是"副在京师"的《史记》，司马迁去世后并没有很快流传开来。魏晋间的笔记小说《西京杂记》记载："司马迁作《景帝本纪》，极言其短，及武帝之过。帝恨，削而去之。"由于《史记》中记录的史实触犯了汉朝统治者的逆鳞，书成后即被武帝下令列为禁书。其事虽然于史无征，但在一定程度上反映了《史记》在汉魏间的处境。

目前所见史料，《史记》公之于众始于汉宣帝时期。平通侯杨恽，是司马迁的外孙，"恽始读外祖《太史公记》，颇为《春秋》"（《汉书·杨恽传》）。又《汉书·司马迁传》载："迁既死后，其书稍出。宣帝时，迁外孙平通侯杨恽祖述其书，遂宣布焉。"由此看来，司马迁死后，他的遗稿至少有一部传到了杨恽家中，而杨恽出于对史学的兴趣，公布了外祖遗书，成为了《史记》传播史上的第一位功臣。

魏晋以后，随着《史记》传播范围的扩大，给《史记》作注释的人越来越多。其中最有名的三部被称为"三家注"，分别是南朝宋裴骃的《史记集解》、唐司马贞的《史记索隐》和张守节的《史记正义》。

裴骃，南朝宋河东闻喜人（今山西闻喜东北），字龙驹。其父裴松之，就是鼎鼎大名的《三国志注》的作者。晋代，中散大夫徐广写了一部《史记音义》，裴骃嫌《音义》太过简略，于是自己作了《史记集解》。《集解》是在《音义》基础上完成的一部南朝以前《史记》研究成果的汇总。取名"集解"，表明内容采自诸家，兼附己见，凡引用前人旧注，一律注明原作者名字。

除了徐广的《音义》，《集解》中引用的书籍包括：贾逵、服虔、杜预《左传》注；如淳、张晏《汉书》注；韦昭《国语》注；高诱《战国策》注；孔安国、何晏《论语》注；等。在作注时，裴骃严格遵守"注不破经"的汉儒旧例，不对原文提出质疑，只客观引录诸家观点，大量魏晋时期的旧注赖以保存，这是《集解》最主要的特点。但行文太过简略，并且还有不少错误，是《集解》的缺点。

因此到了唐代，又出现了对《史记》传播贡献更大的《史记索隐》（以下简称《索隐》）。《索隐》的作者司马贞，唐开元间人，曾任国子博士、弘文馆学士，是一位饱学宿儒。《索隐》的体例与孔颖达《五经正义》相仿，既为《史记》作注，同时也注解裴骃的《集解》。

与裴骃不同，司马贞并没有严格遵守"疏不破注"的惯例，《索隐》攻驳、纠正了很多《集解》的错误。同时，司马贞还对《史记》原文提出了许多辨正，对于《史记》的体例更多有不满，进而提出修改、补写的意见。比如，他认为项羽应降入"世家"，陈涉应降入"列传"，甚至还亲自补写了一篇《三皇本纪》。我们在前面介绍《史记》的体例时也有所引述。司马贞的观点，今天看来有不少失之偏颇，甚至是错误的，但他学识广博、才华横溢，《史记索隐》的影响很大。明末大藏书家毛晋就将它和颜师古的《汉书注》并举，谓之"如日月并照"。

比《索隐》略晚一些，另一部有关《史记》的重要著作《史记正义》（以下简称《正义》）也正式登上了历史舞台。《正义》的作者张守节也是开元间人，比司马贞年辈略晚，曾担任过诸王侍读、宣义郎等职。《史记正义》成书于开元二十四年（736）。

《正义》在"三家注"中出现最晚，所以它的体例是既为《史记》作注，同时也为《集解》《索隐》作注。张守节擅长舆地之学，所以《正义》最大的贡献在于地理方面。对于前人注释不当之处，张守节屡有更正，这是《正义》的优点。它的缺点主要在于文多芜杂，引用了大量烦琐无当之文，显得啰唆冗长。因为这个毛病，传抄者、刻印者往往根据自己的意见随意删削，使得《正义》的版本非常复杂。

《集解》《索隐》《正义》先后出现，依次为注，都是研究《史记》的重要资料。

最初三书是各自独立成书的。《集解》附于《史记》原文,《索隐》《正义》各有单行本。到了北宋,有人将三种注本打乱,统一穿插、编排在《史记》正文下边。目前所能见到的最早的三家注合刻本,是南宋宁宗庆元年间的黄善夫本,民国时期商务印书馆百衲本《二十四史》中的《史记》据此影印。其中,《史记》正文为大字,《集解》《索隐》《正义》随文编排,小字双行,冠以"集解曰""索隐曰""正义曰"以示区别。

中华书局校点《二十四史》,是1949年以后我国古籍整理工作的一项巨大成就。在特殊的时代背景下,借助国家的力量,中华书局得以汇集一批史学大家,集中从事二十四史的整理工作,前后历时十余年,终于将《二十四史》全部出齐。其机缘难得,已成史籍整理之绝响。《史记》是点校本中最先完成的一种,主持整理者为史学巨匠顾颉刚先生,故而堪称继唐三家注定本以来最精善的一次整理,集千余年来《史记》研究之大成。

点校本《二十四史》的发端,缘自毛泽东同志的亲自倡议。1953年第一次全国人民代表大会上,毛泽东曾面告吴晗,要求他与范文澜组织校点《资治通鉴》,该书于1956年点校完成。1958年9月,毛泽东又指示吴晗,继续组织点校前四史。《史记》因已有顾颉刚先生用金陵本为底本点校整理的底稿,被列为优先出版的一种。经过中华书局和相关专家的复校、整理后,1959年7月即出版了《史记》标点本。

点校本以清同治年间金陵书局的《史记集解索隐正义合刻本》为底本,该本曾经晚清著名文献学家张文虎与唐仁寿校订。张、唐二人根据钱泰吉的校本,博采历代善本对校、汇考,又借鉴了清代大儒梁玉绳《史记志疑》、王念孙《读书杂志》、钱大昕《史记考异》等书的成果,详为校勘,采择精审,世称善本。

点校本在此基础上参考凌稚隆《史记评林》、吴见思《史记论文》、张裕钊校刊的归方点评本、吴汝纶点勘本等,对《史记》和"三家注"做了全新的断句、标点和分段整理。此本特点有二:其一,分段标点。一般一事一段。但凡记述较简之事,则数事合为一段,反之则将一事分为若干段。其二,把原来散列在正文下的三家注移到每段之后,用序号标明。此外,为了阅读方便,把底本的古体字都改为了今体,异体字改作通行字。经过点校整理的标点本《史记》,既可满足学者研究需要,也可作为史学爱好者的读物。点校本《二十四史》于1977年出齐最后一种《宋史》,之后的三十余年,随着越来越多新资料、考古发现被陆续披露,点校本的问题也逐渐显现。2006年起,中华书局开始着手规划点校本《二十四史》的修订工作,其中《史记》的修订由南京师范大学承担,南京师范大学教授、中国《史记》研究会副会长赵生群先生担任修订主持人。自2006年开始,《史记》修订工作组用了近八年的时间,广罗善本,反复比勘,补订疏误,于2013年正式推出了《史记》修订本,一年后,又在吸纳读者意见和自我完善基础上,推出了《史记》修订平装本。修订本对原本的讹、误、脱、衍之处进行了校改,撰写校勘记3400余条,使《史记》的文本更加完善。

第三节 《三国志》

自司马迁作《史记》,创制纪传体史书体裁,班固《汉书》赓续其后,纪传体遂大行于世,成为后世史家争相效仿的对象。清王鸣盛曾说:"司马迁创立本纪、表、书、世家、列传体例,后之作史者递相祖述,莫能出其范围,即班、范称书,陈寿称志,李延寿南北朝称史,欧阳子五代称史记,小异其目。"(《十七史商榷》)其中的"志"指的就是三国西晋时期著名史学家陈寿所作的记载三国历史的名著《三国志》。该书问世后,极受后人推崇,被列为历代"正史"之一,并与《史记》《汉书》《后汉书》并列有"前四史"之誉,对中国史学、文学均产生了深远的影响。

《三国志》的作者陈寿,字承祚,巴西郡安县(四川南充市)人。生于蜀汉后主建兴十一年(233),卒于晋惠帝元康七年(297),享年65岁。少时的陈寿师从同郡著名学者谯周,有"聪慧敏识、属文富艳"之誉(《华阳国志·陈

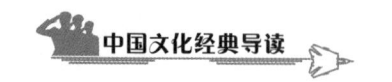

寿传》)。成年后，历仕蜀汉卫将军主簿、东观秘书郎、散骑黄门侍郎。因不愿阿附当时掌权的宦官黄皓，屡遭贬黜。

公元263年，蜀汉为曹魏所灭，陈寿时年31岁。由魏入晋后，又因早年居父丧时，遣侍婢调治药丸，触犯礼教，沉废累年，不能仕进。后来他的才华得到了司空张华的赏识，才在张华的推荐下，被举为孝廉，任佐著作郎，又迁著作郎，出补平阳侯相。在担任著作郎期间，先后编撰了《诸葛亮集》《三国志》等书。书成后，张华对其赞誉有加，准备举荐陈寿担任中书郎。权臣荀勖与张华不睦，因此迁怒陈寿，授意吏部迁寿为长广太守。陈寿以母老为由，辞官不就。镇南大将军杜预表荐其为散骑侍郎，朝廷任命他为治书侍御史，后因母死丁忧去职。其母临死时，遗命葬于洛阳，陈寿照此办理。又被清议认为，不将母亲归葬蜀中与其父合葬，不符孝道，再次受到贬抑。数年之后，起为太子中庶子，还未就职，就因病而亡了。陈寿一生，虽才华出众，受到不少朝廷重臣的赏识，但是他降臣的身份注定了其仕途的坎坷。所以《华阳国志·陈寿传》说他："位望不充其才，当时冤之。"

也许，正是因为人生的种种磨难，仕途的千般坎坷，陈寿才会将其满腔的才华、一生的抱负倾注到史书的创作中去，最终铸就了中国史学史上的不朽名著——《三国志》。

陈寿与史学结缘甚早，他的启蒙恩师谯周，就是三国时期非常著名的一位文史学家。史载，谯周"耽古笃学""精研六经"，曾著《古史考》等书。(《三国志·谯周传》)在谯周的教导下，陈寿自少时起，便熟读历代史学名著，如《尚书》《春秋》三传、《史记》《汉书》等，对各种史书体裁、义例、方法等了然于胸，也对历史研究产生了浓厚的兴趣。成年后，陈寿立志修史，首先从乡邦文献入手。在东汉初年以来，蜀郡郑伯邑、赵彦信，汉中陈申伯、祝元灵等人《巴蜀耆旧传》的基础上，撰《益部耆旧传》十卷。(《华阳国志·陈寿传》)此外，另撰《古国志》五十篇，品藻典雅。在担任著作郎期间，中书监荀勖、中书令和峤奏使陈寿撰定蜀丞相诸葛亮故事。陈寿在广泛搜集材料的基础上，将诸葛亮著作"删除重复，随类相从"，于晋武帝泰始十年（274）

编成《诸葛亮集》二十四卷，随书作表一篇，上奏朝廷，对诸葛亮给予了公允的评价。这些前期工作，既为《三国志》的编纂积累了丰富的史料，也进一步淬炼了作者的史识。

晋武帝太康元年（280），晋灭吴，结束了纷争半个多世纪的三国时代。陈寿时年48岁，开始整理三国史事，著魏、蜀、吴三书。在陈寿之前，魏、吴两国都有官修史书。魏文帝、明帝时，命卫觊、缪袭草创纪传，经年不成，又命韦诞、应璩、王沉、阮籍、孙该、傅玄等共同撰写。后来王沉独立完成《魏书》四十卷，"其书多为时讳，殊非实录"。魏鱼豢亦曾私撰《魏略》，叙事止于明帝。孙吴时，曾命韦曜、周昭、薛莹等撰述《吴书》，韦曜独终其业，成书五十五卷。这些都是陈寿参考的重要资料。蜀国虽然没有官修史书，但乡邦文献，陈寿向所留意，在编撰前述《益部耆旧传》《诸葛亮集》时，便已多方采集。这些都是他撰述史书的有利条件。《三国志》成书后，立刻受到了时人的盛赞，"称其善叙事，有良史之才"。张华将之比于司马迁、班固。夏侯湛见其书后，自愧不如，立刻将自己正在撰写的《魏书》毁掉。陈寿去世后，梁州大中正、尚书范頵等上书云："陈寿作《三国志》，辞多劝诫，明乎得失，有益风化，虽文艳不若相如，而质直过之，愿垂采录。"（《晋书·陈寿传》）于是惠帝下令河南尹、洛阳令派人到陈寿家中抄写此书，藏之于官府。

《三国志》约成书于晋武帝太康年间，为纪传体史书，是继司马迁《史记》、班固《汉书》后第三部纪传体史学名著，早刘宋范晔《后汉书》一百余年。是书共计六十五卷，其中《魏书》三十卷，《蜀书》十五卷，《吴书》二十卷（亦可称《魏志》《蜀志》《吴志》），只有纪、传而无志。虽然没有标"本纪"之名，号为"三国志"，但实际上以魏为正统。

总体来说，陈寿《三国志》的成就远远超过他身前及后世诸家关于三国历史的撰著，故而在史学史上得到了极高的评价。南朝刘勰《文心雕龙·史传篇》谓其：

及魏代三雄，记传互出。《阳秋》《魏略》之属，《江表》《吴录》之类，或激抗难征，或疏阔寡要；唯陈寿《三志》，文质辨洽，荀、张比之于迁、固，非妄议也。

将陈寿《三国志》的成就与司马迁、班固相提并论。与同时代的其他史著相比，《三国志》能够高出一等，主要表现在以下三点。

首先，史料审择得当，剪裁斟酌得宜，下笔不苟。兹以《诸葛亮传》选取的相关史料为例。在撰写《三国志》前，陈寿已经编辑完成了《诸葛亮集》，收集了大量关于诸葛亮的口头和文献史料。撰写《诸葛亮传》时，陈寿显然对这些史料进行了精心考证，而后审慎取舍的。例如，关于刘备与诸葛亮君臣遇合的经过，《魏略》和《九州春秋》都说是诸葛亮自己去面见刘备的（《三国志·诸葛亮传》裴松之注），陈寿不取此说，而是根据《出师表》中的自述，记载为刘备三顾茅庐。再如民间传说中"七擒孟获"的故事，不免有夸大溢美之处（东晋习凿齿作《汉晋春秋》采录此说），陈寿一概不取，仅记载诸葛亮南征"其秋悉平，军资所出，国以富饶"。还有传世的诸葛亮《后出师表》（载于吴人张俨《默记》），就文中的思想倾向和记述的史实来看，都不似诸葛亮的作品，《诸葛亮传》中就没有收录此篇。陈寿虽然极为崇拜汉丞相诸葛亮，认为他"声教遗言，皆经事综物，公诚之心，形于文墨，足以知其人之意理而有补于当世"（《上诸葛亮集表》）。但是并没有因此影响他对史料的取舍选择，对于一些明显不符合逻辑，过于神异之事，一概不取，体现了他谨慎严谨的史笔。

其次，《三国志》文笔简练，无繁冗芜杂之弊，人物传记中所摘录的文章，大都是最能体现传主思想的名篇，兼具史料和文学价值。与《三国志》同时代的史书，如王沉《魏书》、鱼豢《魏略》等，选录文章太多，以至于喧宾夺主，有"秽累"之弊（《史通·载文篇》）。陈寿在这方面显然要做得好很多，《三国志》中的文章以简洁见长，读来简约爽洁，但在生动传神方面似有不足，以至于后人评价"然其意务简洁，故裁制有余，文采不足"（李慈铭《越缦堂日记》），当然这也不妨视为《三国志》的一个特色。

再次,《三国志》收罗人物较为全面,凡三国时期在政治、经济、军事、文学艺术、思想文化、科学技术方面有所建树者,基本搜罗殆尽,或立专传,或用附见,体现了陈寿的史识。

《三国志》自撰成以来,人们对它的评价基本是正面的,但也有一些问题引起了后人的争议和责难。

首先是所谓的以魏为正统的问题,这也是《三国志》受后人诟病最多者。陈寿修志,是以魏为正统的,曹操、曹丕等人都列为《武帝纪》《文帝纪》诸纪,而蜀汉和东吴的君主刘备、孙权等,仅为立"传"。东晋习凿齿作《汉晋春秋》就已经对此提出异议,认为应该以蜀汉为正统。南宋朱熹后,大都然习而非寿。对此,《四库全书总目》曾有一段精辟的阐释,认为陈寿、习凿齿对正统问题的不同认识,是他们各自所处的时代决定的。陈寿身为"晋武之臣",必须承认被晋所取代的魏为正统,不如此,不要说著书立说,连生命安全都是无法保证的。而习凿齿、朱熹所处的东晋、南宋,朝廷均偏安一隅,与同样偏居两川的蜀汉政权类似,自然"纷纷起而帝蜀"。(《四库全书总目·三国志》)古代社会的正统思想,对历史进程以及人们的价值观都有十分重要的影响,但归根结底是为统治者服务的,新的统治阶级上台后,需要以树立正统的形式为自己的统治寻找合法性。对于今天的我们来说,这种争议是没有太大意义的。

有趣的是,陈寿虽然不得不尊魏为正统,但是身为蜀人的他,思想情感上却是倾向于蜀汉的。朱彝尊认为,陈寿取书名为《三国志》,承认魏、蜀、吴三国鼎立的局面,对于曹丕受汉禅时群臣所上贺表、祥瑞不着一字,而对蜀先主自立汉中王即帝位时臣下的劝进之词、告祭文书,大书特书,"著昭烈之绍汉统,予蜀以天子之制,足以见良史用心之苦矣"(《曝书亭集·陈寿论》)。今天我们虽不必理会正统之争,但是如何结合历史背景、作者所处环境,去理解文字背后隐藏的深意微旨,仍是读书的乐趣。

其次是对《三国志》中作者时有曲笔、多所回护的批评。简单地说,就是认为陈寿在书中对西晋统治者隐恶溢美。清代学者赵翼《廿二史札记》卷六"《三国志》多回护"条就列出了多条例证。结合上面说的正统之争,这个问题也不难理解,陈寿作为晋朝的臣子,修撰史书,当然不便也不敢直书司马氏之恶,甚至要替他们粉饰。我们在阅读的时候,应当注意到这一点。

最后是关于陈寿修史态度的问题。《晋书·陈寿传》记载两个故事来说明陈寿修史态度不公正。其一是陈寿命其子向丁仪索贿不得,遂不给丁氏立传。其二是陈寿父为马谡参军,街亭之役,马谡被杀,寿父亦被牵连。因此陈寿在写诸葛亮传时,故意贬低诸葛亮、诸葛瞻兄弟。唐代的刘元济、刘知幾,宋代的陈振孙等人都相信这种说法。但是更多的学者持中而论,清代的朱彝尊、杭世骏、王鸣盛、钱大昕、赵翼等人,先后提出了大量有力的论据为陈寿辩诬。概言之,丁氏兄弟二人不能入传,因其人品低劣。而陈寿对诸葛亮推崇备至,特别在本传后附其著作目录和《上诸葛亮集表》,开创史家未有之例,根本就不存在挟仇报复之嫌。相反,陈寿对诸葛亮一生功业的评价是客观而准确的。

上面总结了《三国志》的主要特点,以及前人的主要批评意见。自诞生之日起,《三国志》就受到了人们的广泛关注。三国时期是我国历史上一个英雄辈出、荡气回肠的大时代,留下了无数可歌可泣、感人肺腑的动人篇章,对中华民族精神世界的塑造、华夏历史进程的发展都产生了深远的影响。今天,在日常生活中,我们还经常使用诸如"三个臭皮匠顶个诸葛亮""万事俱备只欠东风"等与三国故事相关的谚语,在政治、经济、军事、思想、文化等诸多领域,三国时代的历史遗产仍在发挥作用。可以说,三国之精神已经融入华夏文明的血脉中,由每一个中华儿女继承和延续。陈寿的《三国志》作为记载那个时代第一手史料的史学名著,在其中功不可没,其价值不言而喻。

当然,作为历史著作的《三国志》并非没有瑕疵。前面提到书中时有曲笔,为西晋统治者隐恶溢美,遗漏了部分三国时期重要的历史人物,以及文采不足,对人物刻画不够生动传神,与《史记》《汉书》相比尚有一定差距,虽然各有原因,但确实都是客观存在的。尤其是《三国志》叙事过于简略,为了保证材料的真实可靠,删去了大量有价值的史料。因此,在陈寿作《三国志》后的一百余年,刘宋文帝命裴松之为之作注。

裴松之（372—451），字世期，河东闻喜人。宋初，担任中书侍郎，"博览坟籍，立身简素"，受命作注后，即"鸠集传记，增广异闻"（《宋书·裴松之传》），于元嘉六年（429）完成全部工作，将之进献给宋文帝，受到了文帝的称赞。裴松之认为陈寿的《三国志》："铨叙可观，事多审正。……然失在于略，时有所脱漏。"（《上〈三国志注〉表》）因此，与传统注书关注训诂、名物、制度的阐释不同，裴注将重点放在了对史料的补阙和纠谬。据统计，裴注引用的书籍达到一百四十余种，其中绝大多数今天已经散佚了，后人能得其崖略，全赖裴注之功。裴注广征博引，往往能补原书不足，《四库全书总目》赞其"考证之家，取材不竭，转相引据者反多于陈寿本书焉"。今天通行的《三国志》标点本，一般都是兼收裴注的。裴松之可称陈寿功臣。裴注也是研读"三国"的重要资料，具有其独立的史学价值。

最后简单谈谈《三国志》的版本流传。《三国志》成书后，除了作者手稿，最初的版本是西晋内府所抄的抄本。宋代以前，一直以抄本形式流传，现存两晋及唐代写本《三国志》残卷六种，收藏在国内和日本的图书馆中。《三国志》最初的刻本是北宋咸平初年的国子监刻本，此本今已无存。南宋高宗、孝宗时期分别据北宋监本覆刻了衢州和建阳两个刻本，后世流传的各种版本大多以此二本为底本。其中对《三国志》流传影响最大的是崇祯十七年（1644）毛晋汲古阁《十七史》本，以及清乾隆年间武英殿《二十四史》本。民国时期，中华书局出版百衲本《二十四史》，就是以南宋刻本配合影印的。1962年，中华书局出版了标点本《三国志》，收集了上述多家版本相互校勘，择善而从，是目前最为通行的版本。

第四节 《史通》

中国史学的传统源远流长，发展到唐代，史学已经完全脱离了经学附庸的地位，成为与经学并列的一大部类。据唐初官修《隋书·经籍志》记载，史部十三类，著录图书八百一十七部，一万三千二百六十四卷。这些数量庞大的史书，由于作者众多，传世久远，体例芜杂，客观上需要一部史学理论著作对其中存在的诸多问题进行总结讨论。刘知幾和他的《史通》恰好担当了这个历史责任，《史通》也成为中国历史上第一部史学评论的专著，对中国史学理论的发展产生了深远的影响。

刘知幾，字子玄，唐彭城（今江苏徐州）人，生于唐高宗龙朔元年（661），卒于唐玄宗开元九年（721），享年61岁。刘知幾生于一个世代书香之家，从祖父刘胤之曾任著作郎、弘文馆学士，与初唐史学大家李百药为"忘年之交"，共同参与过国史和实录的编撰。从父刘延佑，少有文名，《新唐书·文艺传》称其"有吏能，治第一"。其父刘藏器，有直谏之名，《新唐书》有传。生长在这样一个累世官宦的家庭，刘知幾自幼便接受了良好的教育。据其《史通·自叙》："予幼奉庭训，早游文学。年在纨绮，便受《古文尚书》。"但是，《尚书》艰深晦涩的文字显然不能引起少年的兴趣，虽然"屡逢捶挞"，但"其业不成"。反倒是由其父亲自为他们兄弟讲授的《春秋左氏传》，深得刘知幾的喜爱，"每废书而听。逮讲毕，即为诸兄说之"，甚至感叹："若使书皆如此，吾不复怠矣。"幸运的是，刘知幾有一位开明的父亲，既然儿子表现出对史学浓厚的兴趣以及天赋，刘父便顺其意，"始授以《左氏》，期年而讲诵都毕"。自此，刘知幾对史学的兴趣便一发而不可收，到他17岁时，"自汉中兴已（以）降，迄乎皇家实录"，大都"窥览略周"，奠定了他一生志业的基础。更加难能可贵的是，即使是对史学表现出超乎寻常的热情，刘知幾仍然能对师说、成说持有批判怀疑的态度。他称自己"自小观书，喜谈名理，……故始在总角，读班、谢两《汉》，便怪前书不应有《古今人表》，后书宜为更始立纪"（《史通·自叙》）。这也是他后来能够撰成《史通》的重要条件。

唐高宗永隆元年（680），20岁的刘知幾考中了进士，授获嘉县（今河南获嘉县）主簿，并先后于武后天授二年（691）、证圣元年（695）两次上书朝廷，要求兴利除弊。临朝称制的武后，虽然"嘉其直"，但是并没有重用刘知幾（《旧唐书·刘子玄传》）。在获嘉任职的近二十年间，虽然仕途上升迁无望，但在公务之暇，刘知幾有大量时间"恣情批阅"各种史书。并在其间游学京洛，饱览公私藏书，至而立之年，已经"以词学知名"。武后圣历二年（699），诏学士四十余人编《三教珠英》，刘知幾也参与其事，初步展现了其史学才华。书成后，长安二年（702），42岁的刘知幾先后被任命为著作佐郎、左史等职，正式开启了其史官生涯。

早在刘知幾就任史官之前，他就曾立下志愿，要对班、马以下的各种史书"普加厘革"，著成一部像《春秋》那样的不刊之典。如今有了史官的身份，似乎正是大显身手的好机会。唐朝的史馆直属于门下省，宰相亲自担任监修官，"馆宇华丽，酒馔丰厚"（《史通·史官建置》），史官的头衔也被认为是清贵之职。但是，刘知幾的史官生涯却并不顺心如意。由于与当时的史馆监修大臣武三思在修史宗旨、编撰方式等方面多有抵牾，刘知幾的史学主张大多得不到认可。

虽然"美志不遂"，但在担任史官期间，刘知幾参加了大量史书编撰的实际工作，为他后来撰成《史通》积累了实践经验。唐长安三年（703），刘知幾和他的好友吴兢、徐坚等人奉诏撰修唐史。次年，拜凤阁舍人（中书舍人），暂罢史职，在此期间撰成《刘氏家史》和《刘氏谱考》。唐中宗时期，再任著作郎，奉命兼修国史，重修《则天实录》。然而，虽屡次参加重要的史书修撰工作，但事成之后，刘知幾却因官位卑下未受嘉奖，他自嘲朝廷待己"相期高于周、孔，见待下于奴仆"（《史通·忤时》），这让他萌生了去意。唐中宗景龙二年（708），刘知幾向国史监修萧至忠提交了求退书。在这封辞职信中，刘知幾痛陈了唐朝史馆之弊，认为：今日之史馆，书成于众人之手，但人浮于事，各自为政。特别是监修官，既不能指授正确的体例，还要压制他人的意见，以至于互相推诿，迁延岁月。再者，古时史官，幽居九重，故能做到秉笔直书。而今日的史馆人多言杂，无从保密，编修者害怕得罪"权门""贵族"，难以做到秉公直录。（《史通·忤时》）刘知幾的这篇宏文，对唐朝史馆弊病的揭露可谓切中肯綮，以至于萧至忠读完后颇觉惭愧，"又惜其才，不许解史任"。不久后，萧氏获罪被杀，刘知幾才得以退职，安心撰写他的《史通》。景龙四年（710），睿宗即位，刘知幾调任太子左庶子，兼崇文馆学士，仍任史官。其后数年,他奉诏与柳冲、徐坚、吴兢等人撰成《姓族系录》《睿宗实录》《中宗实录》等。唐玄宗开元九年(721),他的长子刘贶犯罪流配,刘知幾为之辩护,却触怒了玄宗,被贬为安州都督府别驾。安州路途遥远,加之心情郁闷,到任后不久刘知幾就黯然离世。幸运的是,他的不朽之作《史通》已经完稿,刘知幾的名字也随着《史通》一起闪耀在中国史学的殿堂。

《史通》的编撰始于武后长安二年(702),历时八年,至唐中宗景龙四年(710)完成,分为内、外两篇,各10卷。其中,内篇原有39篇,《体统》《纰缪》《驰张》三篇散佚,今存36篇,篇名如下:《六家》《二体》《载言》《本纪》《世家》《列传》《表历》《书志》《论赞》《序例》《题目》《断限》《编次》《称谓》《采撰》《载文》《补注》《因习》《邑里》《言语》《浮词》《叙事》《品藻》《直书》《曲笔》《鉴识》《探赜》《模拟》《书事》《人物》《核才》《序传》《烦省》《杂述》《辨职》《自叙》。外篇13篇,篇目如下:《史官建置》《古今正史》《疑古》《惑经》《申左》《点烦》《杂说上》《杂说中》《杂说下》《汉书五行志错误》《五行志杂驳》《暗惑》《忤时》。内外篇共计52篇,今存于世者49篇。

《史通》的性质,类似于今天的"史学概论",论述的范围包括治史宗旨、史学家的素养、史书体例、史学方法、历代史书评论等。概括说来,其史学贡献主要体现在以下几个方面。

第一,对唐代以前的史学著作进行了系统的梳理,本着"实录"和"直书"的精神,逐一检讨其得失。总结出以《尚书》《春秋》《左传》《国语》《史记》《汉书》为代表的六种唐以前的史书编纂形式,其中重点论述了纪传体和编年体两种体裁的优劣得失,揭示了这两种体例在史学史上的重要地位。如论纪传体体裁:"纪以包举大端,传以委曲细事,表以谱列年爵,志以总括遗漏,逮于天文、地理、国典、朝章,显隐必该,洪纤靡失。"这是纪传体的长处,但"同为一事,分在数篇,断续相离,前后屡出",再者"又编此同类,不求年月,后生而擢居首帙,先辈而抑归末章",这是它的短处。对编年体的论述也类此。因其各有优缺点,所以当"各有其美,并行于是"(《史通·二体》)。阐释可谓精核。当然,在儒家思想占据主导的古代社会,刘知幾对《尚书》《春秋》的一些非议，也让他遭受了许多责难。

第二，对史学社会功能的强调。刘知几认为："盖史之为用也，记功司过，彰善瘅恶，得失一朝，荣辱千载。"(《史通·曲笔》)他认为通过历史记载，可以起到劝善惩恶的作用。为了做到这一点，史学家要承担起相应的责任，"彰善贬恶，不避强御，若晋之董狐、齐之南史"(《史通·辨职》)。在刘知几心中，秉笔直书，不畏强权，惩恶扬善是一个史学家最重要的素质。

第三，为了承担史学家的责任，史家必须具备较高的史学素养，为此，刘知几提出了中国史学史上著名的"史才三长"说。据《旧唐书》所载：礼部尚书郑惟忠曾向刘知几提问："自古以来，文士多而史才少，何也？"刘知几回答道："史才须有三长，世无其人，故史才少也。三长：谓才也、学也、识也。"《史通》虽然没有专门论述"三长"，但书中各篇处处可见对"三长"的具体阐释。如《载文》《叙事》《核才》《点烦》诸篇，论述写作和语言技巧属于"史才"的范围。《杂述》《采撰》多篇，要求史学家"博闻旧事，多识其物"，"择其善者而从之"属于"史学"的范畴。《曲笔》《直书》《惑经》等篇，强调史学家要秉笔直书、忠于事实，以及如何体现史家的见解、观点，当为"史识"之属。

第四，具体的史书编撰方法和体例，是《史通》用力最勤之处，几乎占据了全书一半以上的篇幅。在记述内容方面，刘知几最重实录，贵"直书"而严斥"曲笔"。强调史学家要做到："爱而知其丑，憎而知其善，善恶必书，斯为实录。"(《史通·惑经》)只记载重要的、有用的史实。民间流传的寓言、图谶、传说、神话，是不应该作为史料收录到史书中去的。编撰体例必须严谨，名实相符。刘知几认为现有的纪传体史书有些内容是不必要的，如《天文志》，自古以来星象变化极少，所以不必让每部断代史都撰《天文志》。《艺文志》只应著录当代典籍，不必记录前代遗存。此外，还主张增加《都邑志》记载京城的地理形势、建筑形制、宫阙制度、朝廷仪轨等。增加《氏族志》记载历代帝王公卿和世家大族的世系。其他《本纪》《世家》《列传》《表历》《书志》等篇专论纪传体著篇的得失。《言语》《叙事》讨论史书文辞的要求。《序例》《编次》《题目》《断限》论史书的题目、体例及材料的编排组织。其中的许多主张都对后世史书编撰产生了深远的影响。清代著名学者章学诚曾评价《史通》："刘言史法，吾言史意。"这是对刘氏在史书体裁、体例方面贡献的肯定。

第五，明确区分史书与史料的界限，丰富了史学的内涵。刘知幾认为："夫为史之道，其流有二。何者？书事记言，出自当时之简；勒成删定，归于后来之笔。然则当时草创者，资乎博闻实录，若董狐、南史是也。后来经始者，贵乎隽识通才，若班固、陈寿是也。必论其事业，前后不同。然相须而成，其归一揆。"（《史通·史官建置》）近代史学家金毓黻曾指出："史料史书之分，刘氏发其端，郑氏（郑樵）振其绪，迨章氏（章学诚）出，乃为之发挥尽致，而记注与撰述之分野定矣。"（《释记注》）中国古人著书向来不注重材料与个人撰述的区分，刘知幾明确了二者的区分，从史学发展的眼光来看，是具有进步性的。

《史通》成书后，刘知幾自知自己的史学见解不容于世，担心倾注了一生心血的《史通》会湮没无闻，"与粪土同捐，烟烬俱灭"（《史通·自叙》）。后来的事实表明，刘知幾的担心是多余的。《史通》甫一成书，他的好友徐坚读后即赞其："为史氏者，宜置此座右铭也。"（《新唐书·刘子玄传》）刘知幾去世后不久，唐玄宗就敕命河南府到刘家抄写《史通》呈送朝廷，阅后大加赞赏，追赠刘知幾为汲郡太守、工部尚书，赐谥号曰文。20世纪后，《史通》表现出的史学批判思想愈发受到学界重视。梁启超在《中国历史研究法》中对其做出了极高的评价："自有左氏、司马迁、班固、荀悦、杜佑、司马光、袁枢诸人，然后中国始有史；自有刘知幾、郑樵、章学诚，然后中国始有史学矣。"吕思勉在《中国通史》中说，中国古代史学史上研究史法"言之成理，而又有条理系统的，当首推刘知幾的《史通》"。因之，1928年，吕思勉在任教于上海光华大学历史系期间，还专门开设了《史通》选读课，其讲义于1934年以《史通评》之名出版。

《史通》的版本，现存最早的是明嘉靖十四年（1535）的陆深刻本，此外明刻本尚有万历五年（1577）张之象刻本，万历三十年（1602）张鼎思刻本。明清时期，就有不少学者对《史通》做了大量训释、校勘方面的工作，著名者如明人李维桢《史通评释》、郭孔延《史通评释》、王维俭《史通训诂》，清人黄叔琳《史通训诂补》、浦起龙《史通通释》等。近世史家，也多有关注此书者，如陈汉章《史通补释》、罗常培《史通增释序》、吕思勉《史通评》、程千帆《史通笺记》等，颇具参考价值。另有中华书局、上海古籍出版社标点横排本，读者可参看。

从历史的角度来看，《史通》并不是完美无瑕的，如书中认为史书编纂不过编年、纪传二途，这是不够全面的。此外，它也过分强调史书体例的统一，以至于牺牲了历史叙述的生动性，这在书中的对前代史书的评价中多有体现，遭到了历代史学家的批评。尽管如此，《史通》总结了唐代以前的史学成就，建立起史学评论这一新的体裁，系统梳理了史学编撰、史学体例的基本理论，当之无愧地成为中国史学史上一部开拓局面、承前启后的不朽名篇。

第五节 《资治通鉴》

黄河，以其雄浑的韵律，谱奏着一曲曲历史的悲歌。夏禹的传说和龙门的波涛，给予了史学家司马迁非凡的史才和宏阔的胸襟。也许是历史的巧合，就在与司马迁的家乡黄河西岸的韩城一水之隔的黄河东岸，产生了中国历史上又一位杰出的史学家司马光。

司马光（1019—1086），字君实，陕州夏县（今属山西）人，自小聪明好学，20岁中进士，开始了他的学术与政治生涯。他在政治失意的情况下，开始专心于史学的攻研。他认为，《春秋》之后至北宋千余年，《史记》至《五代史》，1500余卷，学者历年不能竟其篇第，毕世无暇举其大略。历代史书繁杂，人们不能遍览，他要以左丘明《左传》的编年体，写一部简明扼要的通史，以成一家之书，方便人们习读。这是司马光编撰《资治通鉴》的主要原因。

司马光不仅是史学家，也是政治家，他在撰写史书的同时，也希望自己的书能为君主治国提供借鉴。他在《进资治通鉴表》中说"臣常不自揆，欲删削冗长，举撮机要，专取关国家盛衰，系生民休戚，善可为法，恶可为戒者，为编年一书"，并通过史书"鉴前世之兴衰，考当今之得失，嘉善矜恶，取是舍非，足以懋稽古之盛德，跻无前之至治"。很显然，《资治通鉴》的撰写是有着从历史中为君主提供统治经验的目的。

北宋治平三年（1066），司马光写成《通志》八卷，这是一部上起战国，下至秦二世的历史书，英宗皇帝看后十分欣赏，命司马光在崇文院设置书局，自选助手，续成此书，并可以借官府藏书参考。当时司马光选定刘攽、刘恕、范祖禹做助手，开始大规模修撰。刘攽负责汉代史部分，刘恕负责魏晋南北朝及五代十国史部分，范祖禹负责唐代历史部分。神宗即位后，为《通志》写了篇序，并改名为《资治通鉴》。后来司马光退居洛阳，继续编写《资治通鉴》，直至元丰七年（1084），全书告成，前后共用了19年的时间。

司马光和助手们编撰《资治通鉴》是按照一定的步骤进行的。司马光先编写了一部《历年图》，作为《资治通鉴》一书的提纲，助手们根据提纲搜集材料，作成"丛目"，在"丛目"的基础上对材料进行修订整理，写成"长编"，司马光根据"长编"，修订润色定稿。"丛目"是一种资料索引，司马光要求越详细越好。"长编"就是书的初稿，其具体做法，司马光在给范祖禹的信中曾说："其修长编时，请据事目下所纪新旧纪、志、传及杂史、小说、文集，尽检出一阅，其中事同文异者，则请择一明白详备者录之。彼此互有详略，则请左右采获，错综铨次，自用文辞修正之，一如《左传》叙事之体也。此并作大字写。若彼此年月、事迹有相违戾不同者，则请选择一证据分明、情理近于得实者，修入正文，余者注于其下。仍为叙述所以取此舍彼之意。"（《与范内翰祖禹论修书帖》）这里把编写长编分成三种情况：一是"事同文异者"，助手则抄出其中明白详备的材料，作为正文；二是事有"彼此互有详略"的记载，助手则根据这些详细不一的记载，用自己的话写成正文；三是对一事的记载，

"彼此年月、事迹有相违戾不同者"，助手则选择事实可靠的材料写入正文，其余的材料注在正文之下，并写出取舍的根据。司马光要求，长编"宁失于繁，毋失于略"。

《资治通鉴》294卷，记载了上自周威烈王二十三年（公元前403），下迄后周显德六年（959）的1362年的历史。是书取材十分广泛，正史、实录等是主要依据的材料，此外，杂史、小说、文集等亦无不采获。司马光曾说："其实录、正史未必皆可据，杂史、小说未必皆无凭。"（《与范内翰祖禹论修书帖》）可见，司马光在择取材料的过程中，并不轻视正史、实录之外的材料。据《四库全书总目》引高似孙的《纬略》说，《资治通鉴》采正史之外，引用杂史诸书凡322家。《资治通鉴》一书是以政治、军事为主，同时也记载社会、经济、文化、制度等，它的内容包罗了社会历史的各个方面，不只是一部单纯的政治史。

《资治通鉴》问世以后，对后世产生了很大的影响，这主要表现在如下三方面。第一，《资治通鉴》的问世，促使了宋至清期间编年体史书的迅猛发展；第二，《资治通鉴》的写成，使编年体史书更加成熟，其编撰方法愈臻完善，为后世编年体史家树立了楷模；第三，近代以来，人们对《资治通鉴》及相关书进行综合研究，形成了一门"通鉴学"，足见《资治通鉴》的影响之深远。

编年体是一种最古老的史书编纂形式，先秦时期的许多史书都是用编年体写出来的，编年体史书成为先秦史著中的主流。自汉代司马迁《史记》问世以后，纪传体史书开始兴起，它以记叙全面、包罗宏富的巨大优越性逐渐取代编年体的地位而成为汉唐时期史书的主流。《隋书·经籍志》及以后的各史志目录都把纪传体史书视为"正史"，列在各类史书之首，而编年体史书只能称作"古史""编年史"或"别史"而屈居下位。在汉唐时期，编年体史书的数量也远远少于纪传体史书，《隋书·经籍志》史部著录两汉到南北朝时期的纪传体史籍为67部，3083卷，通计亡书合80部，4030卷。编年体史书为34部，666卷。[①]《新唐书·艺文志》著录汉唐之间的纪传体史书为70家，90部，

---

① 王余光.中国历史文献学［M］.武汉：武汉大学出版社，1988：32.

4085卷；编年体史书为41家，48部，947卷。① 无论从史书在史志目录中的地位看，还是从史书的数量看，在我国历史文献发展进程中，汉唐期间是编年体史书的中衰时代。两宋以来，编年体史书的衰落局面得到改变。司马光《资治通鉴》问世以后，编年体重新受到人们的重视，两宋时期是编年体史书的复兴时代。

《资治通鉴》的问世，推动了编年体史书的发展。《资治通鉴》编写方法的科学、体裁形式的完善和取材范围的广泛、选择资料的精审等诸方面，对后世都产生了巨大的影响。后人对《资治通鉴》补头、续尾、节要之类的史书络绎不绝，仿作、改写之书也不断涌现，以《资治通鉴》为中心，形成了一套庞大的编年体史书的系统。从数量上看，宋代以后编年体史书也超过了纪传体正史。仅以宋代为例，《宋史·艺文志》著录正史57部，4473卷，清卢文弨《宋史艺文志补》增补正史2部，120卷，合为59部，4593卷；《宋史·艺文志》著录编年类史书151部，10575卷，卢氏增补7部，630卷，合为158部，11205卷。② 无论从部数，还是从卷数看，编年体史书都超过了纪传体史书一倍多。在两宋，编年体史书在《资治通鉴》的影响下，确实有了迅猛的发展。

《资治通鉴》的问世，使编年体史书更加成熟，这主要表现为：第一，运用编年体编写通史。《资治通鉴》以前没有编年体通史，《资治通鉴》是我国第一部通史。继此以后，编年体通史不断有人续作，如宋刘恕的《通鉴外纪》、明薛应旂的《宋元通鉴》、清毕沅的《续资治通鉴》等书，都是综括数代的编年体通史。

第二，将考异的方法运用到编年体史书的撰写过程中，使编年体的面貌焕然一新。《资治通鉴》首先运用考异的方法去伪存真，选择史料，作者从多种材料中选取最可靠的材料，并记录比较各项材料的过程和取舍的理由，《资治通鉴考异》30卷，就是作者考证材料的结果。后来李焘的《续资治通鉴长编》、李心传的《建炎以来系年要录》、徐乾学的《资治通鉴后编》等都用

---

① 王余光.中国历史文献学［M］.武汉：武汉大学出版社，1988：32.
② 王余光.中国历史文献学［M］.武汉：武汉大学出版社，1988：42.

考异的方法处理史料，并进而将考异的内容直接附在正文之中，体例愈臻完善了。

第三，编年体是以时间为中心来记述历史的，不易集中反映同一历史事件的前后联系。《资治通鉴》在史事的记叙上有所改进，在史书中进一步发挥追叙法、预叙法和类叙法。追叙法就是在记叙某一事件的重要情节或某一人物的重要活动时，顺便将其以前的一般情况加以交代。预叙法即在记某人某事的现状时顺便将其以后的一般情况作了交代。类叙法就是在记某人某事时，顺便将与之相关的人或事加以交代。这样，编年体的记叙方法就更加灵活了。

第四，早期编年体史书主要记叙政治、军事等史事，而典章制度等内容难以采入。《资治通鉴》虽也专详于政治、军事，但它对于历朝仪礼、刑罚、职官、食货等典章制度方面的内容也有较多的记载，恰如胡三省所说"温公作《通鉴》，不特纪治乱之迹而已。至于礼乐、历数、天文、地理尤致其详"（《资治通鉴》卷二二〇胡注）。《资治通鉴》记载内容的广泛，为编年体史书能反映各种不同的历史史实开了先河。

第五，司马光编成《资治通鉴》，先后还编写了一套以《资治通鉴》为中心的辅助书，这些书有可作《通鉴》年表之用的《历年图》，可作凡例用的《通鉴释例》，可作注文或资料补编的《通鉴考异》，可作索引或提要的《通鉴目录》，可作简编用的《通鉴举要历》《通鉴节文》。此后李焘等人亦仿此法。编年体史书有了这一套辅助书相配合，在体例上就更加完备了。

鉴于《资治通鉴》的影响,后世为其作补前、续后、改写的书不断出现。《资治通鉴》作为通史，战国以前和五代以后的历史都缺而不载，因此，司马光的助手刘恕作《通鉴外纪》10卷，上起包牺，终于周威烈王二十二年（公元前404），与《通鉴》衔接。宋末金履祥撰《通鉴前编》18卷，上自唐尧，下接《通鉴》。为《通鉴》续后的著作较多。南宋李焘撰《续资治通鉴长编》，是仿《通鉴》体例编年体的北宋史，全书980卷，另有《举要》68卷，《修换事目》10卷，《目录》5卷。李心传撰《建炎以来系年要录》，也是仿《通鉴》体例的编年史。该书上接李焘的《长编》，下至南宋高宗绍兴三十二年（1162），二百卷，材料十分丰富。清代学者续《资治通鉴》的主要有徐乾学、毕沅二家。徐乾学认为，明人续《通鉴》，如薛应旂、王宗沐等，其书都年月参差，事迹脱落，疏谬很多，不足继司马光之后。于是集万斯同、阎若璩、胡渭等人，排比正史，参考诸书，依司马光之例，撰《资治通鉴后编》184卷，记载了自宋太祖建隆元年（960）至元顺帝至正二十七年（1367）的历史。该书作者意求博赡，但缺少剪裁，书自宋嘉定以后，尤其简略。徐乾学之后，毕沅又撰《续资治通鉴》220卷，起自宋太祖建隆元年（960），下至元至正二十八年（1368），王鸣盛、钱大昕、邵晋涵、章学诚、孙星衍、洪亮吉等学者参加了编修。该书取材丰富，又参考了《永乐大典》中的宋、元资料，文字也很简练，在各种续《通鉴》的史著中，算是较好的一部了。

改写《资治通鉴》较有名的书有南宋袁枢的《通鉴纪事本末》和朱熹的《通鉴纲目》。袁枢将《通鉴》的内容区分门类，分隶239目，每事一篇，自为起讫，各篇之间略按时间顺序编排。袁书写成，构成了纪事本末体史书的基本形式，后世仿作很多，形成了一个纪事本末体史书的系统。朱熹认为《资治通鉴》在"正统"问题上不能令人满意，此外部头也太大，需要有一个好的简本，因此，他创立义例，起讫仍依《通鉴》之旧，并从《通鉴》中节取事实，成《通鉴纲目》59卷。该书正统观强烈，加上朱熹在思想界的影响，所以特别受封建统治者的重视。历代为其补前续后的著作也很多，形成了纲目体史书的系统。

在补前、续后、改作之外，对《通鉴》进行注释、补缺、校勘、评论的著作也很多。注释方面，刘安世的《音义》10卷、史炤的《通鉴释文》30卷、王应麟的《通鉴地理通释》14卷，都是宋代的作品。注释中成绩最突出的是宋末元初的胡三省，他撰有字数与《通鉴》相仿的《音注》。明代严衍撰写《资治通鉴补正》一书，对《通鉴》和胡注进行补缺和勘误。近人章钰广搜宋本，写成《胡刻通鉴正文校宋记》30卷，是《通鉴》校勘的集成之作。近年中华书局出版的《资治通鉴》点校本对原文也有很多校正。南宋张栻作《通鉴论纂》3卷，李焘取《通鉴》中三国六朝史事，撰写了《三国六朝通鉴博议》10卷，这是后人专就《通鉴》史事加以评论的开端。王应麟作《通鉴问答》5卷，就事议论，发表史观。王夫之的《读通鉴论》三十卷，就《通鉴》中的历史事件和人物加以分析和评论。近代以来出现了对《通鉴》进行总结性和综合性研究的著作，形成了一门专门学问，称为"通鉴学"。崔万秋作有《通鉴研究》一书，对《通鉴》的作者、成书经过、参考材料等多方面作了全面的研究。张须的《通鉴学》是一部很全面的通鉴学著作。

《资治通鉴》运用材料的精审、编撰体例的完备，促进了后世编年体史书的繁荣。同时，这也是一部将史学与政治学结合的著名史书，使史学成为资治的工具。英国当代史学家白特·费尔德1961年在英国《听众杂志》上撰文说："中国的修史太为一种官方事业了，太为官僚化的组织了，历史被视为统治者的有效辅导，大体上历史亦由官吏而写，为官吏而写。中国历史太有特征被称之为资治历史了。"[①]不论正史，这不能不说是《资治通鉴》的影响所带来的结果。

英国当代汉学家浦立本对《资治通鉴》的编纂方法也有不少批评。他虽然肯定"司马光确是一位科学的史学家，因为他第一次尝试建立真理于客观基础之上"，然而，他又指出："从我们的现代观点来看，司马光的方法最严重的缺陷之一，也是几乎所有中国传统史家的缺陷，是将注意力局限于一个时代的一项孤立事件，约略叙其前后，以及综论人的品德等等，可是不曾尝试将每一事件与其他众多事件编织成一错综的关系网。"[②]

《资治通鉴》在中国历史上的功过，尚需后人评说。

[①] 杜维运. 与西方史家论中国史学 [M]. 台北：东大图书股份有限公司，1981：278.
[②] G. Pulley blank, W. G. Beasley. Historians of China and Japan [M]. London：Oxford Universiey Press, 1961：157–158.

第五讲

子部要籍导读

第一节 子部源流

　　如我们前面介绍的一样，四部分类中的子部是最庞杂的一类。《四库全书总目》中子部包括十四个子类，分别为：儒家、兵家、法家、农家、医家、天文算法、术数、艺术、谱录、杂家、类书、小说家、释家、道家。概括来说其来源有四：先秦诸子及各学派历代代表人物和代表作，宗教典籍的释道二家的内容，法律、军事、农艺工技、医药、天文算学、术数、谱录等带有技术性质的书，艺术、小说两类文艺领域的书。子部的各类之间基本上是并列且无统属关系的。

　　1.子部中的先秦诸子，仍以儒家为首。孔子和孟子的学说先后被纳入了经部，因此子部的儒家要从战国后期的荀子说起。《荀子》二十卷三十二篇，大约诞生在战国末期，主要记载了荀况的学术思想，但也有一些篇章为后人的托名之作。晏子是春秋时齐国大夫晏婴，《晏子春秋》内篇六卷、外篇二卷，是后人记述晏子言行而作。该书的核心思想倾向于儒家，故历史上也被归为儒家著作。

　　此外，先秦时期较为有名的儒家典籍还有：《孔子家语》十卷，假托孔子十二世孙孔安国编集；《孔丛子》七卷，相传前六卷是孔子八世孙孔鲋所撰，末卷是汉武帝时孔臧所撰。据学者考证，上述两书都是西汉人所作的伪书，但由

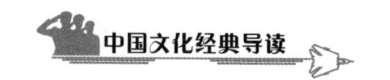

于其年代较早,收录了大量先秦史料,在后世都产生了巨大的影响。《孔子集语》十七卷,搜集了先秦两汉典籍中有关孔子的记载。

西汉以后,虽然儒家取得一家独大的地位,但此时的儒学其实已经融合了道、墨、名、法诸家之说,体现了更加丰富的思想内涵。西汉儒家的代表作有:《新语》二卷十二篇,西汉陆贾撰,记载了西汉初年的政治思想;《新书》十卷五十六篇,西汉著名学者贾谊撰,为其政治思想代表作;《盐铁论》十卷十六篇,汉昭帝时贤良文学与桑弘羊辩论盐铁国营等经济问题,史称"盐铁会议",桓宽奉命将此次会议的要点记录下来,就是这部《盐铁论》,这是中国历史上少见的专门论述经济政策的著作,对研究西汉政治经济具有重要的价值;《论衡》三十卷八十五篇,东汉王充撰,本书是我国思想史上极其重要的著作,展现了朴素的唯物主义思想和无神论;《潜夫论》十卷三十六篇,东汉王符撰,其中提出的重学务本、重德尚贤、重法明刑、重民救边等思想,贯穿全书的强烈的批判主义精神,今天看来仍有巨大的历史进步性。

魏晋南北朝时期谈玄论道之风盛行,但仍然诞生了不少儒学经典著作,后世影响最大的一部就是《颜氏家训》。该书作于入隋之后,但由于作者颜之推敌视北周,所以自署为"齐黄门侍郎颜之推撰",该书被誉为"家训之祖",是中国古代知识分子几乎家传户诵的一部作品,集中地反映了书香传家的儒门之家的思想传统和风俗习惯。

唐宋时期,更加适应社会需要的理学兴起,至两宋而大成,其间诞生了大量的名儒大家,他们的代表作品极大地充实了儒家学说。理学按照其发展阶段大致可分为三期:第一阶段为理学的初创阶段,完成了新的宇宙观、人生观之建设,代表人物有周敦颐、张载、邵雍。第二阶段为理学的鼎盛时期,程颢、程颐兄弟启其端,至朱熹、陆九渊而分裂为两派。第三阶段为理学的重构时期,王阳明在合两派之长的基础上尽去其弊,创立了心学,引领了明代中晚期的思想解放运动。理学家的代表作品如下:

《太极图说》一卷,北宋周敦颐撰。《正蒙》二卷,北宋张载撰。《皇极经世书》十二卷,北宋邵雍撰。《二程全书》,二程门人所记。《朱子语类》

一百四十卷，南宋黎靖德编。《晦庵先生朱文公集》一百卷，朱熹撰。《象山先生全集》三十六卷，陆九渊撰。《王文成公全书》三十八卷。

清代是考证学的时代，学风较明末又为之一变。其代表作如：顾炎武的《日知录》，在考证之外，更是一部讲经世致用的著作。《读书杂志》，王念孙撰，乾嘉学派的代表作。《东塾读书记》，陈澧撰，用札记的形式考察各个时期的学术面貌，实有学术史的意味。

2. 战国时期，墨家与儒家并称"显学"，影响力巨大。西汉后，墨家衰落而无传人，墨家的天志、明鬼等思想被融入董仲舒的学说中去，墨家学说得以一定程度地传承下来。墨家代表作仅有《墨子》一种传世。

3. 法家，是战国初期因应社会制度变革而产生的一个学派，其思想核心可分为研究国君如何统驭万民的"法"，和管理文武官员的"术"。战国时的法家代表人物，以魏国的李悝、吴起为开端，商鞅由魏入秦后大放异彩，集大成者为战国末期的韩国公子——韩非。法家的代表作品主要有：《商君书》五卷二十六篇，为商鞅死后战国时法家整理其思想主张而作。《韩非子》二十卷五十五篇。《管子》二十四卷八十六篇，此书托名管仲所作，实际上是西汉时人将齐国稷下学宫中的学士文章及齐地文献汇编而成。

4. 名家，是先秦时期重要的哲学流派，以思维的形式、规律和名实关系为研究对象。代表人物和作品是公孙龙子及其同名著作。

5. 兵家，北宋时神宗规定天下武学的必读书有七部，总名为《武经七书》，是我国古代军事史上最重要的几部著作，分别为《孙子》《吴子》《六韬》《司马法》《三略》《尉缭子》《李卫公问对》。

6. 道家，先秦道家的代表作主要有《老子》《文子》《庄子》等。这一时期，道家仍以哲学流派的形象出现在历史舞台上，讨论的话题包括人与自然的关系、哲学意义上"道"的概念内涵。道家的宗教化开始于西汉初年，以黄老思想为理论依据，结合战国以来的神仙方术而成。至东汉末年，出现了大量的教团组织，如五斗米道、太平道等，道教最终形成，并成为影响中国古代社会的三大思想根源之一。

7.杂家，顾名思义，杂家就是博采众家之长，思想体系比较庞杂，无法将其归入任何一家的学说。先秦杂家的代表作是《吕氏春秋》，其中涉及的思想来源包括儒、道、墨、法、名、阴阳、纵横、农、小说等诸家。西汉时另一部杂家名著《淮南子》问世，淮南子的作者刘安是汉朝宗室，该书由刘安组织手下的门客编纂而成，核心思想来源自道家，内容则涉及农、儒、阴阳等众多方面。

上面介绍了子部中诸子百家的部分，诸家虽学术观点大相径庭，但从总体上来说关注的都是思想史和学术史方面的内容。

子部的第二个大类别，收录的主要是古代技术性质或者带有技术性质的书，以下我们择要介绍一些较有影响的类别。

审理案件的书：《宋提刑洗冤集录》五卷，南宋宋慈撰，讲刑案尤其是命案如何进行检验，是世界上比较早的一部法医学专著。

军事措施方面的书：《武经总要》前集二十卷、后集二十卷，记述古代军事设置和各种武器装备，里边已有关于火药使用的记载。《纪效新书》十八卷、《练兵纪实》九卷，明代抗倭名将戚继光撰，系统介绍了戚家军的练兵方法。

农业技术：《齐民要术》十卷，北魏贾思勰撰，讲农艺、食品加工技术等，是现存最早的农书。《农书》三十六卷，元王祯撰。《农政全书》六十卷，明徐光启撰，徐氏是中国历史上最早意识到向西方学习的知识分子之一，因此在这部书中有六卷是专门介绍西方的农业技术的。

手工业方面：《天工开物》三卷，明宋应星撰，上卷主讲农事，中、下卷着重介绍工艺事，是重要的科技史文献。

建筑技术：《营造法式》三十六卷，北宋李诫撰。是我国古代唯一一部建筑技术专著。

医药学：《黄帝内经·素问》二十四卷八十一篇，托名为黄帝所作，实际上应当诞生于战国时期，是我国最早的医学理论著作，奠定了中医的理论基础。《伤寒杂病论》十卷，东汉张仲景撰，现存最早的系统论述外感疾病的文献。

《本草纲目》五十二卷，明李时珍撰，古代中医的必备书，药物学巨著。

天文算学：研究星象、数学的专门学问，是我国古代科学诸科中最发达的一支。其中最著名的就是《算经十书》，唐代国子监算学所学习和明算科考试的教材，就是这十部书，包括《周髀算经》《九章算术》《海岛算经》《孙子算经》《张丘建算经》《五曹算经》《五经算术》《辑古算术》《夏侯阳算经》《数术纪遗》。

子部中的第三大类别是关于艺术的几个子类。中国古代的书法、绘画，是最发达的两个艺术门类。关于书法、绘画的重要著作也更多一些。书法方面，有《法书要录》十卷，唐张彦远撰，记载了自东晋王羲之以下至唐代的虞世南、褚遂良等名家论书法、记名迹的史料。绘画方面，有《历代名画记》十卷，也是张彦远所撰，述历代绘画流派、技法、重要作品。《宣和画谱》二十卷，分十个门类按朝代列出画家及画轴名目。

小说一词，最早出现在《庄子·外物》，本意是琐碎的言论，与今天小说的概念相去甚远。到《汉书·艺文志》释"小说家"，谓之："小说家者流，盖出于稗官，街谈巷语，道听途说者之所造也。"比较接近后世小说的含义。从宋代以后，中国的小说分出文言小说与白话小说两个支流，只有文言小说被主流学者认为可以作为正史的补充，得以附骥四部。白话小说则主要流传于民间，五四之后，在文学革命浪潮的影响下，通俗的白话文小说受到了前所未有的重视，小说研究也成了显学。

按照小说文体的演变，中国古代的小说经过了志怪—传奇—话本—章回小说的发展历程，每个阶段均有代表作品出现。

志怪小说的代表有：《酉阳杂俎》二十卷，唐段成式撰。《太平广记》五百卷，宋李昉奉敕撰，几乎将唐五代以前的志怪故事"一网打尽"。《聊斋志异》，清蒲松龄撰，达到了古代文言小说的巅峰成就。

话本，是宋代流行的一种表演艺术"说话"所使用的脚本，类似于今天的说书。由于话本主要在普通民众中流传，不算正经书，因此留存至今的非常少。在日本内阁文库发现的元刊本《新刊全相平话武王伐纣书》三卷、《新刊全相

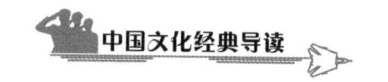

平话乐毅图齐七国春秋后集》三卷、《新刊全相平话秦并六国平话》三卷、《新刊全相平话前汉书续集》三卷、《新刊全相平话三国志》三卷，是现存最早的几部话本。明代最著名的"小说"话本集"三言""二拍"，已经是经过了文人加工、比较工整的、专为阅读使用的本子了。

上面简单地介绍了子部中较为重要的一些子类，与其他三部不同，子部的书内容非常庞杂，互相之间几乎没有逻辑关系。其他三类无法容纳的书籍，全部都被归入了子部，因此在分类体系方面，子部饱受诟病，这是我们应该注意的。

第二节 《老子》《庄子》

在先秦诸子百家中，道家是大放异彩的一支，其后世影响仅次于儒家，道家思想的核心是"道"，主张道法自然，大道无为。在中华文明不断发展的过程当中，道家思想绵绵生长，自然而然地渗透到了中华哲学、艺术、文学、宗教和养生的各个方面，成为中国人独特气质性格的不可替代的一抹底色。同时，在道家思想影响下形成的道教，也是历史上发挥重要影响的诸多宗教流派中唯一完全根植于本土文化的宗教信仰，迄今仍在乡土中国延续着其生命力。追本溯源，探索道家思想的渊源，《老子》和《庄子》是其中无法绕过的两部传世经典。

生活于春秋末期的老子，是道家思想的创始人。庄子则是战国中期道家学派的代表人物，被认为是同时代老子思想最好的继承者和发展者，由他完善的道家学说内容更加丰富。后世常以"老庄"并称，类似于儒家的"孔孟"，并以之借代道家老庄学派的学说。《老子》和《庄子》是二人的代表作，记述了两人的主要思想，系统阐释了道家学说的世界观和哲学体系，是研究中华传统文化的重要文献，受到历代推崇。事实上，虽同为道家学派代表，老庄二人的学术思想却有明显的分际，著名史学家李学勤先生便认为："（黄老之学）其思想富于积极色彩，与庄列一派的隐退截然有别。"[1]那么，道家思想的核心命题有哪些？老庄学说之间的异同何在？以《老子》《庄子》为代表的道家学说后世影响如何？是我们在本节中要解决的问题。

老子是谁？由于留下的史料极少，迄今在学术界仍有很大的争议。最早记载老子生平的《史记·老子韩非列传》说，老子姓李，名耳，字聃，是春秋末期楚国苦县（今河南鹿邑）人。曾担任过周王室的守藏吏，相当于国家图书馆的馆长。其生卒年已经无考，由于《史记》记载了孔子向其"问礼"之事，一般认为，老子的年纪较孔子略长，大约生活在春秋晚期。唐朝皇室奉老子为先祖，花费了很大力气考证老子的家世生平，据《新唐书·宗室世系》所载，老子是帝颛顼的后代，其家世代担任"理官"，故而以"李"为姓，老子的父亲做过周朝的官员，因此老子从小接受了较好的教育，后来才能担任以知识渊博著称的柱下史。唐代宗室自诩为"道祖"之后，带有"自高身价"的成分，其说可信度如何是要打上问号的。不过以当时的社会发展状况观之，"学在官守"的局面还未完全瓦解，老子能够担任管理典籍的官职，说明其出身应当不会太"卑贱"。至其晚年，见周王朝的统治日渐衰落，老子便辞去了官职，去国隐居，行至函谷关，关令尹喜十分仰慕老子的人品学问，恳求老子留下一些教诲，于是老子便著书上下两篇，这就是我们今天看到的《老子》。书成之后，老子出关而去，对其下落《史记》仅注五字——"莫知其所终"，给后世留下了浪漫的想象空间。

今日传世之《老子》，分上下两篇，共81章，上篇为道篇，下篇为德篇，因此汉代以后或称此书为《道德经》。但在其问世之初篇章结构似非如此，战国末期韩非作《解老》，便是德篇在前。20世纪70年代，长沙马王堆汉墓出土的两种帛书《老子》，亦证实了此点。据此，目前学界较为公认的看法，《老子》可能与《论语》类似，是道家后学根据老聃的言论整理加工而成的，成书之后，在传抄过程中又产生了许多新的版本，甚至加入了不少后人的观点。当然，不管我们对《老子》著作权的归属如何认定，该书是先秦早期道家思

---

[1] 李克.当代名家学术思想文库·李学勤卷[M].沈阳：万卷出版公司，2010：276.

想之代表作品，这点是确定无疑的。

与孔子积极入世，追求修己治国的态度不同，同处社会急剧变革的春秋晚期，老子的总体思想倾向是较为消极避世的。但这种避世并不是一味地隐忍退让、毫无作为，而是力图置身于时代洪流之外，冷静地思考宇宙人生，追求大道之所在。"道"是道家学说的核心概念，在《老子》短短的五千言中，"道"字出现了70余次。最早为道家命名的汉代史学家司马谈说："道家使人精神专一，动合无形，赡足万物。其为术也，因阴阳之大顺，采儒墨之善，撮名法之要，与时迁移，应物变化，立俗施事，无所不宜，指约而易操，事少而功多。道家无为，又曰无不为，其实易行，其辞难知。其术以虚无为本，以因循为用。无成势，无常形，故能究万物之情。不为物先，不为物后，故能为万物主。"（《论六家要旨》）

听上去似乎"玄之又玄"，那么，"道"到底是什么？概言之，在老子的语境下，"道"就是宇宙万物的根源，又是它们的规律。首先，对"道"的内涵进行准确定义是十分困难的，因此《老子》开篇说"道，可道，非常道"。尽管无法用语言描述，老子还是给出了各个侧面的说明。从形态上说，"道"不属于经验世界的产物，是一种叫作"惚恍"的"无状之状，无物之象"（十四章），也就是说"道"是超经验世界的存在。与此同时，"道"虽然不是一切现实存在的实物，但它也同样是一种真实存在，并非绝对的虚无，故"惚兮恍兮，其中有象；恍兮惚兮，其中有物"（二十一章）。为何如此？是因为"道生一，一生二，二生三，三生万物。万物负阴而抱阳，冲气以为和"（四十二章），也就是说"道"是宇宙的根本规律，是万事万物得以衍生和存在的依据。反过来说，万事万物的运行也必须服从"道"之法则，这就是所谓的"人法地，地法天，天法道，道法自然"（二十五章）。"道"就是一种自然而然存在的状态，只要能够做到以"道"为法则，天可以清明，地可以稳固，神可以显灵，河谷充盈，万物生长，统治者可以做天下的首领（三十九章）。整篇《老子》其实就是在阐释以"道"为代称的天地人根本法则，老子通过不同的意象，告诉人们要尊重事物发展变化的自然规律，行为处事，只要符合规律，就合乎"道"，没有什么办不成的事，否则就会受到道的惩罚。那么，《老子》揭示的规律有哪些呢？以下我们从书中略举几例说明。

其一，谋事谋人要善于从细微处推知其发展变化。"其安易持，其未兆易谋。其脆易泮，其微易散。为之于未有，治之于未乱。合抱之木，生于毫末；九层之台，起于累土；千里之行，始于足下。"（六十四章）"天下难事必作于易，天下大事必作于细"（六十三章）。说的都是同一个道理，当事物发展露出征兆时，切不可因其微小而无视它，致使坐失时机。

其二，正确理解矛盾的对立转化，这是最能体现老子思想中朴素辩证法的一点。"曲则全，枉则直，洼则盈，敝则新，少则得，多则惑"（二十二章）。"祸兮，福之所倚；福兮，祸之所伏"（五十八章）。事物不是一成不变的，总是朝着其对立面转化。日中则昃，月盈则缺，是自然的规律，放之人际交往，"利""害"也是在不断转化的，"不争，故天下莫能与之争"。

其三，人贵知足。"持而盈之，不如其已；揣而锐之，不如长保。金玉满堂，莫之能守；富贵而骄，自遗其咎"（九章）。"罪莫大于多欲，祸莫大于不知足，咎莫大于欲得"（四十六章）。多欲多思是人之本性，但能力范围之外的欲望只会给自己带来灾难，因此要懂得知足常乐的道理。

其四，立身处世，"守柔"为本。"上善若水，水善利万物而不争，处众人之所恶，故几于道"（八章），"天下之至柔，驰骋天下之至坚"（四十三章），"人之生也柔弱，其死也坚强。草木之生也柔脆，其死也枯槁。故坚强者死之徒，柔弱者生之徒"（七十六章）。"守柔""守雌"是老子的一个核心观点，就是要求人们在处事之时要尽量避免争斗，要懂得示弱。但是，老子的"不争"其实正是为了"争"。要取得争的胜利，不一定非得采取攻击、激进的态度，避其锋芒，顺其自然，尊重事物发生发展的规律，最终才能获得"争"的胜利。

其五，养生保健的方法。《老子》后来成为道教尊奉的经典，其中关于养生、长生的思想是其关键。"谷神不死，是谓玄牝。玄牝之门，是谓天地根。绵绵若存，用之不勤"（六章），"天地所以能长且久者，以其不自生，故能长生，是以圣人后其身而身先，外其身而身存"（七章），"营魄抱一，能无离乎？

抟气致柔，能婴儿乎？涤除玄鉴，能无疵乎"（十章）。因顺自然，是养生保健的原则。违反这个原则，自戕自害，厚养伤身，不知远灾避祸，都是自蹈死地的做法。

以上列举的仅是《老子》阐释的思想中与个人生活关联度较高的几条。除此之外，在治国理政方面，老子崇尚"无为而治"，要求"以正治国，以奇用兵，以无事取天下"（五十七章），"是以圣人处无为之事，行不言之教"（二章）。对待民众，要"无狎其所居，无厌其所生"（七十二章），即政府尽量少干预民众的生活，"甘其食，美其服，乐其俗，安其居"（八十章），最理想的治理状态就是"小国寡民"。西汉初年，经历了楚汉之争对社会政治经济的破坏，汉朝统治者以"黄老之术"治天下，与民休息，就是老子上述思想的实践应用。

《老子》的这些思想，在战国时期分别为庄周学派和齐国稷下学派所继承，老子也被后世奉为道家学派的创始人。庄周重点承续了《老子》思想中"道"之超验性，并将其发扬光大，形成了独树一帜的庄周学派。稷下学派则主要继承了《老子》中"道"之实在性，把"道"规定为物质性的"精气"。他们共同丰富了先秦道家学派的思想内涵，使之成长为先秦诸子百家中影响力巨大的一个流派，其中，庄子的学说尤其受到人们的关注。

庄周是继老子之后最重要的一位道家学者，也是战国时期道家思想之集大成者。庄子留下的生平资料也极少，《史记》在老子之后附记其事。庄周是宋国蒙（今河南商丘）人，大约生活在公元前369至公元前286年之间，曾担任过管理漆园的小官，不久之后就辞官归隐，从事著述。作为隐士的庄周，生活应当是相当清苦的，居于穷闾陋巷，甚至需要打草鞋为生。即使如此，庄周也不愿介入现实政治，与当权者合作换取高官厚禄。楚威王听说了庄周的才名，专门派人以千金求聘其为相。庄周对使者说，千金虽好，相位虽尊，却如祭祀用的牛，畜养多年，只为了牵入太庙为祭品。到了那时，想做只自由自在的小猪也是不可能的了。我宁愿像一条小鱼，在污水中自得其乐，也不愿身居高位受到种种束缚。庄周的志趣超脱于现实生活的困苦，他的思想御风翱翔，在广阔的天地间逍遥自在。正是这样，庄周把自己的目光由人世间转向自然界，由现实生活转向理想境界。他在苍天与大地之间沉思，提出了"天其运乎？地其处乎？日月其争于所乎？"（《庄子·天运》）等一系列科学宇宙论问题。他更渴望超越现实的人生痛苦，"上与造物者游，而下与外死生无终始者为友"（《天下》）。庄周的这些思索，进一步发挥了老子的思想，在道家思想发展史上独树一帜。在老子以后的先秦道家各派中，庄周及其学派的影响最大，后世往往以"老庄"并称。

庄周的思想比较完整地保存在《庄子》一书中。《庄子》由庄周及其弟子所著。这是一部洋溢着超验精神和浪漫情趣的哲学论著，汪洋恣肆，仪态万方，多用文学的语言、寓言的形式、朦胧的诗意表达深刻的哲学思想。不论在中国哲学史上，还是在中国文学史上，《庄子》都有很高的价值。

《庄子》一书，根据《汉书·艺文志》与《吕氏春秋·必己》高诱注的记载，在汉代当有52篇。西晋郭象整理、注释《庄子》，删定为33篇，将其划分为内篇、外篇、杂篇三部分，这是现今所见到的《庄子》一书。内篇有7篇：《逍遥游》《齐物论》《养生主》《人间世》《德充符》《大宗师》《应帝王》；外篇有15篇：《骈拇》《马蹄》《胠箧》《在宥》《天地》《天道》《天运》《刻意》《缮性》《秋水》《至乐》《达生》《山木》《田子方》《知北游》；杂篇有11篇：《庚桑楚》《徐无鬼》《则阳》《外物》《寓言》《让王》《盗跖》《说剑》《渔父》《列御寇》《天下》。现在学者一般认为：内篇7篇思想连贯，文风一致，用词较古，当属庄周本人所著；外篇与杂篇则比较冗杂，文风不一，用词较晚，可能是庄周后学所作，但其中的一些思想亦当是庄周的思想。特别是杂篇中的《天下》篇，许多研究者都认为出自庄周的手笔。

庄周生活的战国时代，社会的大变动带来了频繁的征战、王权的更迭、生活的无序。庄周深深感到，人生存在这样的环境中，实在是太困顿了：到处都是矛盾，到处都是争斗，到处都是不合理的现实！他愤怒地谴责当权者"彼窃钩者诛，窃国者为诸侯"（《胠箧》）。小偷小摸要受到严惩，而窃国大盗却成为诸侯。至于儒墨两家提出的理想社会，在庄周看来都是各执一端，是非难辨，于世无补。那么，人怎样才能从困顿中得到解脱呢？庄子的答案是"道"，人如果能从"物"超越上去，立足于"道"看问题，即"以道观之"（《秋水》），就会从大本大全的高度把握世界，发现各种事物、矛盾都处于不断转化之中，其性质、其存在都是相对的、暂时的、有限的，根本谈不上具有真正的质的稳定性，因而"万物一齐"（《秋水》），没有差别。庄子在这里对"道"的超经验世界作了美妙的描述，憧憬在这里获得人的自由，而生活的约束又是无处不在的。困于现实的制约，蝇营狗苟，就永远无法达到"道"的境界。因此，庄周的思想必然地走向了虚无，摆脱经验世界的一切束缚，才能最终走向"体道"之境。

今天看来，老庄的思想相对是比较消极的，更注重人类个体的经验表达，但道家思想丰富的想象力、旷达的人生态度、哲学的思辨，对中国文化的形成和发展起到了重要作用。

第三节 《韩非子》《吕氏春秋》

法家是先秦诸子百家中非常重要的一个学派，因主张依法治国，"不别亲疏，不疏贵贱，一断于法"而得名。在百家争鸣过程中，法家极力主张变法革新，所倡学说也偏重于实务，因此在战国时期，法家对于社会实践的影响力要远远超过儒家。法家思想早期的代表人物是申不害、商鞅和慎到，代表了法家思想的三个侧面：申不害重"术"，即政治权术；商鞅重"法"，即法规制度；慎到重"势"，即权力威势。战国后期，经过各国变法实践，法家思想日渐充实，终于出现了法家的集大成者韩非，他将"法""术""势"三家学说综合起来，形成了一套以"法"为中心，"术""势"为两翼的体系化政治学说。

韩非，是战国后期韩国的王族，生年已不可考，死于公元前233年。青年时期，韩非曾和李斯一起在荀子门下求学，李斯自认为才华比不上韩非。韩国是战国诸雄中较早启动变法的，韩非受到了本国这种变法风气的影响，喜欢研究刑名法术之学。当时的形势，秦国实力强大，韩国日益衰微，作为王室成员，韩非十分担忧国家的命运，数次上书劝谏韩王，希望韩王能够效法秦国，进行彻底的变法，然而韩王却并没有理会。忧愤之下，韩非退而著述，写下了《孤愤》《五蠹》等名篇。秦王嬴政（始皇帝）读到了这些文章，非常欣赏韩非的才华，既而决定攻打韩国。韩国无力抵抗，只能把韩非送到了秦国。韩非至秦后，李斯等人嫉妒他的才华，在秦王面前诋毁韩非心向故国，不会为秦国出力。秦王因此将韩非下狱，韩非不堪受辱，在狱中自杀。

韩非的学说，最重要的就是"法术势"相结合，他总结战国早期法家思想，设计了一套适应专制主义中央集权的政治理论。重视赏和罚的作用，运用赏罚的手段。一是信赏必罚，赏罚唯一的依据是法律，除君主之外，所有人都要受到法律约束，"刑过不避大臣，赏善不遗匹夫"（《韩非子·有度》），"诚有功则虽疏贱必赏，诚有过则近爱必诛"（《韩非子·主道》）。二是厚赏重罚。这与韩非的社会伦理观是密切联系的。韩非继承了他的老师荀子的性恶论，认为趋利避害是人的本能，人际关系中唯有利益是真实的。因此，厚赏可以刺激人们追求利益，按照统治者要求的去做；重罚则可以制止人们作恶的行为。三是"立可为之赏""设可避之刑"。就是说，法律规定的赏罚应当是通过人们的努力可以达到或者避免的。这样赏罚才能起到劝善除恶的作用。

富国强兵是法家的最高理想，战国早期的法家大多是以改革家的面貌出现在历史舞台上的。韩非根据前人经验，提出的措施是提倡"耕战"，他要求提高农民和士兵的地位，而把不事耕战的人一概斥责为"五蠹"。应当说，韩非的法制思想是战国后期特定历史时期的产物，他的出现适应了新兴的统治阶层的需求，强化了君主专制，因应了古代中国大一统的历史趋势，具有一定的历史进步性。与此同时，他主张对人民实行残酷的暴力镇压，崇尚权谋，压制工商业发展，提倡文化专制，这对我国历史产生了消极的影响。

此外，韩非的学说中还有两点是值得注意的。其一是历史进化观，即承认历史不是一成不变的，而是不断进化的过程，并且今世是胜过古代的。他认为"圣人不期修古，不法常可，论世之事，因为之备"（《韩非子·五蠹》），即不论现在还是过去，社会总是在不断发展变化的，既然面临的情况不同，那么采取的措施也应相应地调整。法家的这种思想是一以贯之的，为其变法提供了理论依据。而历史进化的原因，韩非提出了自己的创见："古者丈夫不耕，草木之实足食也；妇人不织，禽兽之皮足衣也。……今人有五子不为多，子又有五子，大父未死而有二十五孙。是以人民众而财货寡，事力劳而供养薄，故民争，虽倍赏累罚而不免于乱。"（《韩非子·五蠹》）古代人民谦让不争，是因为人少而地多，出产足够大家使用。今天的人们争名夺利，是因为资源不足，跟道德品质并没有关系。古代的思想家，大多数认为人口稀少，劳动力不足导致国家衰落，所以要实行增加人口的政策。韩非则明确提出了人口增长过快而引起的社会问题，在古代思想家中是非常有见地的。

《吕氏春秋》是战国末年（公元前239年前后）秦国丞相吕不韦组织门客集体编撰的杂家（儒、法、道等）著作，又名《吕览》。是书分为十二纪、八览、六论，共十二卷，一百六十篇，二十余万字。《吕氏春秋》的出现标志着对战国时期百家争鸣局面的总结，它在全面整理和继承先秦诸子学说的基础上，构建了一个贯通"天、地、人"的庞大理论体系，以适应政治和学术统一的社会形势。而秦国日渐强盛的国力及其相对开放的文化传统为《吕氏春秋》的出现奠定了现实基础。事实上，《吕氏春秋》的价值不仅体现在对先秦诸子思想的总结，更是一部具有百科全书性质的著作。《吕氏春秋》作为我国历史上第一部有组织编纂的文化典籍，无论在文献保存还是文献编纂方面都具有重要的价值和影响。

吕不韦（？—前235），姜姓，吕氏，名不韦，卫国濮阳（今河南省安阳市滑县）人。战国末年著名政治家、思想家，官至秦国丞相。吕不韦年轻时曾在韩国、魏国、赵国一带经商，凭借经商天赋，成为"阳翟（今河南禹县）大贾人"。在经商过程中，吕不韦结交了在赵国邯郸做人质的秦国王孙异人（后改名为"子楚"），并出资为其在秦国谋划奔走，帮助子楚返回秦国。公元前251年，秦昭襄王去世，太子安国君继位，为秦孝文王，立一年而卒，储君子楚继位，即秦庄襄王。为了酬答吕不韦，公元前249年，秦庄襄王以吕不韦为相，封文信侯，食邑河南洛阳十万户，门下有食客三千人，家仆万人。公元前247年，秦庄襄王卒，年幼的太子政继位为王，吕不韦为相邦，号称"仲父"，专断朝政。秦始皇八年（公元前239年），吕不韦招纳众多门客亲自主持编写《吕氏春秋》一书，融汇百家思想以提出自己的施政纲领，试图以此引导将于次年亲政的秦王嬴政。但事与愿违，秦始皇并未接受吕不韦的政治主张，在其亲政后不久就发动政治运动，极力削减吕不韦的势力及影响。公元前237年，秦始皇免去吕不韦相邦职务，命其迁往封地河南。后因吕不韦迁居河南期间广交地方豪强，秦王赐书令其迁蜀。公元前235年（秦始皇十二年），吕不韦在迁蜀途中，忧愤交加，"乃饮酖而死"（《史记·吕不韦传》）。斯人已逝，但《吕氏春秋》却以其夺目的光芒世代流传。

《吕氏春秋》是吕不韦召集门客集体编纂的著作，其体例整齐，内容丰富。该书集诸子百家学说之大成，以"上揆之天，下验之地，中审之人"为指导思想，"以为备天地万物古今之事""将欲为一代兴王之典礼"（《史记·吕不韦列传》）为目标，秉承"私视使目盲，私听使耳聋，私虑使心狂。三者皆私没精，则智无由公。智不公，则福日衰，灾日隆"（《序意》）的原则，按照"十二纪""八览""六论"的结构来阐发各种政治理论，旁征博引，蔚为大观。《吕氏春秋》全书共有161篇，包含序言《序意》1篇、"十二纪"60篇、"八览"63篇（《有始览》散佚1篇）、"六论"36篇。

据东汉学者高诱的观点，《吕氏春秋》一书中以纪、览、论为序，突出"十二纪"在全书中的骨干地位，将"八览""六论"作为"十二纪"的进一步说明。其中，"十二纪"即严格按照一年12个月的时间顺序安排，每一纪收文5篇，按照"春""夏""秋""冬"的时间次序，再以"日""帝""神""虫""音""律""数""味""臭""祀""祭""色""谷""牲"等类进行排列，将人间帝王活动与天地四时相对应，春生、夏长、秋收、冬藏，用不同的时令将"天、地、人"三者结合，编织成大千世界。"八览"由《有始览》《孝行览》《慎大览》《先识览》《审分览》《审应览》《离俗览》《恃君览》构成，每览有文8篇，其中《有始览》散佚1篇。"八览"以天地万物生长规律为本，从开天辟地一直说到做人务本之道、治国之道以及如何认识、分辨事物，如何用民、为君等，其中对先秦诸子学说的批判总结尤为中肯，如《不二》篇中言："老聃贵柔，孔子贵仁，墨翟贵廉，关尹贵清，子列子贵虚，陈骈贵齐，阳生贵己，孙膑贵势，王廖贵先，儿良贵后。"它认为，这些不同的思想应当统一起来，"一则治，异则乱；一则安，异则危"（《不二》）。思想统一后，才能"齐万不同，愚智工拙皆尽力竭能"。"八览"中的内容既是对诸子百家学说的总结，实际上也是一个对诸子百家学说批判吸收的过程。"六论"共36篇，分《开春论》《慎行论》《贵直论》《不苟论》《似顺论》《士容论》六部分，杂论各家学说，在列举诸子百家学说的基础上，提出自己的观点，就治国之术展开讨论。如《博志》在分析孔子、墨子日夜用功读书而"夜亲见文王、周公旦而问"的原因时，否定了"精而熟之，鬼将告之"的说法，而是坚持"积学所致无鬼神"（《急救篇》）的观点，得出"非鬼告之也，精而熟之也"的结论。纵览《吕氏春秋》全篇，内容驳杂，融会儒、道、墨、法、兵、农、纵横、阴阳等各家思想，体例统一、内容翔实，为秦朝结束自春秋战国以来的分裂割据局面，统一六国，建立统一的中央集权国家提供了理论根据。

春秋战国时期是我国传统思想文化产生和融合的奠基期，中国几千年的政治文化格局正是由这些先贤之思想在论辩和实践中不断碰撞和融合而形成的。吕思勉曾在《先秦学术概论》中说："凡事必合因缘二者而成……先秦诸子之学，当以前此之宗教及哲学思想为其因，东周以后之社会情势为其缘。"[1]由此说明先秦诸子之学是当时天人关系演变，以及社会形势发展所导致的结果。并且随着国家统一趋势的需要和百家争鸣的展开，在天人关系的基本论题之下，诸子各派又不断融合沟通，至战国末期，诸子学说融合之势日趋明显，《吕氏春秋》正是在这种情况下产生的。《吕氏春秋》中的内容有系统、有目的地融会诸子百家学说，"总晚周诸子之精华，荟先秦百家之妙义"（许维遹《吕氏春秋集释》），从而构建一个能贯通"天、地、人"的宇宙政治观念体系。《吕氏春秋》认为国家长治久安的基础即为"法天地"，即实现"天、地、人"三

---

[1] 吕思勉.先秦学术概论[M].长沙：岳麓书社，2010：5.

者的相互感应与和谐统一，如开篇《序意》中云：

> 盖闻古之清世，是法天地。凡十二纪者，所以纪治乱存亡也，所以知寿夭吉凶也。上揆之天，下验之地，中审之人，若此则是非可不可无所遁矣。天曰顺，顺维生；地曰固，固维宁；人曰信，信维听。三者咸当，无为而行。

此处将天地自然与社会治乱、国家存亡相关联，不仅阐述"天人感应"学说，更进一步论述如何使"天、地、人"三者和谐共生，即"顺天地之道"。从《序意》中可以推知《吕氏春秋》一书借助"天、地、人"喻义"君、臣、民"，书中既注重协调"天、地、人"，又引申"君、臣、民"三者之间的关系，君主"法天地"，臣子"固维宁"，民众"信维听"，强调"主执圜，臣处方，方圜不易，其国乃昌"，"三者咸当"从而达到"无为而行"的效果。君主是天、地选择的统治者，既然要"法天地"，那么百姓服从统治者即为顺应天道，这一思想为后世君主集权制的建立奠定了理论基础。但《吕氏春秋》一书中提出的治国思想与秦始皇的施政理念也有相悖之处，王启才在《〈吕氏春秋〉研究》中就认为该书的编纂目的之一是对秦始皇进行指责和谏诤，郭沫若在《十批判书·吕不韦与秦王政的批判》中也提出其"含有极大的政治上的意义"。这是导致《吕氏春秋》为秦始皇所排斥的主要原因。秦亡后，继起的统治者在总结秦二代而亡的历史经验时，重新审视《吕氏春秋》的价值，使其在西汉思想界、政治界产生重大影响。西汉著名儒学家董仲舒的"天人感应"学说就是由《吕氏春秋》的"法天地"思想延伸而来，他提出君主的活动必须与"天"相配，"以庆副暖而当春，以赏副暑而当夏，以罚副凉而当秋，以刑副寒而当冬"（《春秋繁露·四时之副》）。"天"对君主活动进行监督约束，"国家将有失道之败，而天乃先出灾害以谴告之；不知自省，又出怪异以警惧之；尚不知变，而伤败乃至"。（《汉书·董仲舒传》）这样一来，君主绝不能自以为是，无法无天，而应当配天修德，慎其所为。尽管这种规范、制约君主活动的机制，带有浓烈的神秘主义色彩，受到了后人的批评，但在当时却是一个了不起的发明，并在历史上起过积极的进步作用。从这个意义上可以说,汉帝国正是吕不韦的施政纲领的执行者。

除治国问题外,《吕氏春秋》在宇宙起源、社会发展、农业活动、音乐美学方面也有一些叙述。

在宇宙观方面,《吕氏春秋》很明显地表现出对《周易》中宇宙一体化理论的继承。以八卦为例,《周易》认为八卦分别代表了自然界的几种物质,而这些物质构成了宇宙的整体。因此,每一卦都包含着宇宙的信息,六十四卦的总和则包含了由天地人组成的宇宙整体的信息。《吕氏春秋》在宇宙的运行观点上是一种直观的、循环的思想,这也正是《易经》中通过卦象和卦爻辞表述的宇宙循环往复的运动观的直接传承。

在农业思想上,《吕氏春秋》的重农思想其实可以在《老子》中找到相似的理论。老子推崇"朴"的治国思想,不提倡"尚贤",认为"不尚贤使民不争"(《道德经·第三章》),希望回到小国寡民的理想化生活,希望百姓能够"自化、自正、自朴"。《老子》的哲学基础是无为思想,其政治主张也是一以贯之的,正是在这种"清静无为"的思想指导下,要求统治者去效法自然。《吕氏春秋》则希望通过提倡"重农"的思想来实现老子的理想化政治情怀,因为《吕氏春秋》认为百姓从事农业,民风就会持重,不易生乱。

在天地的沟通方式上,《老子》提出"人法地,地法天,天法道,道法自然"的说法,而《易经》中的符号系统更是对天地万物生成、运动模式的模拟,在肯定天道与人道统一的基础上,强调人可以感受、参与、效法自然界的变化。《吕氏春秋》的编纂纲领是吕不韦提出的"法天地"的宗旨,强调人与天地的统一,人的行为与自然的协调。在这种基础上,把天道与农业相结合,把人道与政治相结合,完全贯彻了"天地人"的思想。

在时间概念上,《吕氏春秋》以四时为十二纪的线索,通过对十二个月的天文、气候、农业、音律等方面的综合阐释,构建了一个包含天地精神与人间秩序的大系统。《六论》中的《审时》篇还在全书最后重申了种植农业作物时"审察天时"的思想。这种对时间概念的看重,应天时变化而万物顺其变化的思想，明显地继承了《周易》的"明时"概念。

　　《吕氏春秋》同时也深受《荀子》《韩非子》的影响，其以纪体、论体和序体为体裁，在文体结构方面具有开创性的意义。《吕氏春秋》中记载了大量丰富的神话传说，新颖的取材譬喻，生动的寓言故事，在文学修辞上表现出形象化特征、辞赋化倾向和多元化风格，展现了其独有的文学魅力。在对儒、道思想的记载论述中，涉及的关于音乐美学方面的理论也比较系统和全面，是我国古代文艺思想的重要组成部分。

　　《吕氏春秋》一书因由多人执笔撰写而成，其文风各异，内容庞杂，自《汉书·艺文志》始将其列为杂家类，之后的文献志书莫不接踵其后，但持论较为公允的当为清代《四库全书总目》："不韦固小人，而是书较诸子之言独为纯正，大抵以儒为主，而参以道家、墨家，故多引六籍之文与孔子、曾子之言。"对《吕氏春秋》的研究至清代而盛极。该书因免遭秦火之厄，版本流传从未断绝，故在版本问题上争议较少。20世纪80年代台湾学者田凤台在《吕氏春秋微探》一书中曾介绍此书较为重要的版本18种。90年代李家骧在田文基础上又按照朝代对此书版本进行梳理与评价。就《吕氏春秋》在清代以前的注文版本来看，主要有两个系统：班固注本和高诱注本。班固在著《汉书·艺文志》时，曾为《吕氏春秋》作注，该注本是目前文献可征的最早注本。班固给《吕氏春秋》作注时所据的本子，即司马迁在《史记》中所说的："吕不韦乃使其客人人著所闻，集论以八览、六论、十二纪，二十余万言，以为备天地万物古今之事，号曰《吕氏春秋》。"但班固注本目前仅有26篇可考，其余皆不知其踪。

　　班固之后，东汉高诱对《吕氏春秋》的注解是此书研究史上第一部影响深远的著作，其开创之功不可泯灭，东汉之后的唐、宋、元、明等朝均未有超过此本的注本出现，高氏诚为《吕氏春秋》之功臣。高诱，东汉涿郡涿县（今河北涿州）人。少时受学于同县卢植，高诱对《吕氏春秋》的注解多受其恩师卢植的影响，卢植也曾为《吕氏春秋》做过训解，高诱《吕氏春秋·序》中云"复依先儒旧训，辄乃为之解焉"。另在《淮南子注·叙》载："自诱之少，从故侍中同县卢君（卢植），受其句读，诵举大义。"从这两段记载，我们可以得知卢植曾作《吕氏春秋训解》等书，惜原书不存。献帝建安十年（205），高诱辟司空掾，除东郡濮阳（今属河北）令。建安十七年（212）迁监河东。高诱一生著述颇丰，有《孟子章句》《孝经注》，但均已亡佚。最著名的当数高诱的"三书注"，分别是《战国策注》《淮南子注》《吕氏春秋注》。据《四库全书总目·杂史类·战国策注》记载："后汉高诱注本二十卷今阙第一、第五、第十一至二十，止存八卷……有诱注者仅二卷至四卷，六卷至十卷。"《四库全书总目提要·杂家类·淮南鸿烈解》："其注或题许慎或题高诱。《隋志》《唐志》《宋志》皆二注并列……《列子》释文引《淮南子》注或称高诱或称许慎，是原有二注之明证。后慎注散佚，传刻者误以诱注题慎名致歧误耳。"由此我们可以看出《战国策注》已残缺不全，《淮南子注》中掺有许慎的注解，唯独《吕氏春秋注》保存完好。《四库全书总目》评价《吕氏春秋》云"自汉以来，注者惟高诱一家，训诂简质，于引证颠并之处"，多考原书"以驳之，皆不蹈注家附会之失"。

　　高诱之后，唐宋明诸朝未见学者再为《吕览》作注，明代此书虽然版刻众多，但仍以高注本为主，也有一些评点本出现，比如凌本和李鸣春本。清代是校勘注释之学的鼎盛时期，《吕氏春秋》的校勘注释也随之出现繁荣景象，出现了一些比较好的校勘注释本。其中毕沅的《吕氏春秋新校正》可以说是汇集诸本精粹而成的一部鸿篇巨作。此外，梁玉绳、孙诒让、俞樾、王念孙、章太炎等人先后著成与此书相关的著作近60种，为后代研究该书打下良好的基础。清末以来，刘师培、吴承仕、梁启超、刘文典等人都曾就《吕氏春秋》的校勘和注释问题发表单篇文章进行讨论。可以说清代至民国是《吕氏春秋》在校勘注释方面研究的繁荣时期。20世纪三四十年代许维遹《吕氏春秋校释》一书集合了毕校本之后的诸家校注，其后蒋维乔等人也有一部汇校著作，但是由于校释之文单独成书，所以不便于读者阅读。进入50年代，受时代背景的影响，《吕氏春秋》的学术研究也开始进入萧条期，研究成果不甚显著，台湾方面的研究要略胜于大陆，出现了一些校释类的著作。80年代至今，《吕氏春秋》的整理校释研究开始增多，比较有代表性的注释本有陈奇猷的《吕氏春秋校释》。除此之外，王利器的《吕氏春秋注疏》虽然出版年代较晚，但实际是王氏40年代的旧稿，因稿件遗失所以迟迟未能出版。这两部书是现代比较好的注释类著作。此外，今注今译的《吕氏春秋》版本有70余种，但是质量参差不齐，较好的有张双棣、王范之、管敏义等人的译作。

吕不韦集众编纂《吕氏春秋》，原本是为秦统一天下寻找思想理论武器，在继承和总结先秦诸子百家思想精髓的基础上，提出了以天人关系作为政论基础和依据的政治主张，进而坚持和强调"人法天地"的根本原则以及与此相对应的"王治"诉求。从其所处的时代背景来看，是有一定的进步意义的，此外《吕氏春秋》作为一部百科全书式的巨作，在保存先秦典籍方面的价值也是毋庸讳言的。虽然在吕不韦生前，因政治斗争的缘故没有成为"一代之典制"，然而它的光芒却不会被掩盖太久，并对中国历史进程产生了重要的影响。对此田昌五先生曾言："历史总是曲折前进的，秦朝倒下去了，汉朝起来，实行所谓黄老政治。这黄老政治，在某种意义上，可以说是《吕氏春秋》的修改版。汉朝就是在黄老思想指导下稳定下来的。这样《吕氏春秋》就经历了两个朝代，对后世有相当大的影响。"[1]

第四节 《淮南子》

《淮南子》又名《淮南鸿烈》《刘安子》，是西汉时期宗室淮南王刘安和他的门客共同编著的一部杂家著作，是书在继承先秦道家思想的基础上，糅合阴阳、墨、法和一部分儒家思想而成，是继《吕氏春秋》后又一部集合了诸子百家思想的集大成之作，对后世研究秦汉时期文化有着不可替代的作用。

《淮南子》编成后，原名《鸿烈》。最早为《淮南子》作注的东汉人高诱在《叙目》中说："（本书）号曰《鸿烈》。鸿，大也；烈，明也。以为大明道

---

[1] 田昌五. 吕不韦和《吕氏春秋》[M] // 田昌五. 中国古代社会发展史论. 济南：齐鲁书社，1992：551–552.

之言也。"又说："光禄大夫刘向校定撰具，名之《淮南》。"可见刘安在编成本书后，给这部书取的名字本为《鸿烈》，经西汉末年刘向校书后，才改名为《淮南》，东汉以后，又有人合称此书为《淮南鸿烈》。至《隋书·经籍志》始称《淮南子》，为后世通用的书名。

《淮南子》是西汉武帝时期的淮南王刘安以及他的门客集体创作的著作。参与编著的宾客，据高诱记载，包括苏飞、李尚、左吴、田由、雷被、毛被、伍被、晋昌等"八公"（见高诱《叙目》《史记·淮南衡山列传》）。编撰之前，刘安首先跟上述宾客"共讲论道德，总统仁义"，然后分工执笔，最后由刘安完成统稿、润色的工作（高诱《叙目》）。然而，对于高诱记载的《淮南子》的创作方式，后世学者也提出了异议。如茅盾曾分析高诱"八公"著述之事："从这一段话，我们可以推想：（一）淮南当日宾客中有八人极尊，此八公山名之所自昉；（二）八公之名，史传不见，唯高诱记之；（三）八人中仅三人名见《汉书》，而中一人又疑非贤者。所以，高诱虽然确举八个人名，说是《淮南子》的撰述者，我们却不能不疑。"[①]茅盾先生的怀疑不无道理，但从今传《淮南子》的文章风格来看，辞藻华丽、气势宏大，尤其是其用韵、句式，通篇都相当一致。这表明至少在书成进献武帝之前，有人对全书进行了统一的修改润色，并最终编定了此书。从史书上对刘安生平的记载来看，这个人最大可能就是精通文墨的淮南王刘安本人。

刘安，西汉皇族，淮南厉王刘长的儿子，汉高祖刘邦的孙子，汉武帝刘彻的叔父，生于汉文帝元年，史载"淮南王安为人好书、鼓琴，不喜弋猎狗马驰骋"（《汉书·淮南王安传》），是西汉皇族中少有的爱好艺文之事的成员。他的父亲淮南厉王刘长，是高祖的小儿子，文帝的少弟，自幼便骄纵自大，终因此获罪，最后绝食而死。文帝怜悯幼弟，将刘长的四个儿子都封为侯爵。其中，封刘安为阜陵侯。文帝十六年，又把原来的淮南国分封给刘安兄弟三人，改封刘安为淮南王，以承父荫。景帝时，吴楚七国谋反，刘安站在朝廷一方，

[①] 原载淮南子《选注本》绪言[M].商务印书馆，1926.后收茅盾.茅盾古典文学论文集[M].上海：上海古籍出版社，1986：448-456.

因此在叛乱平定之后平安无事。武帝即位后，爱好艺文，以刘安"辩博善为文辞"，又有叔父之尊，对他十分尊重，每次写给刘安的书信或者封赏的旨意，草稿都要请司马相如过目润色（《汉书·淮南衡山济北王传》）。刘安本人则热衷于招徕门客，著书立说，在淮南国内"招致宾客方术之士数千人，作为《内书》二十一篇，《外书》甚众，又有《中篇》八卷，言神仙黄白之术，亦二十余万言"（《汉书·淮南衡山济北王传》）。其中的《内书》就是《淮南子》。这部《内书》，后来在刘安入朝觐见时，被献给了汉武帝刘彻，武帝读后"爱而秘之"（《汉书·淮南衡山济北王传》）。献书的时间，据学者考证，为武帝建元二年（参见牟钟鉴《〈吕氏春秋〉与〈淮南子〉思想研究》）。其时武帝虽然即位，但掌握朝廷大权的是偏好黄老之术的窦太后。刘安献书，既是投其所好，同时也在申明自己的政治主张，他在《淮南子·要略》中说："若刘氏之书，观天地之象，通古今之事；权事而立制，度形而施宜；原道之心，合三王之风。……故置之寻常而不塞，布之天下而不窕。"得意之情溢于言表，认为自己的《淮南子》可为治世之准则。然而，一心加强君主集权的汉武帝并不认可刘安的政治主张，得到《内书》时的"爱而秘之"，恐怕更多的是在窦太后威权下的姿态，而非出自对这本以老庄为主、杂糅各家的《淮南子》的欣赏。建元六年（公元前135），窦太后死，武帝改元元光，立刻接受了董仲舒等人的"天人三策"，随之开创了武帝朝"罢黜百家，独尊儒术"的局面。刘安的政治理想宣告破产，他本人也在元朔年间的政治漩涡中遭受了灭顶之灾。元狩元年（公元前122），汉武帝以刘安"阴结宾客，拊循百姓，为叛逆事"等罪名，派兵进入淮南，自知在劫难逃的刘安被迫自杀。所幸的是，他的心血结晶《淮南子》流传了下来，为我们了解西汉初年的思想史发展提供了第一手资料。

前面已经提到，刘安组织宾客编辑的书籍，包括《内书》二十一篇，《外书》三十三篇，八卷《中篇》，凡二十余万言。其中的《内书》（或称《内篇》）二十一篇，就是流传至今的《淮南子》。是书取材宏富，天文地理、兵略治术、风俗道德、草木鸟兽等无所不包，明代许国说："考其书，原道德则依《庄》《列》，推阴阳则准星官，辨方舆则赅《山海》，纪四时则征《月令》，综政术则杂申、韩,以至《离骚》之奇,《尔雅》之正,文、邓之辩博,仪、秦之短长,隽绝瑰琦,无所不有。"(明汪一鸾刻本《淮南鸿烈解·序》)在先秦道家思想的基础上,综合了诸子百家学说的精华部分,包括儒家"性善""修身"、道家"无为""天地"、法家"法制"、墨家、农家、杂家、纵横家、名家、阴阳家,思想丰富,理论深刻,涉及历史、政治、天文、地理、医学、文学,对秦汉时期文化进行了系统的总结。

西汉王朝建立之初,由于连年战乱,社会生产遭到了严重的破坏,经济凋敝,天下饥馑。此外,灾荒疾疫接连发生,民生凋敝,田野荒芜,人口锐减,城市亦随之衰落。汉初的统治者没有治理经验,唯有总结秦朝施行暴政而速亡的教训,面对残破的局面,为恢复生产,稳定统治秩序,实行以重农、轻徭薄赋和崇俭为主要内容的"休养生息"政策。与之相适应,西汉在政治上实行以简政省刑为主要内容的"无为之治",尽量减少国家对人民生活的干预,减轻百姓的赋役,使百姓有较安定的环境、较充裕的时间和一定的财力从事生产和经营活动。同时,为了巩固刘氏统治,大量分封宗室子弟,给各地诸侯王极大的独立权力。这些政策虽然有效地缓解了秦末以来严重的社会矛盾,但也为文景时期的吴楚七国之乱埋下了伏笔。可以说,西汉初年的国策和治理思想是以黄老学说为基础的"无为而治",与《淮南子》所体现的政治主张是一致的,这也符合刘安作为诸侯王的身份和既得利益。武帝登基后,汉朝的经济已经恢复,国力强盛,武帝本人也励精图治,试图改变汉初以来"无为"的局面,希望加强中央集权。以董仲舒为代表的儒士集团捕捉到了这一点,将阴阳五行、天人感应的学说与儒家思想融合,得到了汉武帝的支持。这就使得武帝朝前期的朝堂上客观存在着两种政治路线之间的斗争。

作为诸侯王代表,又是武帝叔父的刘安,自然不愿意打破汉初以来的施政思想,希望维持无为而治,保证诸侯王的既得利益。因此,《淮南子》的思想核心,实际上是在为黄老学说的"无为而治"张目。刘安阐述道家无为思想的两个方面:一是政治上主张无为而治,治理国家要遵循社会和自然界的规律,不过多地干预事物,无为方能无不为,无治方能无不治;二是认识自然,尊重客观事物的本性，注重客观事物的变化。

在治理国家方面，《淮南子》的《修务训》篇开宗明义地指出"无为者，寂然无声，默然不动，引之不来，推之不往。如此者，乃得道之像。吾以为不然"，他坚决否认这种无所作为的言论，所谓无为，不是寂然无声，默然不动，拉它它不来，推它它不去。同时指出君王应尽的义务："且古之立帝王者，非以奉养其欲也；圣人践位者，非以逸乐其身也。为天下强掩弱，众暴寡，诈欺愚，勇侵怯，怀知而不以相教，积财而不以相分，故立天子以齐一之。"古代拥立帝王，不是为了奉养其物欲，圣人登上君位，也不是为了自身的安逸享乐。而是因为天下出现了以强凌弱、以多欺少、以诈骗愚、以勇侵怯、满腹经纶不肯指导别人的现象，所以才拥立帝王来使天下团结平等。无为而治绝不是无所作为，随波逐流，放任不管，而是要求遵循自然规律和社会规律，不过度干预。君主顺应规律，国家便能得到很好的治理。反之，不仅治理不好国家，还可能招致自然的惩罚。违背规律，不仅做不到无为，更不可能有真正的作为。君主所应做的，不仅要顺应规律，更要善于利用规律。

其次《淮南子》中的"道"，指的是自然规律。《淮南子·修务训》："夫地势水东流，人必事焉，然后水潦得谷行，禾稼春生，人必加功焉，故五谷得遂长。听其自流，待其自生，则鲧、禹之功不立，而后稷之智不用。"这里体现了遵循自然规律的道理，治理水要按照地势的规律，耕种要根据庄稼生长规律，庄稼才能得到较好的生长。如果违背自然规律，就会遭到自然的惩罚。以老庄为代表的先秦道家在论道的同时重视"修身"问题，老庄强调人君修身对于治国的重要。儒家则以修身为治国平天下之本，《淮南子》继承了儒道两家关于修身的学说，认为要治理好国家，首先要治理好身体和心灵，即修身养性。

《淮南子》主张"以民为本"，继承并发扬了先秦儒家的原始人道思想，并将其上升为民本思想。《汜论训》说："治国有常，而利民为本。"《主术训》说："食者，民之本也；民者，国之本也；国者，君之本也。"因此，君主用道德来治理天下，而不只运用个人才智，依顺万民之利益来处理事务，因而他稍抬脚便能让天下人获得利益。这里强调君主要德治，以民众的利益为优先来处理政务，这样才能让天下人都获得利益。《淮南子》主张人性本善，并对孟子的性善论进行了扬厉。在《泰族训》中同意孟子的观点，认为"人之性有仁义之资"，但是也对孟子思想进行了改进。《淮南子》强调"仁义之资"必须与后天教育相结合，才能臻于完美："故无其性，不可教训；有其性无其养，不能遵道。茧之性为丝，然非得二女煮以热汤而抽其统纪，则不能成丝；卵之化为雏，非呕暖累日积久，则不能为雏。人之性有仁义之资，非圣人为之法度而教导之，则不可使向方。"就是说，善良是人的内在本质，教育是培育善良的后天因素，只有两者结合，才能真正成就人的善良。

在回答宇宙是如何诞生的问题上，中国古代的宇宙生成论主要是从自然的整体规律性进行概括和总结的。对于宇宙万物的生成，《天文训》说："天地未形，冯冯翼翼……日月之淫气精者为星辰。"天地形成之前，宇宙混沌不分，迷迷茫茫，处于一种"无"的状态。"虚廓"产生出了宇宙，即时间和空间，宇宙又升腾出"气"，"气"是有分量浓度的，其中清明的部分飘逸扩散形成天，浑浊沉重的部分凝结聚集成为地。轻微之气容易聚合，沉重浑浊之气凝结困难，所以，天先于地形成。天地形成后孕育出各自的精气，分化为阴阳二气，阴阳之气相互会合集中，便产生春夏秋冬四时，阴阳之气散布开来，形成万物，世界进入了生命的境界。长期积聚的阳的热气生成火，火的精气变为太阳；长期积聚的阴的寒气生成水，水的精气变为月亮。太阳、月亮多余的精气变为星辰。《淮南子》所描述的宇宙生成过程，是秦汉以来最为系统的宇宙生成论，刘安吸收了老子"道生万物"的理论、庄子的道乃是气，气的聚散形成万物的生灭，以及《吕氏春秋》"万物所出，造于太一，化于阴阳"等思想，是人类对宇宙认识的一大突破。

《淮南子》讲"无为而治"，同时肯定法的作用，《主术训》中说："法者，天下之度量，而人主之准绳也"；"所谓亡国，非无君也，无法也。变法者，非无法也，有法者而不用，与无法等"，法度也要适应环境的变化，要符合广大民众的利益。《淮南子》主张以法为天下之度量，以法律为衡量事物的唯一准绳，这样便排除了君主本人的主观意志和个人才智的干涉，君主由此便可实现"无为而治"，这里的"无为"等同于"依法"，同时规定法律高于君主的个人意志，法既制定，臣民和君主要共同遵守，同样接受法律的约束。君主不能以个人好恶为转移，而任意践踏法的尊严，法成为实行奖惩的唯一依据。法是衡量客观事物的标准，具有客观性和规范性。法是君主治理天下的工具，君主必须牢牢掌握它，否则就不能驾驭群臣。"《淮南子》明确地将法律的权威置于君主之上，认为设立法律的意义在于约束君主的行为而使其不得专断自恣，从而使法的公平性得到了空前的肯定，这与先秦法家把君主个人意志凌驾于一切的思想相比，不失为一大进步，是对'法自君出'和'皇权至上'等皇权思想的公开挑战，是中国传统法律思想史上通过立法以限制君权思想的最早的萌芽。"[①]同时《淮南子》肯定了法律要顺应环境而变化，符合广大民众的利益，这一点突破了传统对法律的理解，很有进步意义。

《淮南子》一书，虽以道家思想为内核，但其内容驳杂，且各篇章之间多有矛盾、重复之处，引起了后世许多学者的批评。但总的说来，是书博采众家之长，内容丰富深邃，近乎一部秦汉以前学术思想之百科全书。且行文流畅，辞藻华丽，记载了大量历史、神话、传说、故事，文风新奇瑰丽，繁复有序，蕴含了丰富的史学、哲学、文学等各个领域的思想文化资源，仍然值得今人探索和借鉴。

第五节 《历代名画记》

成书于公元 9 世纪中期的《历代名画记》，是中国历史上第一部绘画通史著作，集画史、画论、画家小传于一体，承前启后，在画史论著中具有里程碑式的意义。对此，现代美学家宗白华先生曾说："中国在第九世纪曾产

---

① 金春峰.汉代思想史［M］.北京：中国社会科学文献出版社，1997：245.

生了一个绝代的批评家,可以比肩于 Pater[①],可以比肩于 Ruskin[②],可以比肩于 Winckelmann[③],这个人就是张彦远,他那亘古不朽的著作便是《历代名画记》。"[④]

张彦远(815—876),字爱宾,河东(今山西永济)人。中国晚唐时期杰出的书画著述家,著有《历代名画记》《法书要录》《彩笺诗集》等书画理论著述。张彦远出身宰相世家,其高祖张嘉贞、曾祖张延赏、祖父张弘靖曾三代为相。白居易在《授张弘靖门下侍郎平章事制》中曾称颂道:"呜呼,三代为相,邦家之光,尔其敬哉,无替乃前人徽烈。"至张彦远的父亲张文规,曾任湖州刺史、国子监司业、桂管都防御观察使等职。张彦远的童年,正是"三代为相"的张家声威赫赫之时,然而,晚唐政治腐败、朝政混乱,显赫一时的张家也在社会动荡中渐渐衰落了。所幸一直到他青年时期,家庭生活尚属优渥,为其醉心书画艺术提供了物质条件。

宣宗大中元年(847),张彦远被选为尚书祠部员外郎,懿宗咸通三年(862)出任舒州(今安徽潜山)刺史,僖宗乾符二年(875)任大理寺卿,乾符三年(876)卒于任上。其从弟张茂枢由于卷入宰相柳璨引发的政治风波,于天祐二年(905)被赐死,受"白马驿之祸"的牵连,河东张氏自此退出唐王朝的政治舞台。从张嘉贞到张茂枢,张家五代人以其显赫的家世见证了大唐王朝的兴衰荣辱,直至走下历史的舞台。

张彦远的高祖张嘉贞生前喜好纠集名迹,去世后以家中书画遗赠子孙。张彦远祖父张弘靖继承了家中好聚书画的传统,"金帛散施之外,悉购图书。古来名迹,存于箧笥"(《法书要录》)。张氏多代人的辛苦经营使得家中书画收藏颇富,据《历代名画记·叙画之兴废》中记载,宪宗(李纯)曾亲笔手诏,向张弘靖"索其所珍",张弘靖被迫向宪宗进奉书画,"惶骇不敢缄藏,科简登时进献,乃以钟、张、卫、索真迹各一卷,二王真迹各五卷,魏、晋、宋、齐、梁、

---

① 沃尔特·佩特(Walter Pater,1834—1894),英国散文作家、文艺批评家。唯美主义代表人物之一。
② 罗斯金(John Ruskin,1819—1900),英国政论家、艺术批评家。
③ 温克尔曼(Johann Winckelmann,1717—1768),德国艺术史家、美学家。
④ 林同华. 宗白华全集 第2卷[M]. 合肥:安徽教育出版社,1996:442.

陈、隋杂迹各一卷，顾、陆、张、郑、田、杨、董、展泊国朝名手画合三十卷"，足见当时河东张氏藏历代名家书画数量之巨，质量之高。对此，宪宗在《答张弘靖进书画表》中曾言："卿庆传台铉，业嗣弓裘，雄词冠于一时，奥学穷乎千古，图、书兼蓄，精博两全……其钟、张等书，顾、陆等画，古今共宝，有国所珍。朕以视朝之余，得以寓目，因知丹青之妙，有合造化之功。欲观象以省躬，岂好奇而玩物。况烦章奏，嘉叹良深。"但世事难料，穆宗长庆元年（821）正月，因受政治对手的排挤，张弘靖离开中枢，前往幽州出任卢龙军节度使。是年七月爆发"幽州兵变"，张弘靖被乱兵囚禁于蓟门馆，家中亦被洗劫一空，所藏书画"皆失坠矣"。至此，张氏收藏所剩无几，"其进奉之外，失坠之余，在者才二三轴而已"（《历代名画记》）。

虽然家中所藏书画历经世事变幻，百无一存，但出身世禄之家的良好文化熏陶使得张彦远在家中藏书多半散佚的情况下，仍然能够根据自身积累写出《法书要录》《历代名画记》这样的传世著述。累世传承的审美经验更使张彦远在书画品评方面拥有绝对的自信，在《法书要录》中他曾说"然而收藏鉴识，有一日之长"。尤其在撰写完《法书要录》和《历代名画记》以后，他常说"好事者得余二书，则书画之事毕矣"（《历代名画记》）。除来自家庭的书画熏陶外，张彦远自身对书画收藏的痴迷也为其撰写出《历代名画记》这样的巨著打下基础。他曾在《历代名画记》卷二《论鉴识收藏购求阅玩》中说：

余自弱年，鸠集遗失，鉴玩装理，昼夜精勤，每获一卷，遇一幅，必孜孜葺缀，竟日宝玩，可致者必货弊衣，减粝食，妻子僮仆切切嗤笑。或曰："终日为无益之事，竟何补哉？"既而叹曰："若复不为无益之事，则安能悦有涯之生？"是以爱好愈笃，近于成癖。每清晨闲景，竹窗松轩，以千乘为轻，以一瓢为侈。身外之累，且无长物，唯书与画，犹未忘情，既颓然以忘言，又怡然以观阅。常恨不得窃观御府之名迹，以资书画之广博，又好事家难以假借，况少真本！书则不得笔法、不能结字，已坠家声，为终身之痛。画又迹不逮意，但以自娱。与夫熬熬汲汲，名利交战于胸中，不亦犹贤乎？昔陶隐居启梁武帝曰："愚固博涉，患未能精，苦恨无书，愿作主书令史。晚爱楷隶，又羡典掌之人。人生数纪之内，识解不能周流，天壤区区，惟恣五欲，实可愧耻。每以得作才鬼，犹胜顽仙。"此陶隐居之志也。由是书画皆为清妙。况余凡鄙，于二道能无癖好哉？

由此可见，对于历经连年战乱、朝政更迭和家族兴衰的张彦远而言，书画作品不仅是其爱好所在，也是其精神寄托，他将历经的人事变幻、世道沧桑以及历史的悲凉与沉重的理性反思凝结于《历代名画记》之中。这显然也是《历代名画记》具有独特魅力的原因，是之后的画史著作都无法与之比肩的缘由。毕斐在《历代名画记论稿》中也曾说道："古代中国早期艺术家、鉴赏家和评论家大多仅留存其作品或卓见于后世，其身世往往湮没不闻，甚至连姓名也无法查考。而张彦远则不然，他出身显贵，见诸史传，且有著述传世，这使我们可以勾稽史料，寻绎其书，了解张彦远的经历，在历史情境中力求合理地读解他的著述。"[1]

其实在《历代名画记》之前已有一些书画评论著述问世，如后魏孙畅之《述画记》、唐代裴孝源《贞观公私画录》、窦蒙《画拾遗录》等，但张彦远认为这些著述"率皆浅薄漏略，不越数纸"。故而张彦远撰写《历代名画记》的初衷，不仅受家中藏书"皆失坠矣"和历代名画散聚无常、佚失颇多等情形的影响，更是为了纠正前人著述中的讹误之处，从而达到"明乎所业，亦探于史传，以广其所知"（《历代名画记·叙画之兴废》）的根本目的。最终，张彦远以"明乎所业"为目标，集中整理前人著作并加入单独收集的历史资料，从而写出我国历史上第一部系统完备的画史著作《历代名画记》。

从本书的篇章体例来看，《历代名画记》以"用"为线索展开各章节的安排与论述，结构严谨，法度森严，开后代画史著述体例之先河。前三卷皆为画史、画论，一叙画之源流，二叙画之兴废，三四叙自古画人姓名，五论画之六法，六论画山水树石，七叙传授南北时代，八论顾陆张吴用笔，九论画体工用拓写，

---

[1] 毕斐.《历代名画记》论稿［M］.杭州：中国美术学院出版社，2008：77.

十论名价品第，十一论鉴识收藏购求阅玩，十二叙自古跋尾押署，十三叙自古公私印记，十四论装褙裱轴，十五记两京外州寺观画壁，十六论古之秘画珍图。自第四卷以下，皆画家小传，以唐代画家为主。

从内容的角度，可将全书分为三部分：

第一部分总论，包含第一卷全部和第二卷前两节，为对绘画历史发展的评述及对绘画理论的阐述。其中，《叙画之源流》作为开篇之作详细论述中国古代书画的起源。第二篇《叙画之兴废》回顾公私收藏历代名画的历史，并在文末阐明撰著《历代名画记》的目的。在这篇论文中，张彦远为自己将要讨论的问题埋下了一个重要伏笔：由于公私藏历代名画散聚无常、佚失颇多，以及历代名画在流传过程中因辗转拓写而真伪杂糅的情况屡见不鲜，因此，不仅有必要全面载录、介绍"历代名画"，还有必要阐明鉴定方法、护理和装裱方法，供书画藏家参考。第四篇《论画六法》旨在为书画藏家鉴定、品玩历代名画提供审美价值判断的标准。在《论画六法》中，他指出，"古之画或能移其形似而尚其骨气，以形似之外求其画"，对形似的低调处理，而于形似之外求画作本身所具有的"神韵"，实际上便体现了中国古代文人画追求"神似"而非"形似"的特点。第五到第七篇即《论画山水树石》《叙师资传授南北时代》和《论顾陆张吴用笔》，分别从山水树石的风格差异，魏晋至唐各名家绘画的风格差异，顾恺之、陆探微、张僧繇、吴道子笔墨技巧的差异等方面，为书画藏家提供鉴定、赏玩各时期、各家绘画的途径与方法。

第二部分为分论，包括第二卷后三节与第三卷全部，记述画家传记及有关的资料，并介绍自古以来的有关鉴赏、收藏、押署、印记、装裱、艺术品市场价格等情况，同时著录了当时尚可看到的壁画与古代名作。《论画体工用拓写》指导书画藏家在无法得到真迹的情况下，如何选择颜料、胶、纸等以备临摹拓写。《论名价品第》介绍绘画价值的判定标准，为书画藏家在交易时进行价格估算提供方法指导。《论鉴识收藏购求玩阅》，提示书画藏家流失民间的历代绘画"妍蚩浑杂"，不可盲目购求而不加铨量，同时阐述保存历代名画的经验。《叙自古跋尾押署》与《叙自古公私印记》，直接关乎鉴定，"乃书画之本业耳"。《论装背裱轴》,指导书画藏家如何装裱绘画。

第三部分画家小传,为卷四至卷十。这一部分按"自然""神""妙""精""谨细"五个等级对"轩辕至唐会昌时期"的372位画家加以品评,其中唐代画家206人。每位画家均罗列其传记资料,详细记述画家生平和绘画创作情况。《历代名画记》中记载的唐以前的画家史料多取材于正史,书中增补的内容不多,但对唐代画家的记叙内容却是不拘一格,不仅详列画家的生平事迹,更对其书画造诣及书画作品详加品评,为后代学者研究提供了丰富翔实的史料。此外,因唐代诗歌繁荣,许多画家兼有诗人的身份,故《历代名画记》中记载的画家小传不仅为研究当时的画家提供史料,对考订诗人的生平事迹亦大有裨益,尤其是书中记录了一些名不见经传的诗人,这些人在正史中难觅其踪,幸赖此书保存其生平行事,借此得以一窥唐时诗坛全貌。

《历代名画记》因内容之宏富、体制之完整而备受后代学人及画家追崇。北宋熙宁年间郭若虚编撰的《图画见闻志》,宣和年间米芾撰写的《画史》,不仅在体例上全仿张书,且在内容上亦多有摘录。此外,《历代名画记》的内容亦见诸王尧臣《崇文总目》、欧阳修《新唐书》、郑樵《通志》等史学著作。但在将《历代名画记》用作基本史料进行研究的过程中,因所据版本的不同,曾引发过学术分歧和争论,于是,追索版本源流、校勘文字成为研究者们的首要工作。

《历代名画记》自公元848年成书以来,首先以抄本的形式在各藏家手中流传,直到南宋理宗时期才得以雕版印行,但这些版本现今均已散佚。因抄写、雕版过程中的讹误导致不同版本的《历代名画记》内容迥异,有些内容甚至大相径庭,因而历代学者对《历代名画记》的版本系统也各执一词,难有定论。自《历代名画记》问世至今的一千二百多年间,版本学家针对该书不同版本进行的校勘研究工作一直在持续。目前可以查证的是,对《历代名画记》的整理校勘工作发端于宋代,盛行于明清。因明清时期是我国画史著述刊刻出版的繁荣时期,现今存世的《历代名画记》也多为明清抄、刻本。虽然明清抄、刻本多以南宋刊本为祖本,但明清人在抄写过程中杂入大量时人观点,已失其原貌，并且各版本之间皆有错脱，内容也多有难以读解之处。

明清时期流传的重要刻本有：明嘉靖年间王世贞的郧阳初刻本、王元贞的《王氏画苑》金陵重刊本，清代毛晋的《津逮秘书》本、《四库全书》本、张海鹏的《学津讨原》本等。现存的刻本中年代较早的是明嘉靖年间郧阳初刻本。明末毛晋亦曾重刻该书，在重校《王氏画苑》本的基础上改正原有版本的讹误之处，使得《历代名画记》在前人基础上有了一个更优的版本。因此，毛晋的《津逮秘书》本《历代名画记》就成为现存版本中流传最广、影响范围最大、使用最多的一种。20世纪初，受"西学东渐"的影响，中国学界再次兴起对《历代名画记》版本研究的热潮。二三十年代，学者将重点放在对《历代名画记》各版本的文字校勘方面，希望以此为基础梳理出该书的流传脉络。与此同时，也有许多西方学者将《历代名画记》翻译成本国文字，将其传入西方。许多研究中国古代画史的学者都将此书列为必读书目。西方研究《历代名画记》最权威的作品当数艾威廉的两卷本《六朝暨唐代绘画文献选编》，他在选用多种版本对《历代名画记》原文校订的基础上，又对前三卷做了英译和校注，对其中的主要篇章如《叙画之源流》和《记两京外州寺观画壁》等则又有专题讨论，这部著作现今已成为西方读者研读中国古代美术文献最重要的读物之一。

《历代名画记》内容之宏富，体例之完备，开画史研究之先河，为中国画史研究树立了典范，为后代画史的研究与写作提供切实可行的组织形式及丰富翔实的史料内容。近代著名艺术史家余绍宋先生在其著作《书画书录解题》中将《历代名画记》与"史家之绝唱，无韵之离骚"的《史记》相提并论，称其云"画史之有是书，犹正史之有《史记》"。

第六节 《农政全书》等

明代中期阳明心学兴起，强调人的主观能动性，鼓励士大夫求真知，积极参加实践，天下学风为之一变，充分调动了读书人的主观能动性。但是，任何学说一旦成为"显学",从者众多,就难免会出现理论上的故步自封,失去不断创新、继续生长的动力。程朱理学在明初占据思想界的统治地位,以至于"言不合朱子,率鸣鼓而攻之"(《曝书亭集》),僵化的思想不再适应时代的发展,于是王守仁的心学应运而生。到了明代末年,心学末流空谈心性,束书不观,造成了空疏虚妄的学术风气,士大夫"不习六艺之文,不考百王之典,不综当代之务……以明心见性之空言,代修己治人之实学"(《日知录》)。针对这种不良风气,一种倡导务实求证的学风在悄然兴起。他们主张治学"总皆有资实用",为文要"有所益于世",强调"学问之道,贵在实行"(《答安东守约问》)。这股学术风潮就是明末实学,其中成就最大、最杰出的代表就是《农政全书》的作者——徐光启。

明末实学为什么会兴起?除了对理学的反思和批评,西学输入同样是非常重要的因素。人们通常认识的"西学东渐"发生在清代中晚期,实际上,明清之际,以西方传教士的传教活动为标志,西方的科学技术知识也一并传入中国,形成了一次西学输入的浪潮。明末以后,西方传教士纷纷踏入中国,以意大利人利玛窦为代表的耶稣会士标榜"学术传教",借以降低在中国传教的阻力,客观上起到了传播科学技术知识的作用。"西学"传入,拓展了当时中国人的理论视野和思维空间,丰富了明清实学思潮的内容。徐光启就是当时的朝廷官员中推崇和学习最有力的一位,他认为"泰西之学""以裨益民用,斯亦千古之大快也!"(《跋二十五言》)他的一生,始终致力于将科技思想应用于现实生活,使之成为"明道救世"的工具,实现富国强兵的目的。侯外庐评价他为"向西方追求真理的先行者"[1],他无愧为中西文化交流的第一人。

徐光启,字子先,号玄扈,嘉靖四十一年(1562)出生于上海,崇祯六年(1633)卒于北京。徐家早年是一个殷实的经商世家,到光启父亲这一辈,家道中落,只得弃商归农。因此,徐光启幼年的生活是比较困苦的,但他的父母非常重视子女教育,从小便送他去学堂上学,希望通过科举改换门庭。万历九年(1581),徐光启考中秀才,开始一边应举,一边在家乡教书。然而,

---

[1] 张岂之. 侯外庐著作与思想研究:第16卷[M]. 长春:长春出版社,2016:1164.

徐光启的科举之路十分不顺，屡次落第。万历二十五年（1597），他由广西入京应举人试，本来已经落选，但主考官焦竑赏识他的才华，把他从落第卷中找出，并拔为第一名。焦竑不久后因事丢官，徐光启参加会试也失败了，只好又回到家乡教书。直到万历三十二年（1604），43岁的徐光启终于考中了进士，至此，他已经在举业上耗费了23年的时光。切身遭遇让徐光启不得不思考科举考试对人才的戕害，多年后，他当着崇祯皇帝的面，说："若今之时文，直是无用"（《面对三则》）。进入翰林院后，徐光启把不切实际的杂学"悉弃去"，将学术兴趣转入"天文、兵法、屯盐、水利，旁及工艺数事，学务可施用于世者"（《徐氏家谱·文定公传》）。

1595年，徐光启在广东韶州教书期间，遇见了意大利传教士郭居静，这是他第一次接触到西方人和西方文化。1600年，徐光启在南京结识了鼎鼎大名的利玛窦，两人一见如故，往来频繁，互相切磋学问。1603年，在深入了解西方文化后，徐光启加入了天主教，成为了明代士大夫的"第一代天主教徒"。

如何认识中西文化的差异？是古代社会知识分子在面对西学时首先要解决的问题。传统的"华夷之辨"对中国古代产生了许多不良的影响，它不仅包含了种族的偏见，而且这种偏见还代替了对文明价值的判断。如果按照我们的传统认知，泱泱中华是世界文明的中心，身为夷狄的西方世界是没有资格与中国平起平坐的。徐光启也曾与利玛窦讨论过到底是欧洲发达还是中国先进？利玛窦回答：我从欧洲来，一路上经过了上百个国家，中国儒家礼乐制度是全世界最高明的。但为什么遇到灾害还会发生饥荒呢？主要是因为中国的科学技术不发达，生产力比较低下。徐光启经过深思熟虑，基本认同了利玛窦的观点，因此，他敢于打破"天朝上国"的观念，公开承认西方科技文化有优于中国文化之处，认为西学可以补中国文化之不足，使"吾儒之学得西学而益明"（《西方答问序》）。需要注意的是，徐光启虽然高度认可西学，但他对于西方科技并不是盲目崇拜，完全照搬，而是取其所长，为我所用。比如在改订历法过程中，徐光启提出的改历原则是参用当时进步的西历，使之与我国的历法会通统一。他对外来文化始终坚持批判学习的态度，坚持为我所用，扬长避短，兼取两家之长，因此也被梁启超称为"引进西学第一人"。

1605—1607年，徐光启和利玛窦一起，把古希腊学者欧几里得的《几何原本》前六卷翻译完成并出版，之后，两人还合作完成了一系列"西学"著作，在当时产生了很大的影响。除了翻译书籍，徐光启本人在天文历法、数学、农学、军事等各个方面都取得了突出的成就。

天文历法方面，徐光启主持完成了《崇祯历书》的编译。数学方面，他论述了中国数学在明代落后的原因，讨论了数学的应用领域，翻译出版了《几何原本》。而他在农学方面的贡献尤为突出。

徐光启自幼便对农事有很大的兴趣，辗转各地教书期间，他广泛了解了各地水利灌排设施和救灾救荒等问题。步入仕途后，利用在家守孝的机会，在北京、天津、上海等地设置试验田。1608年，徐光启将番薯引种到上海，并且总结出一整套种植方法，称为"松江法"向全国推广。他在农学方面的成就，集中体现在《农政全书》中。《农政全书》，是由徐光启的弟子在1639年最终编定的，其中徐光启个人写作的部分约有六万字，占全书的十分之一，其余篇幅是对历代农家著作的征引。该书与西汉《氾胜之书》、南朝《齐民要术》、元代《农书》一起被合称为中国古代"四大农书"。

现在通行的《农政全书》共六十卷、十二目。其篇目依次是：卷一至三《农本》：经史典故、诸家杂论（上下）、国朝重农考。卷四至五《田制》：玄扈先生井田考、农桑决田制篇。卷六至十一《农事》：营治（上下）、开垦（上下）、授时、占候。卷十二至二十《水利》：总论、西北水利、东南水利（上中下）、浙江、水利疏、灌溉图谱、利用图谱、泰西水法（上下）。卷二十一至二十四《农器》：图谱（一至四）。卷二十五至三十《树艺》：谷部（上下）、蓏部、蔬部、果部。卷三十一至三十四《蚕桑》：总论、养蚕法、栽桑法、蚕事图谱、桑事图谱、织纴图谱。卷三十五至三十六《蚕桑广类》：木棉、麻。卷三十七至四十《种植》：种法、木部、杂种（上下）。卷四十一《牧养》：六畜。卷四十二《制造》：食物。卷四十二至六十《荒政》：备荒总论、备荒考（上中下）、救荒本草（一至十四）、野菜谱。

全书的素材主要有四个方面：一是摘抄历代农书中的精华，加以研究评述；二是移植当时西方的科技成就；三是光启本人长期的农业科学试验成果；四是对经验丰富农民的访问记录。据他的学生张溥说："公初筮仕入馆职，即身任天下，讲求治道，博极群书，要诸体用。诗赋书法，素所善也。既谓雕虫不足学，悉屏不为。专以神明治律历兵农，穷天人旨趣。《尧典》敬授，《洪范》厚生，古今大业，莫有先也。"（《农政全书·序》）

光启撰著此书的目的是"富国必以本业"，因此，他把讲农业生产的三卷放在全书之首，并开宗明义地阐明了以农为本的立国思想，这是符合当时的社会现实的。"水利"是徐光启农政思想的重要方面，书中"水利"目下，依据各地地理之不同，提出了一系列针对性的水利工程措施。"荒政"目占据全书三分之一以上的篇幅，足见备荒救灾在徐氏心目中的重要性，其"救荒本草"和"野菜谱"，在物质生活贫乏的古代社会，不论饥馑还是丰穰之年，在拓展养生资源方面都是有极高的现实价值的。

书中后世影响较大的是"树艺""种植"等目下记载的植物及其栽培方法。其中的大多数，均为徐光启亲见，或者亲自实验培植过，对于我国农学史研究意义重大。对此，辛树帜、王作宾先生评价："徐光启氏生于明末，汇集诸家的栽培方法，又记载了当时群众与自己试种的经验。我们若说《氾胜之书》为历史上作物栽培各论形成的开始，《齐民要术》为奠定基础之书，把《农政全书》视为集大成之作是很合理的。"[①]

徐光启在军事学方面也有独创的见解，他对火器在实践中的应用、火器与城市防御、火器与攻城等方面都有系统的关注和探索，因此有人认为，徐光启可以称得上是中国军事史上提出火炮在战争中应用理论的第一人。

在西学东渐的刺激下，晚明的自然科技呈现了空前活跃的局面，涌现出了李时珍、徐光启、徐霞客、宋应星、李之藻、方以智等一群科技明星。他们所编著、编译的《本草纲目》《河防一览》《农政全书》《几何原本》《泰西

[①] 辛树帜，王作宾.《农政全书》一百五十九种栽培植物的初步探讨[M]//徐光启.农政全书校注.石声汉，校注.上海：上海古籍出版社，1979：1813.

水法》《崇祯历法》《徐霞客游记》《天工开物》《同文算指》《泰西奇器图说》《物理小识》等科学名著，至今仍然放射着夺目的异彩。这股科技实学潮流，一方面反映了明中叶以后商品货币经济的发展对科学技术提出的迫切要求，另一方面也表达了进步知识分子以科学技术谋求富国强兵的强烈愿望。

第七节 《芥子园画谱》

"国画"一词源于汉代，汉朝人认为自己的国家居天地之中，所以称为中国，由此便将中国的绘画称为"中国画"，简称"国画"，具体就是指画在绢、宣纸、帛上并加以装裱的卷轴画。中国古代文人将对自然、社会以及与之相关联的政治、哲学、宗教、伦理道德、文艺等方面的认知与传统的中国绘画融合，借画抒情，以画言志，创造了丰富的绘画艺术。自康熙以来，初学中国画的人，大多从临摹《芥子园画谱》（亦称《芥子园画传》）入门，该书作为一本传统国画入门教科书，在中国近代绘画史上几乎无人不晓，甚至被不少西洋画画家奉为基础技法学习的圭臬。

《芥子园画谱》初集成书于康熙十八年（1679），二三集成书于康熙四十年（1701），由沈心友、王槩、王蓍、王臬等人合作编成。《芥子园画谱》初集为山水谱，收录树谱、山石谱、人物屋宇谱，为王槩根据李流芳的课徒稿增编而成；二集为兰竹梅菊谱，介绍中国画中最常见的四种花卉的画谱及绘画技法；三集为花卉树木、草虫禽鸟谱，由王蓍、王槩、王臬三兄弟合编而成，介绍了各种花鸟草虫的画谱。嘉庆二十三年（1818）又增加人物谱，合为四集。到清光绪年间巢勋又将此书四集重摹、增编并在上海石版印行，流传至今。

"芥子园"为清初著名文学家、剧作家李渔在金陵（今江苏南京）的私人园林，李渔一生都以明朝遗民自居，绝意仕途并专注于写诗、作剧等文化活动。在金陵营建的芥子园，兼具出版社的功能，委其婿沈心友主持，专门刊行李渔编订的各类书籍。李氏芥子园书肆与胡氏十竹斋、汪氏环翠堂都是金陵的名肆，刻有多种版画书籍，或以戏剧小说插图闻名，或以画谱、笺谱著称，刻印的都很精致。有关"芥子园"的来历，李渔曾在文中言道："芥子园之地，不及三亩……地止一丘，故名芥子，状其微也，往来诸公，见其稍具丘壑，谓取芥子纳须弥之义"（《一家言》文集卷四）。芥子园在我国园林史上具有重要地位，惜此名园自李渔移家杭州后，三易其主，迭经浩劫，最终湮没于历史之中，民国初期已是一片菜园，而今更是毫无踪迹可寻。但因《芥子园画谱》之故，"芥子园"成为一代代中国画家心目中的圣地，在历史的河流中闪耀着永不褪色的光芒。

《芥子园画谱》初集的出版据传是因李渔的女婿沈因伯（字心友）家中藏有明代画家李流芳的课徒稿43页，于是，邀请画家王槩对此进行整理增补，历经三年时间增编为133页，条分缕析地介绍山水画的各种技法，并附临摹古人和时人的各式山水画作40幅。后由李渔出资以套版精刻版刊行，故名《芥子园画谱》。在《芥子园画谱》的序言中李渔说："余生平所爱山水，但能观人画而不能自为画。"① 可见《芥子园画谱》的产生也与"芥子园主人"李渔"生平所爱山水"有不可分割的关系。《芥子园画谱》初集一经问世后一直畅销不衰，一版再版。因此，沈心友又请杭州著名画家诸升编画《兰竹谱》，请王蕴奄编画"菊及草虫花鸟"谱，所作画稿由王蓍、王槩、王臬兄弟三人经过十多年的斟酌增删，于康熙四十年（1701）编辑成书。后来书商把沈心友的例言十条删去，将《兰竹梅菊谱》改为第二集，《草虫花卉谱》为第三集。因《芥子园画谱》初印本镌刻之工天下无匹，很快便风行全国。沈心友在《芥子园画谱》初集的例言中本已拟定第四集《写真秘传》的编著计划，但迟迟未能成书。

为满足时人对《芥子园画谱》第四集的热望，嘉庆二十三年（1818），书商将丹阳画家丁皋编的《写真秘诀》与上官周的《晚笑堂画传》等图谱杂凑一起，合编成《仙佛图》《贤俊图》《美人图》等人物图谱，假借《芥子园画谱》第四集的名义刻版行世。虽然第四集为商人渔利拼凑之作，但因《写真秘诀》也是一部相当具有价值的绘画理论著作，所以该书一直得以流传至今。

---

① 张兰，包志毅. 由《芥子园画谱》看中国古典园林植物配置[J]. 中国园林，2003（11）：62—65.

后来书商将《芥子园画谱》前三集与第四集统装成函,作为全套《芥子园画谱》一起出版。由于《芥子园画谱》一直供不应求,至光绪(1875—1909)年间,原版经多年翻刻已模糊不清,于是,画家巢勋临摹了《芥子园画谱》前三集,并对第四集人物画的内容加以重编后付印。巢勋版《芥子园画谱》极大地保留了前三集的完整性,并对第四集的内容加以增减,使《芥子园画谱》四集之间的画风更加统一。该版一经问世便大受书商与读者的青睐,所以今天我们看到的《芥子园画谱》,多为光绪时巢勋临摹的版本。

中国古代书画艺术历来讲究书画同源,象形文字对物象的概括、提炼能力,及赋予物象特定含义的造型方式被传统的绘画技法继承,形成了中国画异于其他画种的独特魅力。《芥子园画谱》在绘画技法方面,每集首列画法浅说、画法歌诀,后附分类画谱和名家画稿,将树木山石、花草禽鸟的写形、用笔的基本技法程式化。清代画坛崇旧摹古之风盛行,画家对于古人的绘画传统进行了充分的研究和吸收,多数画师痴迷于笔墨的表现力和理性的绘画传统,溯源觅流,探赜钩沉,整个画坛形成了重实践、重技法的风气,不求言之玄奥,只求明达易懂。这种"重实践、重技法"风气的盛行为绘画向整个社会广泛而深入地渗透铺平了道路。出于文人艺匠学习绘画技艺的需要,一部容易上手、深入浅出,低起点、高标准、大容量的画谱便有了现实的需求,《芥子园画谱》应运而生。

相比明清时期盛行的《竹谱》《帝鉴图说》《程氏墨苑》《百咏图谱》《顾氏画谱》《唐诗画谱》《诗余画谱》《十竹斋画谱》《天下有山堂画谱》《汪氏墨薮》《秦淮八艳图》《佩文斋书画谱》等单一图谱来说,《芥子园画谱》将绘画技法与古人的绘画作品相结合,既有浅显易懂的理论讲解,又有丰富的名家名画作为样例。对于绘画基本技巧的介绍比较科学,讲解清晰易懂,用诗意的语言进行图说,注重用文字阐释技法所带来的美感,在分析讲解中渗透了浓厚的传统审美情趣,论述画理开门见山,言简意赅,使初学者可以对中国传统的画学宏旨有一个整体的把握,同时对技法的流传也能够有一个较为宏观的历史视野。此外,《芥子园画谱》汇集了许多名家的画论与画理,论述精辟，编著合理，诸篇门类安排得当，每种形象自起笔至守成都有清晰明了的图示与讲解，法度严谨，使初学者不致误入歧途，以文人趣味为主旨，又能面向大众，具有长久的生命力。余椿在《梅菊谱序》中就说："有图画以来，代有名家，世多奇笔，然不过擅一长、精一技而已，未有如肃水王先生三昆季，抱笔墨之绝技有如此者……世之山人墨士获之如暗室一灯，已大有裨益于后进矣！"《芥子园画谱》不仅在中国绘画史上地位特殊，而且流传海外，对外国美术史的发展也产生了一些影响，郑振铎先生说"《芥子园画谱》是那样流传遍海内外了，是被当作学习中国画的教科书之用的"[1]。

《芥子园画谱》在介绍名家画作、传播绘画技法之余，也蕴含着中国传统文人画所追慕的"趣由笔生，法随意转"的绘画精髓与理念。《广雅》云："画，类也。"这个"类"有归于一类、类似之意，中国古代文人画讲究只能"类似"实物，绝不能"逼似"实物。这种"类似"就要求创作主体的物感兴趣与文化观念认同的结合，或者说是个体感悟与绘画法度交汇而形成的对物象的"类"的把握，它更多地依赖于人的主观意识，讲究对所绘事物精神层面的解读，而非原始的外在特征。所以文人画从一开始对客体"形"的观察和认知便带入了丰富的主观色彩。《芥子园画谱》作为文人画经验的代表，无论是收录名家画作，还是介绍绘画技法，都符合一直以来中国传统文化对事物象形的理解与归纳。

例如，《芥子园画谱》中的绘画技法多以"类相"为主，通过对同类事物的归纳，用"类"的方式来表现同类事物的共同特征。如书中对竹叶的"个字点"的归纳就涵盖了毛竹、斑竹、罗汉竹等等凡属竹类的叶片造型。所以习中国画者不需要穷究物象，不需要在客体繁乱的"形"中疲惫描摹，而是可以凭借古人总结的理法完备的《画传》去直接领会大自然造物的外在形态，至于其中"气"或者说"唯心"的部分则需画者凭悟性来进行创作。《芥子园画谱》初集首先介绍了南齐著名画家谢赫的"六法"，"六法"是古代中国画最完整系统的绘画创作和品评标准。《芥子园画谱》引为"南齐谢赫：曰气韵生动；曰骨法用笔；曰应物象形；曰随类赋彩；曰经营位置；曰传移模写。骨法以

---

[1] 郑振铎.中国古代木刻画史略[M].上海：上海书店出版社，2011：195.

下五端，可学而成，气韵必在生知"。文字与"六法"原文稍有出入，但含义完全相同。接着，《芥子园画谱》又讲了"六要六长""三病""十二忌""三品"等绘画创作和品评的基本常识。这些文字高度概括了中国画对同类事物"类相"的理解，可谓"尽精微，致广大"，方便初学者从临摹事物外在"类相"入手，进而挖掘中国文人画中所蕴含的深刻奥义。此外，《芥子园画谱》中的点、线造型亦是"类相"造型的结果，这些点与线的造型都是以物象轮廓来确定形状的。无论是"以线造型"还是"剪影造型"，都是对轮廓线的基本把握。所以，这种点、线的组合必然会呈现二维平面性的特征，完全区别于西方三维立体的写实造型，这也是为何传统中国画的入门以"古法"为门径，而非西画的一开始就面对客体自然。由此可见，《芥子园画谱》不仅是在介绍中国画中"类相"万物的绘画技法，更是通过这种"类相"的绘画技巧培养画者在绘画万物之外体会自然万物生存流转中所传递的"气韵"，充分体现中国文人在绘画上所追求的"天人合一"与"道法自然"的思想。

除了精妙的绘画技法和阐释深刻画理之外，《芥子园画谱》初集采用的多色套版印刷技术更是使其蜚声中外，令无数藏家趋之若鹜的重要原因。我国雕版印刷技术虽然发端很早，但一直到了明代才有专门的印本图谱出现，刻工的雕版技术也就有了更大的发展空间与发挥余地。除精湛的雕版技艺以外，唐末五代时期出现的"单版复色印刷法"也为《芥子园画谱》的出现打下了基础。但是这种"单版复色印刷"的方法只适用于"年画""纸币"等对于色彩水平要求较低的印刷品，却难以满足画谱表现复杂技法与色彩的需求。于是刻工又努力改进了上色技术，发明了"多版复色印刷法"，使画面更加生动自然，这种方法也叫作"套版印刷"，明代《十竹斋画谱》和清代《芥子园画谱》前三集就采用了这种套印的方法。《芥子园画谱》是饾版套印本，饾版套印技术是中国彩色印刷技术发展到完善阶段的产物。"饾版"的特点是没有黑色轮廓线条，用木版直接印出各种颜色图形，每种颜色的深浅又各不相同。

《芥子园画谱》初集的传世版本主要有两种：一为康熙十八年芥子园初刻彩色套印本（今藏上海图书馆），一为1934年上海有正书局据原刻本影印的彩色套印本。由于经过很多次的翻刻和影印，现在市场上常见的《芥子园画谱》已失去原版的风貌。初版《芥子园画谱》共有三集，据哈尔滨理工大学艺术学院刘越副教授考证，通过辨析上海图书馆、美国纳尔逊博物馆及日本所藏《芥子园画谱》初集的版本，确定上海图书馆所藏《芥子园画谱》初集为初版原刻本，中国国家图书馆亦藏有《芥子园画谱》二、三集的初版。[①] 现存《芥子园画谱》初集原刻本数量已极少。在乾隆年间，芥子园又将该书版片出让给了各地书肆，所以翻刻本在市场上流行的很多，比如姑苏的经义堂、赵氏书业堂、三多斋，金阊的文渊堂、书业堂，金陵的文光堂、同文堂等版本，各个版本间也略有差异。

《芥子园画谱》的产生，是中国绘画史上具有划时代意义的重要事件，其对中国绘画史的影响和贡献是无法磨灭的。数百年来，其在初学者接受国画传统技法训练和前人绘画遗产方面起了很大作用，可以说是介绍和指导国画技法的一部教科书，至今仍以其独特的艺术魅力为世人所推崇。我国近现代许多著名画家，如齐白石、潘天寿、傅抱石等人，在学习中国画的过程中，均是用《芥子园画谱》作为入门书接受系统的、基础的培训的。该书作为一部体系完备、讲解详细、流传广泛的国画入门教科书，自从清代出版以来便畅销不断，被绘画爱好者看作一条通往艺术殿堂的理想捷径。美术史学家王伯敏先生更是对其赞誉有加："250年来，在中国画谱中像《芥子园画传》那样产生巨大影响的画谱，史无前例。"[②]

[①] 刘越.《芥子园画传初集》刻本辨正［J］.清华大学学报（哲学社会科学版），2008（3）：1，94–98，161.
[②] 王伯敏.中国版画史［M］.上海：上海人民出版社，1961：165.

第六讲

集部要籍导读

第一节 集部源流

集部,用今天的学科体系视角来看,收录的主要是文学作品。《四库全书总目》的集部分:楚辞、别集、总集、词曲类、诗文评类。这是随着时代发展逐渐丰富起来的。近代以后,文学的概念范畴进一步扩大,许多历史上被认为是史学、思想史等方面的著作,同样也被认为是杰出的文学作品。下面,我们就将从文学发生、发展的角度来阐释其源流。

在人类创造的全部精神文明中,文学似乎是离我们生活最近的那一部分。不论男女老少、贵贱贫富,在每个人的成长历程中,总有那么一部或者几部文学作品曾经深深打动我们的灵魂。翻阅古今中外名人开列的各种书单也总能发现,在选择影响个人一生的书目时,文学作品总是赫然在列的。

那么,文学到底是什么?为何会拥有这样神奇的力量?有人说,文学是一种形象化地反映客观现实的艺术。也有人说,文学是一项事业,拥有教化人心的力量。还有人说,文学是人的情感力量行之于文字的表达。不同的视角给我们理解文学的内涵提供了帮助。对于文学的本质,近代文学研究的奠基人之一郑振铎先生曾经如此定义:

文学是人们的情绪与最高思想联合的"想象"的"表现",而它的本身又具有永久的艺术的价值与兴趣的。①

概言之,文学是表现人们思想和情绪的一种工具,"文学的价值与兴趣,不唯在其思想之高超与情感之深微,而且也在于其表现思想和情绪的文字的美丽与精切"。从中我们可以总结出文学的双重价值,一为语言艺术行之于文本的精巧与华丽,一为通过文字所表达的人类永恒不移之情感。不同于生物和科学的进化演进观,人类的情绪似乎自开启灵智的那一日起,便保持了长期的稳定性。今天的人们不会再信奉亚里士多德坚信的"地心说",但仍然能够从他的《诗学》《修辞学》中汲取养分,体现的就是这个道理。由此,我们似乎可以稍微捕捉到文学力量之源泉——人类跨越千年而不褪色的情感,以及由文字运用之美而带来的身心愉悦。这是那些经典文学作品历经千年而不衰的根本原因,也是今天我们阅读经典文学作品的价值所在。

文字之所以诞生,出于记录事件需要;文学之所以诞生,则出于记录情感的需要。情感是人类与生俱来的天赋,但文学成为一种可以记录、流传下来的艺术形式,就必须等到文字发明作为必要条件。从这一点上来说,自文字产生之日起,文学的萌芽也就随之出现了。汉字是人类历史上连续使用时间最长的文字,中国文学也因之成为世界文学宝库中璀璨夺目的一颗明珠。

中国文学的萌芽孕育于先秦时期,今天我们所能见到的各种文学体裁几乎都诞生在这个时代。殷商甲骨卜辞是散文的雏形;《诗经》《楚辞》开创了中华民族灿烂的诗歌文化;小说可以追溯到上古神话传说、《春秋》《左传》的叙事手法。即使是戏曲,都可以从《诗经》《九歌》中记载的娱神歌舞中找到远源。除了文学体裁,这一时期产生的许多文学观念,如"诗言志""法自然""思无邪""温柔敦厚"等,都极大地影响了中国文学理论的发展。

汉代建立了统一的中央集权国家后,在文学方面,失去了先秦时期的生动活泼,取而代之的是一种华丽铺张的文风。汉赋是其中的突出代表,如司

---

① 郑振铎.二十世纪名人自述系列:郑振铎自述[M].合肥:安徽文艺出版社,2013:375.

马相如的《子虚赋》、张衡的《二京赋》等，皆极尽铺张之能事，辞藻华丽，描写工致，展现了汉语文字之美的极致。汉代上层文学的偏好显然不能令普通民众喜爱，乐府民歌是汉代文学对文学史另一项伟大的贡献。这种新的诗歌形式甫经诞生便在民间展现出极强的生命活力，最终酝酿出五七言体这种中国诗歌的新乐章。

魏晋到唐中叶，是一个属于诗歌的时代，五七言古体诗发展至巅峰，近体诗兴起、定型并最终达到鼎盛。从魏晋"三曹父子""建安七子"、陶渊明、谢灵运、庾信，到初唐"四杰"、陈子昂，再到盛唐的王维、孟浩然、高适、岑参、李白、杜甫，不论是"建安风骨"还是"盛唐气象"，都成了后人追慕的对象，承载了中国人对那个浪漫时代最美好的想象。盛唐的繁华终结于"安史之乱"，唐宋文学的变革也随之开启。名列唐宋八大家之首的韩愈、柳宗元，深恶六朝以来讲求声律、辞藻，工于排比的骈文文风，要求恢复两汉的散文传统，提倡文以载道的作用。这场史称"古文运动"的文学语言和文体的改革，由韩、柳二人初倡，加之宋代的欧阳修等其余多人的共同努力，最终在宋代得以完成，确定了此后的文学语言和文体样式，一直延续到"五四"之后才被打破。诗歌到盛唐已至顶峰，之后的诗人面临盛极难继的局面，开辟了一条新的道路。注重对日常生活的描写，强调个人情感的表达，这在白居易、韩愈、李贺、李商隐、黄庭坚、苏轼、杨万里、范成大、陆游等人的诗中都有所体现。

诗文之外，宋代文学的代表——宋词，是这一时期文学成就的巅峰。这种起源于唐中叶曲子词的文体，经过五代词人温庭筠、李煜等人之手，到了宋代蔚然成风，柳永、苏轼、周邦彦、李清照、辛弃疾、姜夔等词作家是其中的佼佼者。此外，宋代还是市民文化最为发达的一个朝代，根植于市民娱乐的"说话""市人小说"，直接开启了小说时代的到来。

元明清三代文学的一个突出特征，就是叙事文学的兴起并开始占据了文坛的主导地位。元代儒生地位低下，不得不以通俗文学的创作来谋生。这极大地提高了通俗文学的艺术水准，涌现了以关汉卿、王实甫、马致远、高明为代表的一批区别于传统文人的作家。他们大量地创作杂剧和散曲作品，使之成为元代文学的代表。同时，他们的作品不同于一般的案头之作，而是在元代的瓦肆勾栏、乡间戏台上大量上演，这为明清戏曲的兴盛创造了土壤。

明代至清末的文坛，是属于小说和戏曲的时代。元末明初出现的《三国志演义》《水浒传》，明代的《西游记》、清代的《红楼梦》，展现了古代白话小说所能达到的最高成就。而以汤显祖《牡丹亭》、孔尚任《桃花扇》为代表的明清传奇，在明末思想解放浪潮的影响下，既体现了文学艺术之美，同时也重拾文学对人伦情感的描摹，是对宋明理学禁欲主义的反击。

需要特别说明的是，今天我们从文学史的角度，将小说归入文学的范畴，但在四部传统中，小说因有补充正史记载不足的功能，亦可备为一家之言，是被列入子部的。同时，由于戏曲、小说之类的通俗文艺作品，在古代社会是等而下之，不登大雅之堂的，历来受到主流意识形态的轻视。因此，曲（主要是散曲）作为"词之余"，尚可附骥于集部之尾，通俗小说和戏曲作品基本是不为主流目录著作所容的。

清代晚期至"五四"前后，是中国近代史上各领域均发生激荡变革的一个时期，文学也不例外。一批有识之士在寻求富国强兵之路时，注意到其在社会教育方面的作用。文学被视为社会改良的工具，最容易引起国民共鸣的文体形式——小说的地位大大提升。借助于报刊等新媒体，通俗文学获得了新生。经过"五四"运动的洗礼，白话文成为了中国人书写、表达的主要方式。由此，延续五千年的古典文学之门就此关闭，文学的发展迎来了一片崭新的天地。

最后，我们简单介绍一下四部分类体系下集部几个子类的基本情况。总集，是选集多位作者的作品编辑而成的，总集有的既选诗也选文，有的只选诗或者文。其中比较著名的有：《文选》六十卷，选先秦至南朝梁的诗文辞赋，分为三十八类；《文苑英华》一千卷，北宋李昉奉敕编，它接续《文选》，编录梁末到唐代的诗文；《玉台新咏》，南朝梁时期选编的诗歌总集；《乐府诗集》，宋郭茂倩编，专选先秦汉魏至唐五代的乐府诗歌；《列朝诗集》，清钱谦益编，明亡后编选的明代诗选；《全上古三代秦汉三国六朝文》七百四十卷，清严可均编，专选唐以前历朝散文。此外，脍炙人口的《唐诗三百首》《古文观止》从体裁上也属于总集，由于其选文精当、通俗易懂，已经成为古代的启蒙书。

别集是相对于总集的概念，别集单收一位作家的作品，别集可以是全集，也可以是选集，最著名的如李杜白等人的文集都属于别集。诗文评类，指各种文学评论的书籍。最著名的就是南朝梁刘勰编写的《文心雕龙》十卷，是中国古代史上第一部文学理论著作。

第二节 《楚辞》

《楚辞》与《诗经》，并称中华诗歌之祖，南朝沈约评述诗歌源流云"莫不祖同风骚"（《宋书·谢灵运传》）。《楚辞》也是继《诗经》之后我国第二部诗歌总集，最早为西汉刘向所辑，收录了屈原、宋玉、唐勒、景差等楚国诗人和西汉贾谊、东方朔及刘向自己的词赋作品，共16卷。顾名思义，"楚辞"得名，主要因为这一诗歌体裁源自楚地，汉代以后的同类作品都是仿其例而作，具备相同的文学特征，因此才能够汇为一编。从文学上来看，楚辞体作品特点显著，其文辞华丽，结构缜密，南北朝时期文学理论家刘勰在《文心雕龙·辨骚》篇中就评价它"艳溢锱毫"，也就是说每一细微之处都艳丽无比。

在《楚辞》收录的众多作品中，以战国时期著名诗人屈原的作品最为著名，包括《离骚》《天问》《九歌》《九章》《远游》《渔父》诸篇，此外还有《卜居》《招魂》《大招》《九辨》等篇目，风格相近，但不能确定是否出自屈原之手，一说为祖其从容辞令之风的宋玉、景差等人所作。下面我们就将以屈原及其作品为主，探寻《楚辞》的魅力。

屈原，名平，字原，又自称名正则，字灵均，大约生活在公元前340—前278年，历经战国中晚期楚威王、怀王、顷襄王统治。屈原的先祖是楚国的贵族，与楚王同姓，王族的身份为屈原步入仕途铺平了道路。屈原担任的第一个官职是楚怀王的左徒，由于他才华出众，博闻强识，明于治乱，娴于辞令，很得楚怀王信任，"入则图议国事，以出号令；出则接待宾客，应对诸侯"（《史记·屈原贾生列传》),大约相当于楚王的私人秘书。青壮年时期的屈原,应当是怀着一腔远大抱负出仕的。当时的天下大势,秦国独大,有并吞六国,统一宇内的可能。屈原当政后,极力主张彰明法度,选贤任能,改革朝政,联齐抗秦,以实现他理想中的"美政",使楚国强大起来,避免被蚕食的命运。然而,改革的主张不可避免地触犯了楚国贵族的既得利益,屈原也被保守派所仇视。保守势力的代表上官大夫联合怀王少子编造谎言,在怀王面前诋毁屈原,说他自伐其功。怀王"怒而疏屈平",罢免了屈原的官职,在一腔愤懑之下,屈原写出了千古名作——《离骚》。

屈原去职之后,怀王信任靳尚、郑袖等人,在内政、外交方面屡出昏招,丧失了汉中的大片土地,国家实力被大幅削弱。在此期间,屈原虽被短暂召回,担任三闾大夫等职,负责出使齐国等外交事务,但怀王始终未能下定决心锐意改革,导致楚国国势江河日下。怀王末年,秦昭王与楚国通婚,邀请怀王至秦国会面,屈原力谏不可,怀王却听信子兰之言赴秦,最终被秦国扣留,落得"客死秦国,为天下笑"的悲剧命运。怀王长子顷襄王即位,任命幼弟子兰为令尹,楚国人痛恨子兰劝怀王入秦,而同情一直心怀楚国的屈原。子兰闻之大怒,指使靳尚"短屈原于顷襄王",屈原再次被放逐于江汉沅湘一带。到达流放地的屈原,日夜在江滨披发流连,他既哀痛命运对自己的不公,更为人民、国家的命运而深感忧心,他深知振兴楚国的理想已经破灭,在写下《怀沙》之赋后,怀石自投汨罗而死。

作为一个政治家的屈原应当说是失败的,时至战国末期,天下一统是大势所趋,屈原重振楚国的主张即使被怀王全盘采纳,也无力阻止这一时代潮流。政治上怀才不遇,屈原便将全部的情感融入到诗歌创作中去,以荆楚文化特有的浪漫、奔放,创造了楚辞这一崭新的文学体裁,在中国诗歌史上树起了一座划时代的丰碑。而爱国主义,则是屈原作品最重要主题,诗人以瑰丽的文字、浪漫的想象、充沛的情感,一遍又一遍地倾诉着对于祖国、人民深沉的热爱。有学者评论,正是屈原的爱国主义,创立了中国古典爱国主义的完整模式。①

---

① 王锡荣.楚辞新论及其他[M].长春:吉林文史出版社,2013.

第六讲
集部要籍导读

《离骚》是屈原的代表作，也是中国古代第一部长篇抒情诗，全诗长达372句。对于题目的解释，后人也多取司马迁《史记·屈原贾生列传》所云"离骚者，犹离忧也"。就是说，创作《离骚》时的屈原满怀愤懑，深感方正不容于世，公正的人被奸邪所害，君王不辨是非，小人当道，为了发泄心中的抑郁不平，就写下了《离骚》。全诗风格华丽斑斓，用词丰富多彩，与《诗经》中民歌、民谣的风格大相径庭，令人耳目一新。这篇作品的主题可理解为蒙受冤屈的屈原的自辩，以及对他美政思想的宣扬。这首诗是这样开篇的：

帝高阳之苗裔兮，朕皇考曰伯庸。摄提贞于孟陬兮，惟庚寅吾以降。皇览揆余初度兮，肇赐予以嘉名。名余曰正则兮，字余曰灵均。

这段的意思是：我是古帝王高阳氏的后裔，我的父亲名叫伯庸。我是寅年寅月寅日降生，我的父亲看到我气宇轩昂，就占卜给我起了个很好的名字，我的名字叫正则，字为灵均。

而本段在点明显贵的出身后，再描述其俊美的外貌："纷吾既有此内美兮，又重之以修能，扈江离与辟芷兮，纫秋兰以为佩。"屈原热爱各种各样的花草植物，他时常以它们的淳朴装饰自己，因此后世常以"香草美人"比喻屈原的作品。通过不厌其烦地描述自然界的各种香草，来证明自己出身的高贵和品性的高洁，这是在告诉楚王和世人：我是一个具有高贵品质的人，并没有干那些他人诬陷控告我的事情，我远大的志向是天生的，我的一切行为都是为了这个国家政治的清明、国力的强盛。

通读《离骚》就会发现，在它华丽繁复的浪漫主义烘托下，隐含的是屈原一颗朴素的忧国忧民之心。"即莫足与为美政兮，吾将从彭咸之所居。"这是《离骚》最后一句，意思是说人世间既然没有我所向往的美好的政治环境，我将追随彭咸而去。彭咸，为传说中商代贤大夫，曾力谏商君不听，投水而死。屈原最终的归宿确实追随了彭咸的足迹。屈原所谓的"美政"，其实就是一种君主信任贤臣，贤臣忠于君主，君主和贤臣之间没有猜忌，共同努力使国家达到繁荣昌盛的理想朝政。但是屈原心里十分清楚，他变法朝政所针对的贵族集团不会让他一帆风顺地实施政治主张，所以他唯有一声叹息，接着再发愤图强："路漫漫其修远兮，吾将上下而求索。"

上述就是《离骚》的大致内容，其华丽的风格奠定了后世骈文、辞赋的基础，并为汉赋的发展铺平了道路。刘勰《文心雕龙·骚辩》篇认为，《离骚》具"金相玉质，百世无匹。"

《九歌》是《楚辞》中另一篇十分重要的作品。它不像《离骚》《天问》那样大量使用古楚民间传说，亦没有引经据典的难读艰涩，整首诗读来清丽流畅，同时保持了"楚辞"体一贯华丽婉转的文风。

"启九辨与九歌兮，夏康娱以自纵。"这是《离骚》中的句子，意思是说《九辨》与《九歌》，都是夏启从天上带回的乐曲，夏代君王从此耽于享受，过起了放纵不羁的生活。而实际上，《九歌》实实在在来自民间。普遍的观点认为，《九歌》是屈原在楚地民间祭祀歌谣基础上修改、润色而成，改变了民谣晦涩难懂，甚或是粗鄙简陋的部分，为其赋予了新的活力，使它成为一组优美柔媚的、积极向上的祭祀用神曲，阅读起来既有仙界的虚无缥缈，又有人间的温情难舍，使人流连忘返，不忍释卷。另有学者认为，经屈原改编后的《九歌》还一度作为宫廷音乐，供王室成员娱乐，并作为酬答外宾的大型歌舞剧表演之用。

对于《九歌》的内容，学界还有一定的争议，一种分法为11篇，包括《东皇太一》《云中君》《湘君》《湘夫人》《大司命》《少司命》《东君》《河伯》《山鬼》《国殇》《礼魂》，顺序是从天神—云神—河神—山神，这也是比较通行的分法。另外一种则是将《湘君》《湘夫人》合为一篇，《大司命》《少司命》合为一篇，以成九数，这种观点由文怀沙先生提出，并得到了郭沫若先生的赞同。事实上，两种分法实际内容并无差异，读者尽可遵循自己的理解。

古时候祭祀活动是异常活跃的，一年四季都有各种名目的祭祀活动，这是在生产力水平较低的时代，人们自然产生的对超自然力量的敬畏。祭祀活动过程中，形成了大量神话传说、鬼怪故事，是民间信仰的来源。《九歌》就是当时楚地民间传说的合集，表达了民众对于神灵的敬畏，对为国捐躯勇士的祭奠，对和平幸福生活的向往。以《东皇太一》为例：

吉日兮辰良，穆将愉兮上皇。抚长剑兮玉珥，璆锵鸣兮琳琅。

在一片肃穆的氛围中，至高天神——东皇太一即将登场了。

瑶席兮玉瑱，盍将把兮琼芳。蕙肴蒸兮兰藉，奠桂酒兮椒浆。
扬枹兮拊鼓，疏缓节兮安歌，陈竽瑟兮浩倡。
灵偃蹇兮姣服，芳菲菲兮满堂。五音纷兮繁会，君欣欣兮乐康。

在一番紧张忙碌的准备后，仙乐齐鸣，美酒佳肴陈列桌上，神安康地降临了，整个场面呈现出热烈、欢快的气氛，一片喜气洋洋。

《九章》与《九歌》的性质相似，为一组诗歌的合集，包括:《橘颂》《惜诵》《抽思》《思美人》《悲回风》《惜往日》《涉江》《哀郢》《怀沙》，主要内容是屈原为自己两次被放逐的辩解、说明。

屈原品质高洁却遭人诬陷，怎能不让他郁结于心？《九章》中的大多数篇章，都笼罩在一种郁结忧愤的情绪之中，"恐情质之不信兮，故重著以自明"（《惜诵》）。就是说"我一直担心自己的满腔热情不被信任，所以一再要自我表白"。

"心郁郁之忧思兮，独永叹乎增伤。"《抽思》起首两句，屈原如此描述自己的孤单彷徨。在漫长的流放生涯中，他是孤独的，又不被人理解，只能通过诗歌抒发内心的愁怨和理想破灭后的失落。

"心纯庞而不泄兮，遭谗人而嫉之。君含怒而待臣兮，不清澈其然否。"这是《惜往日》中他对自己被流放缘由的追述，"我心底坦荡不曾泄露机密，竟遭谗佞小人嫉妒。而君王居然听信谗言，对我怒目相向，不去澄清是非曲直"。一片赤诚、忧国忧民却被君王误解，这是屈原心中永远的伤痛，他"喋喋不休"地为自己申辩，却根本无人愿意为他分担丝毫的痛苦。

从《涉江》篇中，我们可以大致了解他二次流放的足迹和哀怨的心情，他穿着最华丽的衣服，把这次流放当成人生中不可缺少的旅行。"吾与重华游兮瑶之圃"，我将和舜帝同游琼林玉圃。重华，指舜帝，传说舜帝每只眼中有两个瞳仁，故名重华。

"哀吾生之无乐兮，幽独处乎山中。吾不能变心而从俗兮，因将愁苦而终穷。"这就是屈原的志向。在屈原所处的时代，贤能而有才干的人，他们往往是"良禽择木而栖"，或者是遵循"朝秦暮楚"的处世哲学，如同张仪、苏秦一样，这个国家不用他们，他们就去别的国家谋求发展，而屈原却宁愿被误解亦不离故土，也不去追求世俗的富贵荣华。

公元前278年春，秦国大将白起攻破楚郢都，此时候楚怀王已客死咸阳，顷襄王将都城东迁至陈（今河南淮阳县），贵族大臣纷纷出逃，百姓流离失所。屈原远在遥远的流放地，听到这一消息后，写下了著名的《哀郢》：

皇天之不纯命兮，何百姓之震愆？民离散而相失兮，方仲春而东迁。去故乡而就远兮，遵江夏以流亡。

"苍天啊，你为何这样变化无常？为何将震怒迁愆于百姓？百姓妻离子散家破人亡，在这仲春季节纷纷逃亡，离开故乡漂泊去远方，顺着长江之水东流去流浪。"《哀郢》篇是强盛一时的楚国走到穷途末路时的挽歌，是屈原为黎民百姓生计之艰发出的一声长叹。

《天问》与《离骚》类似，是一篇长达370余句的抒情长诗。在这首诗中，屈原提出了170多个问题，包括天地万物、人神史话、政治哲学、道德伦理等，体现了其瑰丽的想象力、渊博的学识，以及探索真理、大胆质疑和批评的精神。语言风格上，该诗以四言为主，四句一节，每节一韵，有一句一问、两句一问、三句一问、四句一问等多种形式。

通读现存屈赋，我们常常被其中蕴含的无限深情所感动。而"事业上的失败者"屈原，之所以被千秋后世长期祭奠，其作品、行事中展现的浓烈的爱国主义情感，是最重要的因素。通过对其作品的分析，我们可将屈原的爱国主义凝练为三个方面：

第一，以民为本的思想和对腐败官僚的痛恨。春秋以来，延续近百年的战争，让人民饱受离乱之苦。有识见的政治家、思想家都已经意识到，爱护人民、以民为本是巩固君主统治的基石，战国以降，民本思想已经成为一种潮流，孟子就是集大成者。屈原同情人民、关心人民、热爱人民的思想正是这种进步的时代思潮的反映。在《离骚》中，屈原感叹："长太息以掩涕兮，哀民生之多艰。"在目睹了秦军攻入郢都的惨状后，屈原痛心疾首地写出了："皇天之不纯命兮，何百姓之震愆？民离散而相失兮，终不察夫民心。"（《哀郢》）而对于造成这种局面的腐败官吏，屈原则是无情揭发和斥责的。"众皆竞进以贪婪兮，凭不厌乎求索，羌内恕己以量人兮，各兴心而嫉妒。"（《离骚》）"固时俗之工巧兮，偭规矩而改错。背绳墨以追曲兮，竞周容以为度。"（《离骚》）斥责了贵族集团偷安淫乐，蝇营狗苟，嫉贤妒能，丝毫不顾及国家危亡，将人民推向战乱深渊的罪恶行径。

第二，坚持真理，与祖国同命运的壮烈情怀。屈原出身楚国王族，如果他愿意与掌权者同流合污，富贵荣华唾手可待。但是屈原没有一刻放弃过对真理的追求，无论遭受怎样的不幸，从未有丝毫的后悔。为了追求真理，屈原"路曼曼其修远兮，吾将上下而求索"（《离骚》）。即使大道不行，被人误解，亦不改初衷，"哀吾生之无乐兮，幽独处乎山中。吾不能变心而从俗兮，固将愁苦而终穷"（《九章》），"亦余心之所善兮，虽九死其犹未悔"（《离骚》）。只要心向真理，坚定不移地追求国家富强之道，即使自己死九回也绝不后悔。理想虽然丰满，但楚国的现实却让屈原失望，在《离骚》中，屈原描述了自己不见容于祖国后的心情，为了实现自己的政治抱负，他展开了想象的翅膀，乘风远游，希望能够寻到志同道合的人，所以"吾将上下而求索"，但是，就在他即将到达理想国度的那一刻，对于祖国的强烈感情又将他拉了回来。即使楚王不明，朝政腐败，屈原也没有因为遭受的不公背弃祖国，不管被流放到哪里，屈原始终心向郢都，希望有一天能够回到国都，为振兴楚国贡献自己的力量。在《招魂》中，屈原以深情的口吻劝诫灵魂不要到四方去，因为四方均有豺狼虎豹，只有楚国才是人间最美的地方、灵魂最好的归宿，"朱明承夜兮，时不可以淹。皋兰被径兮，斯路渐。湛湛江水兮，上有枫。目极千里兮，伤春心。魂兮归来，哀江南！"对于祖国的感情何其深沉！

第三，对强国富民之道的不断探索。楚国是战国七雄中最大的国家，也是战国中后期唯一能与秦国抗衡的大国，秦国通过变法迅速强大起来，这不能不引起屈原的注意。屈原希望在楚国实行的"美政"，其本质就是顺应历史潮流的变法，《离骚》中"举贤才而授能兮，循绳墨而不颇"两句，高度概括了屈原的政治主张。《惜往日》阐释得更明确："奉先功以照下兮，明法度之嫌疑。国富强而法立兮，属贞臣而日娱。秘密事之载心兮，虽过失犹弗治。"就是要在楚国实行法治，举贤任能，这是战国诸雄变法施政的基本公式，是顺历史潮流而动的行为。

概言之，屈原的爱国主义始于爱民、爱国，落实于强国富民之策，因此，他的爱国主义不是口号式的，而是有着丰富的内涵，这是屈原历经千载仍被人民纪念的根本原因。

第三节 《唐诗三百首》

唐诗是中国古典诗歌的巅峰，"诗唐者，诗的唐朝也"[1]。据清代康熙年间编订的《全唐诗》统计，流传下来的唐诗有四万八千九百多首，零篇碎什更是难以计数。《四库全书总目·御选唐诗》云："诗至唐，亦无派不有。……盖求诗于唐，如求材于山海，随取皆给。而所取之当否，则如影随形。各肖其人之学识。"也就是说，唐诗是后代文士学习写作诗歌取法、模仿的对象，但是否取材得当，全靠个人的学识。但是，由于唐诗数量太过庞大，普通人穷

---

[1] 闻一多.闻一多说唐诗［M］.北京：北京出版社，2015：255.

一生之力也难以尽读，且初学者识力有限，于是自唐代以后，各种唐诗选本层出不穷，据孙琴安先生考证，文献可征的唐诗选本就有 600 多种，至今仍存于世的有 300 多种。[1]其中，流传最广而家喻户晓的，要算古代唐诗启蒙读物《唐诗三百首》。

《唐诗三百首》成书于乾隆二十八年（1763），编者为蘅塘退士。关于"蘅塘退士"是谁，近代以来多有争议，朱自清先生考证为孙洙。[2]程千帆先生则根据《清稗类钞》中的一条材料，考证《唐诗三百首》的编者为太仓李锡瓒。目前，更多的学者同意编者为孙洙的说法。

孙洙（1711—1778），字临西，号蘅塘，晚号退士，江苏无锡人，祖籍安徽休宁。他自幼家贫，性敏好学，寒冬腊月读书时，常握一木，谓木能生火可敌寒。早年入京师国子监学习，乾隆九年（1744）考中顺天举人，授景山官学教习，乾隆十一年（1746）出任江苏上元县教谕。乾隆十六年（1751）考中进士，历任直隶卢龙县、顺天府大城县知县。后遭人谗陷罢官，起复后任山东邹平知县。乾隆二十五年（1760）、二十七年（1762）两次主持乡试，为国抡才，遴选出许多优秀人才。他为官清廉如水，爱民如子，清人窦镇在其《名儒言行录》中这么描述他的事迹："所至必谘访民间疾苦，平时与民谆谆讲叙如家人父子，或遇事须笞责者，辄先自流涕，故民多感泣悔过。宰大城时，捐廉浚河道，民食其利。……三握邑篆，囊橐萧然，澹若寒素。每去任，民皆攀辕泣送。"同时，他又勤勉好学，书宗欧阳询，诗学杜工部，著有《蘅塘漫稿》《排闷录》12 卷、《异闻录》12 卷等。

乾隆二十八年（1763）春，孙洙与继室夫人，曾得过御赐"江南女士"印章的才女徐兰英商榷，开始编选《唐诗三百首》。编书缘由，在《唐诗三百首·题辞》中进行了说明：

世俗儿童就学，即授《千家诗》，取其易于成诵，故流传不废。但其诗随手掇拾，工拙莫辨，且止五七律绝二体，而唐、宋人又杂出其间，殊乖体制。

---

[1] 孙琴安.唐诗选本六百种提要[M].西安：陕西人民教育出版社，1980：自序.
[2] 朱自清.《唐诗三百首》指导大概[M]//经典常谈.合肥：安徽人民出版社，2013：134.

因专就唐诗中脍炙人口之作，择其尤要者，每体得数十首，共三百余首，录成一编，为家塾课本。俾童而习之，白首亦莫能废，较《千家诗》不远胜耶？谚云："熟读唐诗三百首，不会吟诗也会吟。"请以是编验之。①

可见，《唐诗三百首》的编选是针对当时启蒙读物《千家诗》的不足之处有的放矢，其目标就是提供一份优秀实用的唐诗选本做"家塾课本"之用。《千家诗》是旧时儿童训蒙读物，由宋代的《重订千家诗》和明代的《五言千家诗》合刊而成，全书22卷，选诗1281首，大多是唐宋时期的名家名篇，在明清两朝流传广泛，影响也很大。孙洙认为《千家诗》虽有"易于成诵"的优点，但也存在选诗不精，体裁过于单一，不选古体诗等缺点；编辑体例也不尽合理，唐人、宋人作品混杂一处，风格也偏向于宋诗，对唐诗的风骨把握不准确。因此，孙洙和他的夫人立志从唐诗脍炙人口的作品中"择其尤要者"，按照诸体皆备的标准汇为一编，以便初入学的儿童诵读学习。是书之得名，则源自谚语"熟读唐诗三百首"。

《唐诗三百首》全书共8卷，分为五言古诗及乐府1卷、七言古诗2卷、七言乐府1卷、五言律诗1卷、七言律诗及乐府1卷、五言绝句及乐府1卷、七言绝句及乐府1卷，收录诗家77人，而选诗数量，现传各本稍有不同。其原编共310首，后章燮注疏又增7首，李盘根注本则增至400首。每首诗均配有注释和评点。

五言古诗简称五古，是唐代诗坛较为流行的体裁，唐人五古笔力豪纵，气象万千，可用于叙事、抒情、议论、写景，使其功能得到了空前的发挥。七言古诗简称七古，起源于战国时期。现在公认最早的、最完整的七古是曹丕的《燕歌行》。南北朝时期，鲍照致力于七古创作，将之衍变成一种充满活力的诗体。唐代七古显示出大唐恢宏气象，手法多样，深沉开阔，代表诗人有李白、杜甫、韩愈。五言律诗简称五律，是律诗的一种。五律源于五言古体，风格峻整，音律雄浑，含蓄深厚，成为唐人应制、应试以及日常生活中普遍

---

① 陈婉俊.唐诗三百首补注：蘅塘退士原序［M］.北京：中华书局，1959：3.

选用的诗歌题材。唐代五律名家数不胜数，以王昌龄、王维、孟浩然、李白、杜甫、刘长卿成就最大。七言律诗简称七律，是近体诗的一种，格律要求与五律相同。七律源于七言古体，在初唐时期渐成规模，至杜甫臻于炉火纯青。有唐一代，七律圣手有王维、杜甫、李商隐、杜牧、罗隐等，风华绝代，辉映古今。五七言绝句简称五绝和七绝，五绝起源于汉，七绝起源于六朝，两者都在齐梁时期成型，初唐阶段成熟。唐代绝句气象高远，率真自然，达到了吟诵自由化的最高峰，名家有李白、王维、王昌龄、韦应物、杜牧、刘禹锡等人。

作为一部启蒙读物，《唐诗三百首》的编选特色主要有以下几点：

第一，规模适中，选诗具有代表性。《唐诗三百首》只选了300余首诗，但涉及的诗家却有77家之多。其中既有李白、杜甫、王维等这类诗作丰富、影响深远的大家，也有存诗极少、默默无闻的诗人，像金昌绪、綦毋潜等，还有杜秋娘一类的女诗人。诗作者的身份地位，上至皇帝、宰执，像唐玄宗，下到平民布衣、僧侣乃至歌女，还有一些无名氏之作，具有充分的代表性。

在重视代表性的同时，《唐诗三百首》也不是一味追求平均，而是依据唐代诗歌发展的实际情况进行选录。入选的77位诗人，以诗圣杜甫的作品入选最多，达39首；其次，王维29首，李白27首，李商隐22首，其他如孟浩然、韦应物、刘长卿、杜牧等约在10首以上；再次就是王昌龄、李颀、岑参、韩愈、柳宗元等人的作品入选较多。名家名作代表了唐诗的巅峰成就，特别是对于初学者来说，以经典作品入门无疑是最恰当的选择。

此外，按照《唐诗品汇》的总结，唐代诗歌史可分为初、盛、中、晚"四唐"。初唐是唐代诗歌序章，但存世诗歌不多，《唐诗三百首》所选有"初唐四杰"的王勃、骆宾王，有倡导汉魏风骨的陈子昂，有确立律诗体制的沈佺期、宋之问等，约有十家，盛、中、晚唐则各有二十多家。盛唐入选诗家有：王维、孟浩然、常建、贺知章、张九龄、高适、岑参、王之涣等人，以及诗坛巨匠李白和杜甫，照顾了山水田园、浪漫主义、现实主义等各个诗歌流派。中唐诗坛的代表则有刘长卿、韦应物、刘禹锡、柳宗元、白居易、元稹、韩愈、孟郊等，展现

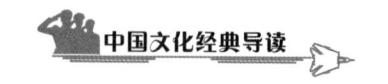

了唐诗的又一个充满活力和革新精神的时代。晚唐诗歌在艺术上有一定的新发展，出现了诸如杜牧、李商隐、温庭筠等一批有独创特色的诗人，也均有选篇。尤其值得称道的是，孙洙打破了"诗必盛唐"的偏见，在"七绝"卷中，选录杜甫、王维诗各1首，李白两首，而"小李杜"则雄居鳌头，分别占去了7首和8首，真正做到了从艺术、文学价值的角度来品评诗歌。

第二，诗体完备，题材丰富。《唐诗三百首》的另一个优点是它的诗体比较完备得当。孙洙认为过去的蒙学读物《千家诗》只选五言、七言律诗、绝句，不免偏颇，因此，他选的诗包括五言、七言的古诗、律诗和绝句。当然，孙洙没有选五、七言排律，似有不妥，排律，尤其五言排律，在唐诗中有举足轻重的地位。不过，诚如今人王启兴先生所云："作为家塾课本的《唐诗三百首》，不选排律，也并非其短。"（《唐诗三百首评注》前言）家塾课本属于入门读物，清人施补华在《岘佣说诗》中说："学诗须从五律起，进之可为七古，充之可为七律，截之可为五绝，充而截之可为七绝。"施氏的观点在当时带有一定的普遍性，作为入门训练来说，以五七言律诗开始是较为科学的。《唐诗三百首》中，五言律诗比七言律诗多，七言绝句比五言绝句多，显然也并非孙洙的个人偏好，而是从实用的角度出发的。

《唐诗三百首》入选诗歌的题材也十分丰富，据笔者粗略统计，包括友情诗、亲情诗、爱情诗、边塞诗、思乡诗、山水田园诗、咏史怀古诗、咏物诗、闺怨诗、悼亡诗、讽喻诗、叙事诗等。入选的诗篇有的反映时代动乱、人民困苦，如元结的《贼退示官吏》；有的抒发怀才见弃而抱负不能施展的愤懑，如陈子昂的《登幽州台歌》；有的抒写不愿同流合污而坚持高尚操守的情怀，如杜甫的《佳人》；有的描写悠游山林，欣赏自然美景，如韦应物的《东郊》；有的反映征戍士卒之苦和描绘边塞风光，如王昌龄的《塞上曲》；有的感时伤怀，慨叹飘零，如杜甫的《赠卫八处士》；有的表现羁留异地，思念故乡之情，如韦应物的《夕次盱眙县》；有的则描写宫怨、闺愁，如李白的《玉阶怨》；有的题画、描写乐舞，如李颀的《听董大弹胡笳弄兼寄语房给事》等。这些诗歌为我们了解唐代社会生活打开了一扇窗户。

诗歌风格方面则有慷慨豪放、清新秀雅、沉郁悲怆和哀怨缠绵等几种类型。豪放者，表现出诗人的气势磅礴、自由奔放之意，将浪漫激情尽情挥洒，边塞诗人亦有雄厚刚健、慷慨奇伟、壮丽豁达之风。清秀者，主要体现在山水田园诗中，但不同诗人各具特色，比如王维体现了一种空明、宁静的意境，孟浩然则是平淡、自然、朴素之美，柳宗元却浸染高洁、清幽、孤傲之意。悲怆者，如杜甫等诗人借咏史怀古表达的忧国忧民之心，落在文字里，则是一股浓郁得化不开的沉郁、悲怆、苍凉、遒劲之风。哀怨缠绵者，通常为爱情、闺怨题材的诗歌，将恋人的相思之苦、女子对爱情的渴求心理、行为、神态一一细腻地展现。

第三，入选作品明白易解、脍炙人口，同时坚持艺术性的标准。《唐诗三百首》之所以为人称道，最主要还是体现在选诗的慧眼上。朱自清先生赞其："这部书选在清代中叶，入选的差不多都是经过一千多年淘汰的名作，差不多都是历代公认的好诗。"[1]而徐调孚先生则评价："这是一部非常通俗的选本，通俗到不入任何藏书家之手，似乎任何一位藏书家收藏了这本书，便有损他高贵的尊严。然而它所收的诗，几乎尽是晶莹圆润的珠玉。"[2]如王勃的《送杜少府之任蜀州》、骆宾王的《在狱咏蝉》、李白的《月下独酌》、杜甫的《望岳》、王维的《终南山》、王昌龄的《芙蓉楼送辛渐》、白居易的《琵琶行》、杜牧的《泊秦淮》、李商隐的《夜雨寄北》等，都是几千年来人们众口交誉的佳作。

应当说，蒙童的接受程度是孙洙选编诗歌的首要原则，为此，他宁可略去一些脍炙人口，但内容过于沉重深奥的名篇，比如杜甫的"三吏""三别"、聂夷中的《伤田家》等反映深刻社会现实问题的诗作，都没有入选。再如中唐新乐府运动中涌现的作品，以及李贺诗也一篇未取，究其原因，很大可能是因为这些诗歌对于初学者来说，不"易于成诵"，对儿童来说，更无法确切理解复杂的社会大环境和历史背景。

---

[1] 朱自清.经典常谈[M].北京：北京联合出版公司，2013：129.
[2] 徐调孚.中国文学名著讲话[M].北京：中国青年出版社，2010：52.

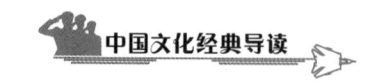

除了"脍炙人口"之外，孙洙选篇的另一个重要标准就是其艺术价值。诗歌是一门语言文字艺术，必须有鲜明的形象、强烈的激情、优美的意境、浓郁的诗味，才能"使味之者无极，闻之者动心"（《诗品序》）。孙洙选编《唐诗三百首》的时代，正是王渔洋神韵说、沈德潜格调说、袁枚性灵说盛行之时，孙洙也受到了上述诗歌理论的影响，并将之作为选诗标准。入选的诗篇，有比兴言志、情致婉转的佳作，如"草木本有心，何求美人折"的张九龄《感遇》；有想象奇绝、扣人心弦的大手笔，如"我本楚狂人，风歌笑孔丘"的李白古风；有感情深沉、忧国忧民的现实杰作，如"国破山河在，城春草木深"的杜甫五律；有诗画交融、优美生动的信笔小诗，如"明月松间照，清泉石上流"的王维诗句；有如泣如诉、曲尽其妙的长篇巨制，如"天长地久有时尽，此恨绵绵无绝期"的白居易叙事长诗；有深曲隐晦、韵味袅袅的朦胧佳品，如"身无彩凤双飞翼，心有灵犀一点通"的李商隐《无题》。

从诗歌描绘的对象看，有沉郁雄浑、感时伤世的自我写照，如"念天地之悠悠，独怆然而涕下"的陈子昂《登幽州台歌》；有含蓄隽永、借古喻今的怀古绝唱，如"旧时王谢堂前燕，飞入寻常百姓家"的刘禹锡《乌衣巷》；有奇丽浪漫、雄伟壮阔的边塞风光，如"忽如一夜春风来，千树万树梨花开"的岑参七古；有孤苦凄迷、哀婉动人的戍边生活，如"不知何处吹芦管，一夜征人尽望乡"的李益七绝；有轻松活泼、兴到意随的爱情小品，如"妆罢低声问夫婿，画眉深浅入时无"的朱庆馀绝句；有曲折深婉、声情凄恻的深宫怨诗，如"一声何满子，双泪落君前"的张祜《何满子》；有潇洒飘逸、含蕴无穷的依依话别，如"劝君更尽一杯酒，西出阳关无故人"的王维《渭城曲》；有悠悠难尽、一吟三叹的羁旅之愁，如"日暮乡关何处是？烟波江上使人愁"的崔颢《黄鹤楼》；有朴素自然、真挚感人的母子深情，如"慈母手中线，游子身上衣"的孟郊《游子吟》；有苦口婆心、意味深长的谆谆叮咛，如"劝君莫惜金缕衣，劝君惜取少年时"的杜秋娘《金缕衣》等。正由于孙洙在选诗时不拘一格，遴选了一批艺术性强、诗味足的优秀作品，才使得《唐诗三百首》两百多年来拥有大量读者。

《唐诗三百首》问世后，即刻受到了读者的追捧，至光绪年间已被多次翻刻，"风行海内，几至家置一编"①。清代中期以后，还有许多学者为其作注，较为著名的有清代章燮《唐诗三百首注疏》、陈婉俊《唐诗三百首补注》，民国时期喻守真《唐诗三百首详析》、金性尧《唐诗三百首新注》等。今注今译本更是不计其数，还被翻译为英、日、德等多国文字传播海外，是中华民族对世界文明的卓越贡献。著名《唐诗三百首》研究专家金性尧先生的一段话，最能说明其巨大的社会影响："老一辈的读者中，不少人在儿童时代，就在吟诵'慈母手中线，游子身上衣''烽火连三月，家书抵万金'，以及'蜀道之难难于上青天''黄河之水天上来'等名句；还知道苏州有一座寒山寺，武汉有一座黄鹤楼。……这些名句，这些知识以及感情，多半是从《唐诗三百首》上得来的。"②

第四节 《李清照集》

宋代，是中国古代史上商品经济、市民文化乃至科学技术都最为发达的一个朝代，经济发展水平甚至超越了盛唐。以陈桥兵变起家的宋太祖赵匡胤，鉴于五代十国藩镇割据对中央政权的威胁，立国之初便制定了重文抑武的国策。一方面，宋朝的历代统治者对读书人都十分宽容，形成了比较宽松的政治文化环境，促进了文学创作的繁荣。陈寅恪先生就认为："华夏民族之文化，历数千载之演进，造极于赵宋之世。"③另一方面，由于物质富足，城市兴起，北宋朝野内外都展现出一种"悠游闲适"的气质。在文学领域同样体现了这一点，两宋文学之明珠宋词，其早期代表作家李煜、柳永、晏殊、欧阳修、秦观、周邦彦等人的词作，可谓将婉约派词风绮丽柔靡的风格发展到了极致。

---

① 陈婉俊.唐诗三百首补注·序［M］.北京：中华书局，1959：1.
② 荷塘退士.金性尧注唐诗三百：前言［M］.金性尧，注.北京：北京联合出版公司，2017.
③ 陈寅恪.邓广铭《宋史职官志考正》序［M］//陈寅恪文集之三：金铭馆丛稿二编，上海：上海古籍出版社，1980：245.

然而，经济文化上的成就并不能保证宋朝的长期安定，由于对武将的防备和抑制，北宋一朝军备松弛，在对外战争中屡屡失败，最终导致了金兵攻陷汴梁的"靖康之耻"，徽钦二帝北狩，北宋灭亡。一时之间山河破碎、风雨飘零，对于两宋之交的文人来说，家国不幸，身如浮萍，内心的痛苦可想而知。或许正是应验了那句"国家不幸诗家幸"（清赵翼《题遗山诗》），两宋之交的文坛，群星闪耀，佳作迭出，宋词的风格也发生了明显的转变。其中的佼佼者，就是我们今天所要介绍的两宋时期著名文学家李清照。在男尊女卑的中国古代社会，女作家可谓凤毛麟角，能够在男性占据主导地位的文坛获取一席之地，甚至才华足以傲视须眉的更是屈指可数。李清照就是这样一位放诸世界文学史也毫不逊色的作家，她的作品至今仍在影响着一代又一代的中国人。

李清照（1084—约1151），自号易安居士，山东济南人。李清照出身于书香世家，其父李格非少年时便聪颖过人，著成《礼记说》，引起一时轰动，宋神宗熙宁九年（1076）考取进士，官至礼部员外郎，曾"以文章受知于苏轼"（《宋史·李格非传》），为苏门"后四学士"之一，著有《洛阳名园记》等。她的母亲王氏同样出自名门，善诗文。在良好的家庭文学氛围影响下，耳濡目染，加之李清照天资聪颖，"自少年便有诗名，才力华赡，逼近前辈，在士大夫中已不多得，若本朝妇人，当推词采第一"[①]。李清照18岁时，嫁与吏部侍郎赵挺之之子赵明诚为妻。是年，赵明诚21岁，是一名醉心金石之学的太学生。赵明诚一生致力于金石之学，著有《金石录》。赵李夫妇二人在文学艺术方面有着众多的共同爱好，婚后，他们举案齐眉，谈论诗词，收藏金石，是一对令人羡慕的神仙眷侣。然而，三年之后，时任宰相的赵挺之病故，改变了他们原本岁月静好的生活。受到其父政敌蔡京的攻击排挤，赵李夫妻二人不得不避居青州，度过了十年的隐居生活。在此期间，生活虽然清苦，但二人仍"竭其俸入，以事铅椠。每获一书，即同共勘校，整集签题。得书、画、彝、鼎，亦摩玩舒卷，指摘疵病，夜尽一烛为率""虽处忧患困穷，而志不屈"（《金石录后序》）。对于李清照来说，这仍是一段快乐的时光，然而，好景不长，战

[①] 王灼.《碧鸡漫志》疏证［M］.南昌：江西教育出版社，2015：91.

乱很快便打破了他们平静的生活。

靖康之变后,宋高宗南渡,赵李夫妇随之避乱江南,他们的大量金石收藏都散落于兵燹。南渡后,赵明诚受命任职江南,但不幸于赴任途中中暑病故。从此,李清照便独身漂泊江南,过着颠沛流离的凄凉生活。由于缺少确切的资料,李清照的晚年经历已经无法清晰还原,只能据史料大致推断,约在绍兴二十一年(1151)前后故去。一代词宗就此长眠,唯留词作闪耀人间。

相比其他诗词大家,李清照流传至今的作品并不多,"男中李后主,女中李易安,极是当行本色"(沈谦《填词杂说》)是后人对易安词的高度评价。由于李清照的词作在当时就有极高的社会影响力,从宋代开始就不断有人将之刊刻于世,如晁公武《郡斋读书志》著录《李易安集》十二卷,陈振孙《直斋书录解题》载《漱玉词》一卷,黄昇《花庵词选》称有《漱玉词》三卷,《宋史·艺文志》著录《易安居士文集》七卷、《易安词》六卷,今均已失传。现存的诗文及词集都是后人辑录的。

1962年,中华书局上海编辑所出版《李清照集》辑本,收词78首、诗15首、文3篇及《打马图经》、赋、序等若干篇,书末附有李清照的传记、后人研究资料等,是目前较全、较精的辑本。另有今人王仲闻《李清照集校注》、徐培均《李清照集笺注》等,可供参考。

纵观李清照的诗词作品,给人以强烈的真实感和融入感,她的作品往往以个人的情感经历和亲身体会为基础,表现了她一生的感悟和经历。通过追寻李清照的生活经历,可以将其创作活动大致分为三个阶段:年少时期;婚后至南渡时期;南渡后时期。不同时期的作品展现了李清照不同的创作心境和风格,传递了多样的情绪和内容。

李清照的年少时期,社会安定,加之家庭文学艺术氛围浓厚,生活条件富足优渥,这一时期的作品充满了天真活泼的少女情怀。诗词作品多描绘自然风光,展现了轻松欢快的氛围。即使是在萧瑟清凉的秋天出去郊游,她也发出"水光山色与人亲,说不尽,无穷好"(《怨王孙》)的爽朗感慨。《如梦令》回忆旧时出游沉迷于风景以致"沉醉不知归路",兴尽后摇船而归,却"误入

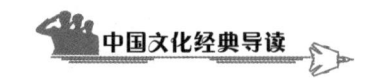

藕花深处"，在焦急与迫切中"争渡，争渡，惊起一滩鸥鹭"，鲜明的场景与动态的画面传达出清新闲适的感觉。她也大胆直率地展现少女形象，"蹴罢秋千，起来慵整纤纤手。露浓花瘦。薄汗轻衣透。见客入来，袜划金钗溜。和羞走。倚门回首，却把青梅嗅"（《点绛唇》），处处流露着她少女时期的天真娇憨，略带羞涩，无忧无虑又率性爽朗的个性特征。

婚后的李清照与赵明诚两人志同道合，夫唱妇随，共同研读诗文，鉴赏金石，因此很多作品都描写了幸福的家庭生活，通过诗词讴歌美好的爱情故事。"造化可能偏有意，故教明月玲珑地。共赏金尊沈绿蚁，莫辞醉，此花不与群花比。"（《渔家傲》）梅花如此高洁孤傲，那也得能寻得良人共同欣赏，赵李二人恰是这样一对璧人，再没有比这更幸福美满的了。此时李清照的作品不再是明朗少女的悠闲洒脱，增添了已婚女子更加丰富饱满的思绪。李清照与赵明诚两人26年的婚姻生活虽幸福美满，却也经历了不少离别之苦，这样的生活经历更加丰富了李清照诗词创作的内容，留下了许多脍炙人口的作品。其中有许多作品表达了她在赵明诚出仕时对丈夫的思念之情，如《醉花阴》一词就以其寓情于景、含蓄深沉的写法广为传诵：重阳佳节本应夫妻团圆，李清照却独身一人度过，薄雾弥漫，到处都是令人烦闷的愁绪，半夜醒来也觉得凉气渗入内心；独自饮酒直到黄昏，黄菊淡淡的清香盈满袖口，凄清寂寥的深秋里人比黄花还要消瘦。以"人拟黄花"，描绘出词人因思念丈夫而日渐消瘦的形象，全词对思念愁绪的反复渲染以及最后拟人比喻的点睛运用，让"人比黄花瘦"传为千古名句：

薄雾浓云愁永昼。瑞脑销金兽。时节又重阳，玉枕纱厨，半夜凉初透。东篱把酒黄昏后。有暗香盈袖。莫道不销魂，帘卷西风，人比黄花瘦。

据传李清照把这首词寄给赵明诚后，"明诚叹赏，自愧弗逮，务欲胜之。一切谢客，忘食忘寝者三日夜，得五十阕，杂易安作以示友人陆德夫。德夫玩之再三，曰：'只三句绝佳。'明诚诘之，答曰：'莫道不销魂，帘卷西风，人比黄花瘦。'

正易安作也"(《琅嬛记》)。这也从侧面反映出李清照的才华横溢。

除了《醉花阴》外,还有《念奴娇》("萧条庭院")、《一剪梅》("红藕香残玉簟秋")、《蝶恋花》("暖雨晴风初破冻")等篇,均表达了对丈夫的思念之情。

李清照词中含蓄婉转的表达、清丽圆润的语言、柔美和谐的音律以及对儿女情长的细腻描述,使李清照成为宋词婉约派的代表人物,沈曾植曾说:"易安为婉约主,幼安为豪放主。此论非明代诸公所及。"(《菌阁琐谈》)高度评价了李清照在婉约词派的重要地位。

虽然沉湎于婚姻和爱情的甜蜜,这一时期的李清照也并未放弃对时局的关注。北宋末年,政治腐败,朝堂之上朋党林立,赋税沉重,民不聊生,统治者却丝毫不以为意。于是,李清照作《浯溪中兴颂诗和张文潜二首》两首七言长诗,总结唐代安史之乱的原因和历史教训,以史为鉴,影射宋代统治集团的腐败懦弱,表达了她对现实的强烈担忧。明代陈宏绪在《寒夜录》中说:"李易安诗余,除炙千秋,当在《金荃》《兰畹》之上……独其诗歌无传,仅见《和张文潜浯溪中兴碑》二篇……二诗奇气横溢,尝鼎一脔,已知为驼峰、麟脯矣。"体现了易安极具风骨、明理远见的一面。

南渡之后,李清照接连遭受了国破家亡、生离死别的惨痛经历,落差巨大、命途多舛的生活也影响了李清照的文学创作,其作品在内容和艺术风格上都有了很大的转变,思想意义也比前期深刻许多。面对金兵入侵、民族沦亡,南宋朝廷却偏安江左、腐朽懦弱的社会现实,李清照愤慨:"南渡衣冠少王导,北来消息欠刘琨。"又云:"南来尚怯吴江冷,北狩应知易水寒。"(《断句》)直斥南宋君臣无能自私,不顾国家存亡。在《上枢密韩肖胄诗》中痛诉"土地非所惜,玉帛如尘泥。谁当可将命,币厚辞益卑",表达了李清照对饱经战乱、流离失所的百姓的深切关心和同情,以及痛斥侵略,矢志收复失地、绝不屈服的爱国主义精神。《夏日绝句》"生当作人杰,死亦为鬼雄。至今思项羽,不肯过江东",借古讽今,字字珠玑,掷地有声,讽刺了南宋朝廷苟且逃跑的无能行径,全诗不过短短20字,却正气凛然,令人肃然起敬。

这一时期李清照的创作关心国家存亡、民族命运，更有飘零江南后对故国家乡的怀念和对个人凄凉身世的悲叹。如作于李清照晚年的《永遇乐》，词人在元宵佳节追忆从前热闹非凡的汴京灯节，"铺翠冠儿，捻金雪柳，簇带争济楚"，如今却容颜憔悴，无心寻乐，从个人身世的飘零上升到对故国的思念，对山河不再的痛心，作品内容和主题得到了升华，令人动容。南宋末年爱国词人刘辰翁曾说："诵李易安《永遇乐》，为之涕下。今三年矣。每闻此词，辄不自堪，遂以其声，又托之易安自喻，虽辞情不及，而悲苦过之。"（《须溪词》卷二）此时李清照的作品仍在说愁，不过她的愁不再限于从前的闺怨思念，而是将个人的愁与社会、国家联系起来，愁愈深也愈浓。《声声慢》就是这样一篇深沉的诉愁之作：乍暖还寒的时候词人独居，周围的环境冷清凄凉，饮酒也无法抵御身心的寒冷，大雁南归，自己却依旧漂泊他乡；孤身一人时间也愈发难熬，黄花凋落，却无人相伴共同欣赏，无边细雨愈发使人心烦，这孤独凄凉的境地怎是一个愁字能概括得了的！

寻寻觅觅，冷冷清清，凄凄惨惨戚戚。乍暖还寒时候，最难将息。三杯两盏淡酒，怎敌他、晚来风急？雁过也，正伤心，却是旧时相识。

满地黄花堆积。憔悴损，如今有谁堪摘？守定窗儿，独自怎生得黑？梧桐更兼细雨，到黄昏、点点滴滴。这次第，怎一个愁字了得！

这首词不仅情境完美融合、意蕴深厚，在写法上也独具特色。全词反复运用叠词，重点突出，音韵和谐。明代茅映《词的》评价："连用十四叠字，后又四叠字，情景婉绝，真是绝唱。后人效颦，便觉不妥。"宋代张端义在《贵耳集》中也称赞："更有一奇字云：'守定窗儿，独自怎生得黑。''黑'字不许第二人押。妇人中有此文笔，殆间气也。"再如"试灯无意思，踏雪没心情"（《临江仙》），"故乡何处是？忘了除非醉"（《菩萨蛮·风柔日薄春犹早》），"永夜厌厌欢意少。空梦长安，认取长安道"（《蝶恋花·上巳召亲族》），"伤心枕上三更雨，点滴霖霪，点滴霖霪，愁损北人不惯起来听"（《添字采桑子》），这些作品都反映了李清照南渡之后经历和心境的巨大转变，无论是爱国之情还是身世之叹，我们都能从中感受到作者愈加开阔深刻的思想情感。

李清照虽为宋词婉约派的代表人物，但与许多心怀家国的传统文人一样，她也有对未来理想主义和热情的一面，例如《渔家傲·天接云涛连晓雾》中采用浪漫主义手法，通过人神对话的方式，表达了自己对现实的不满，渴望到"神山仙境"充分展现自己的才华，全词气势恢宏，大气磅礴，表达了词人追求理想、积极进取的精神。

除了诗词作品，李清照还著有《词论》，是宋代第一篇词学理论文章。这篇文章论述了词的发展演变，总结了此前各派词人创作的优缺点，表达了李清照对词的认识和理解，认为词应高雅、浑成、协乐、典重、铺叙、故实，提出"词别是一家"之说，对词学理论的发展产生了积极的影响。

李清照在创作上展现的才华和独特风格使她在众多词家中独树一帜，自成一派，后人称之为"易安体"，巨大的艺术感染力也影响了后世的创作，侯寘、辛弃疾、刘辰翁都曾"效易安体"。时人和后人对李清照一直给予很高的评价：南宋朱熹称"本朝妇人能文只有李易安与魏夫人"（《朱子语类》）；朱彧说"本朝女妇之有文者，李易安为首称"（《萍洲可谈》）。明代杨慎认为"宋人中填词，李易安亦称冠绝……山谷所谓'以故为新，以俗为雅'者，易安先得之矣"（《词品》卷二）。清代纪昀在《四库全书总目》中写道："清照以一妇人，而词格乃抗轶周柳，虽篇帙无多，固不能不宝而存之，为词家一大宗矣。"胡适说："易安是一个最有天才的女子。"[1] 郑振铎说："李易安固不仅为妇女中之能文杰出者，即在各时代的诗人中，她所占的地位也不能在陶潜、李、杜，及欧阳修、苏轼之下。"[2] 林庚说："北宋的词坛，虽然充满了慢调的势力，却依然以小令为主。而结束这北宋词坛的一位作家，便是李清照。……在中国女作家中，能够在文学史上占一席之地的，这是唯一的一个人了。"[3] 李清照在中国文学史上

---

[1] 郑宾于.中国文学流变史 下 [M].上海：上海书店出版社，1991：233.
[2] 郑振铎.文学大纲 上 [M].南昌：江西教育出版社，2017：283.
[3] 林庚.中国文学史 [M].厦门：鹭江出版社，2005：250.

的天纵才华与杰出贡献，将随着岁月推移愈发光彩夺目。易安诗词所体现的丰富浓厚的思想感情，已经融入中国传统文化的血脉之中，影响着一代又一代的中国人。

第五节 《聊斋志异》

近代国学大师王国维先生曾说："凡一代有一代之文学，楚之骚，汉之赋，六代之骈语，唐之诗，宋之词，元之曲，皆所谓一代之文学，而后世莫能继焉者也。"[1]发展至明清，堪称一代之文学的，当之无愧地属于明清小说。小说作为一种文学体裁，其远源可以追溯到先秦时期的稗官野史。班固《汉书·艺文志》就写道："小说家者流，盖出于稗官。街谈巷语，道听涂说者之所造也。"因其故事性强，情节引人入胜，一直深受普通民众的喜爱。明朝中后期以来，随着市民文学的兴起，借助建阳书坊的传播力量，众多文人参与到小说创作中来，极大地提高了这种体裁的文学价值，出现了以"四大名著"为代表的长篇白话小说。与白话小说相比，中国古代文言小说的历史更加悠久，先秦时期的《山海经》启其绪端，魏晋志怪小说、唐传奇等赓续其后，至清初蒲松龄《聊斋志异》的出现，代表了我国文言短篇小说的最高成就。

蒲松龄，字留仙，一字剑臣，号柳泉居士，明崇祯十三年（1640）生于山东淄川（今淄博市）的一个书香世家。蒲家在当地曾经是一个望族，高、曾祖辈都出过秀才，但"显赫"人物甚少。经历了清初的战乱，家族日渐衰微，蒲松龄的父亲蒲棻虽然学识渊博，但因"家贫甚，遂去而学贾"（蒲松龄《述刘氏行实》），家境改善后，十分重视子女的教育。蒲松龄从小天资聪颖，熟读经史子集，为了光耀门楣，重振门风，蒲松龄一生都致力于博取科举功名。19岁时考取县、府、道试第一，补博士弟子员。20岁至30岁这十年间，蒲氏家道中落，生活艰难，蒲松龄不得不外出教书谋生，但他并没有放弃科举

---

[1] 王国维.王国维文学论著三种[M].北京：商务印书馆，2017：46.

考试。然而事与愿违,多次赴考均以失败告终,后来他曾写下"十年尘土梦,百事与心违"(《旅思》)的痛心之句。31岁时,蒲松龄因家庭经济条件愈加窘迫而受聘为新任宝应知县孙蕙的幕宾,南下江苏,虽然不到一年便回到故乡,但此次南游极大地开拓了蒲松龄的眼界,为《聊斋》的创作提供了丰富的素材。南游之后的七八年间,蒲松龄经历了最为艰难困苦的时光,家中贫困,母亲亡故,考场失意,靠"笔耕"谋生,"卖文为活"(蒲松龄《呈石年张县公俚谣序》)。直到40岁时,蒲松龄到明末尚书毕自严之子毕际有家坐馆,他的生活才有所好转。毕家对蒲松龄颇为器重,优渥的条件和丰富的藏书也为蒲松龄提供了一个较安逸的读书写作环境。蒲松龄坐馆西铺长达31年之久,一面教书写文,一面仍对科举考试抱有一丝希望,然而他的科举之路却万分坎坷,始终没能考取功名。科名不顺,让蒲松龄对科举考试有着非常复杂的情绪,曾叹息"天孙老矣,颠倒了天下几多杰士。蕊宫榜放,直教那抱玉卞和哭死!"(《大江东去·寄王如水》)

在"仕途黑暗,公道不彰"(蒲松龄《与韩刺史樾依书》)的反复折磨中,他逐渐放弃了对功名的追求,不再赴考,其友张历友在寄赠蒲松龄的诗中写道:"老来更觉文章贱,贫病方知雅道非。同学故人萧屑甚,一时遗老姓名稀。"(张笃庆《寄蒲留仙》其二)这是对蒲松龄这一段生活的真实描述。晚年的蒲松龄家庭经济条件逐渐好转,儿孙绕膝,心境也愈发开阔,曾抒发"人生知足无烦恼,能得逍遥贵残均"(蒲松龄《老乐》)的感慨。然而好景不长,随着年岁渐长,蒲松龄此时已是"健忘已足征老困,病骨可以卜阴晴"(蒲松龄《老叹,简毕韦仲》)的古稀老人,又接连遭受丧妻之痛和幼孙夭折的沉重打击,最终在凄凉孤苦的心境中于康熙五十四年(1715)逝世,享年76岁。

蒲松龄一生著作数量很多,涉及诗、词、曲、赋、铭、引、序、疏、小说、杂著等各种文体,这与他的生活经历有很大的关系,同时也源于他本身渊博的学识、敏捷的文思。《聊斋志异》是蒲松龄的代表作,开始创作于作者青年时期,40岁左右初集成帙,以后随时增补,直到年逾花甲才辍笔,创作周期长达40余年。该书内容非常丰富,既有作者的亲身见闻,也有对传统题材的重新创作，更多的则是作者在游历和生活见闻中记录下的民间故事传说。作者在《聊斋志异》自序中说道："才非干宝，雅爱搜神；情同黄州，喜人谈鬼。闻则命笔，遂以成篇。久之，四方同人又以邮筒相寄，因而物以好聚，所积益夥。"可见创作素材来源是十分广泛的，有亲身收集的资料，也有大量同道中人主动赠寄的素材。但蒲松龄并不是对这些故事传说进行简单的转叙，而是通过自己的艺术加工与创造，让这些充满浪漫主义色彩的传奇故事寄托了作者的情感，反映现实生活的真实状况，是对蒲松龄所处时代的艺术再现，表达了作者对现实生活的认识与思考。

《聊斋志异》版本众多，成书后最早以抄本形式流传，其中较有名的是乾隆十六年（1751）铸雪斋十二卷本，出自历城张希杰之手，该本基本从原稿转录而来，因而具有较高的版本价值。在"铸"本之前也有别的抄本流传，例如雍正癸卯年间（即作者去世后的七八年）的殿春亭主人抄本，今已散佚。此外还有保存于四川大学图书馆的乾隆年间黄炎熙选抄本。至于刻本，最有名的是乾隆三十一年（1766）由莱阳赵起杲开刻的"青柯亭"本，赵起杲逝世后由天都鲍廷博继续完成。之后在道光年间还出现了各种版本的评注本，例如吕湛恩注本、何垠注本、王士禛评本、冯镇峦评本等等。1949年以后，作家出版社在1956年出版了张友鹤选注的《聊斋志异选》，1962年中华书局上海编辑所根据张友鹤的《聊斋志异选》、铸雪斋本、青柯亭本等整理出版的《聊斋志异》，共收491篇，计十二卷，是迄今为止较为完备的一个版本。

《聊斋志异》是一部具有强烈现实批判意义的志怪小说，作者用不羁之笔、以鬼狐妖仙的形象揭露批判现实社会的种种黑暗，寄托了自己的爱憎褒贬。这种风格的形成与作者个人经历密切相关：一方面，作者一生的大部分时间都生活在乡村，作为一名普通知识分子，他有着自己的理想，希望通过科举考试实现自己的抱负，然而蹉跎半生，科场失意，虽有满腔才华却无处施展，数十年来目睹世间的种种不平，这不能不让作者感到愤懑难安，在对科举制度最终失望后，转而揭露这种制度对士人志气的消磨和制度本身的种种弊端。另一方面，作者在与底层劳动人民的长期交往中，深刻体会到了普通民众谋生的不易，权贵阶层盘剥民脂民膏，官僚腐败，政治黑暗，民不聊生。而作者在南游，与官员的日常交往，以及在毕家坐馆的三十年中，也深入接触和了解了官绅家庭以及官僚阶层的各色人物，这在他的作品中也有生动的描写。

《聊斋志异》中有多篇作品抨击了科举考试和传统选官制度的弊端。科举制度自隋唐出现并定型以来，曾在中国历史上起到了维护国家稳定、培养选拔人才以及为寒门学子提供仕进之途等重要作用，然而，随着时代变迁，科举考试制度日渐僵化，弊端愈显。明清时期以"八股文"为核心的考试内容，极大地损害了士人的创造力和独立思考的精神。更有甚者，明清时期多次出现因官僚腐败而导致的科场舞弊案，给寒门学子的科考之路蒙上了沉重的阴影。《聊斋志异》中揭露科举制度的篇章不在少数。《叶生》篇讲述了淮阳一位叶姓书生的故事，叶生虽"文章词赋，冠绝当时，而所如不偶，困于名场"，最终郁病而死。叶生死后仍心有不甘，灵魂随着他的知己丁县令东归，教授丁家公子，助其高中进士，叶生也考中举人。然后当叶生荣归故里时才知自己早已死去，怅然惆怅，到灵柩前扑地而灭。这是当时很多寒门士子的缩影，视科举为唯一的人生道路，然而却终生淹留，空耗岁月，最终落得个悲哀的结局，深刻地反映了社会现实。

《司文郎》中瞽僧能通过焚烧文章的气味评价才华优劣。谦虚好学、才华横溢的王平子，文章受到了瞽僧的鼓励和赞赏，而高傲自大、才疏学浅的余杭生的文章却让瞽僧咳逆数声，厌恶呕吐。然而，文采斐然的王平子屡试不中，无才无德的余杭生却顺利地中举入仕。当瞽僧闻了那些考官的文章时，"向壁大呕，下气如雷"，借瞽僧之口揭露了帘官（即考官）的眼瞎鼻盲，他们本身就无德无能，如何能够指望这些人公正地选拔出有才有德的士子。《贾奉雉》《于去恶》《考弊司》《三生》《素秋》《神女》等篇，或批判酸腐秀才和昏庸考官，或讽刺呆板的八股文和不公的取士制度，从不同角度深刻揭露了科举制度的弊端，显示出作者思想之深邃。

在《聊斋志异》中，作者不仅对科举制度进行批判，更痛诉了官吏阶层贪婪昏庸、无耻恶劣的行径，揭露了政治的腐朽黑暗。《梦狼》《席方平》《促织》《红玉》《石清虚》《田七郎》《窦氏》《成仙》《梅女》《罗刹海市》等篇，都是这方面的代表作。《梦狼》中讲述了白翁的一个梦：白翁想念在外做官的大儿子白甲，去探望他时却惊恐发现堂上、堂下，坐着、卧着的都是凶狠的狼，周围白骨堆积如山，他的儿子甚至想用死尸设宴招待父亲，而这时白甲也变身老虎被猛士控制。作者借白翁之梦发出"异史氏"的感叹："窃叹天下之官虎而吏狼者，比比也。即官不为虎，而吏且将为狼，况有猛于虎者耶！"直指官吏如虎狼一般食人肉饮人血的残酷骇人景象。《促织》里的皇帝因"尚促织之戏，岁征民间"，各级官吏借机对百姓横征暴敛，贫苦读书人成名因此遭受家破子亡的惨剧，其子灵魂变成好勇善斗的蟋蟀，进贡给皇帝之后深受喜爱，全家得以发迹腾达，这种"悲也促织，成也促织"的强烈反差深刻地揭露了统治者贪图享乐、官吏谄媚暴戾、百姓苦不堪言的黑暗社会现象，具有很强的现实批判力。再如《席方平》写东安席廉与羊姓财主有隙，羊死后买通阴间阎王差役报复席廉，席廉之子席方平为报父仇亲赴阴间伸冤，却轮番遭受炮烙、刀锯等酷刑，作者用暗无天日的阴间反衬阳世，官官相护的黑暗现实愈加凸显。上至天子下至普通百姓，《聊斋志异》无所不包，故事从不同角度控诉了在昏庸君主、贪官污吏、土豪劣绅阶层统治下的社会现实，给人以深刻的认识和思考。

作者除了对社会现实的种种不公进行揭露和批判，也表达了自己对美好事物的追求和热爱，这集中地表现在《聊斋志异》的爱情故事里。这些篇章通过描写花鬼狐妖和人类之间的真挚爱情，表现了对真情实感的渴望与憧憬。另一方面，这些爱情故事的主人公为了追求自由爱情敢于反抗礼教，侧面反映了作者蔑视礼教、追求人性解放的先进思想。《连城》讲述富家之女连城爱上贫寒书生乔生，连父嫌乔生出身低贱，遂而将其许配给盐商之子，连城因此得重病，需用男子心头肉才能治好，乔生听后果断割肉救连城，连城得救后，连父却背约违誓。连城旧病复发死去，乔生以死相随，两人在阴间结合，最终历经磨难还阳后终成眷属。故事歌颂了超越生死的美好爱情，也对父母包办婚姻现象进行了批判。《婴宁》中的婴宁虽为狐女，却美丽善良，憨态可掬，她乐观爱笑，用笑应对人生中的一切惨淡与纷争，反映了作者乐观向上的生活态度。《阿宝》写富商之女阿宝漂亮聪慧，众多名士贵族求亲，可阿宝却独爱"痴"人孙子楚，终成良缘。故事的最后蒲松林评论："性痴则其志凝，故书痴者文必工，艺痴者技必良。世之落拓而无成者，皆自谓不痴者也。"赞美了那种因发自内心的热爱而貌似"痴傻"的人。《小翠》《小谢》《宦娘》《香玉》等都是这类作品的代表，塑造了许多个性鲜明的角色，其中尤以女性角色最为突出。《聊斋》中的女子形象，无论人鬼妖神大多美丽聪明，善良执着，敢于向传统挑战，传递着解放人性、追求自由的理想光辉。

除了上述三类故事，《聊斋志异》还有许多具有启迪性的劝诫讽刺篇章，例如《董生》嘲讽董生为色所惑终至英雄气短的可笑行径。《画皮》告诫人们不要留恋于表面的美丽，要透过现象看本质。《崂山道士》讽刺不劳而获、好逸恶劳、异想天开的人，指出不勤奋的人必定无所获的道理。这些篇章都有着非常积极的现实意义。

《聊斋志异》代表了我国文言短篇小说的最高成就，它不仅受到了六朝志怪小说、唐代传奇、宋元话本等前代文学的影响，更以作者超绝的才华，用浪漫主义手法描绘鬼狐世界，反衬现实生活，形成了独具特色的风格内容。鲁迅曾评价道"《聊斋志异》虽亦如当时同类之书，不外记神仙狐鬼精魅故事，然描写委曲，叙次井然，用传奇法，而以志怪，变幻之状，如在目前。又或易调改弦，别叙畸人异行，出于幻域，顿入人间。偶述琐闻，亦多简洁，故读者耳目，为之一新。"（《中国小说史略》）《聊斋志异》自问世以来，便受到读者欢迎，仿作迭出，著名的如和邦额的《夜谭随录》、宜鼎的《夜雨秋灯录》、王韬的《淞隐漫录》等，但这些仿作在文学成就上与《聊斋》仍有一定差距。《聊斋》在海外也久负盛名，很早便传入日本，随后被翻译成英、法、德、意、俄、西、荷、比、捷、罗、匈、波、保、越、朝、蒙等十余种文字在海外出版传播，影响十分广泛。

直至今日，《聊斋志异》仍然深刻地影响着中国社会，其高超多样的叙事手法启迪了近现代作家的创作，比如诺贝尔文学奖获得者莫言，其作品就有不少

《聊斋志异》的影子。[①]后世的戏曲、影视等领域，对《聊斋》的改编也层出不穷，为文艺创作提供了丰富多样的素材，诞生了许多经典之作。作为中华文化宝库中的瑰宝，《聊斋志异》的魅力将会随着时间推移愈发耀眼，显示出更加强大的生命力。

[①] 张旋子.《聊斋志异》对莫言小说创作的影响［D］.集美大学硕士学位论文，2014.

第七讲

文史工具书介绍

第一节 文史工具书概要

工具书是专门用来查找知识信息的文献,在现代学科体系中占据了重要的位置。常见的工具书如"百科全书""年鉴""图书目录、索引、摘要"等,为我们的学习工作提供了很大的便利。然而,中国古代本无工具书的概念。古人读书,讲究熟读成诵,比如讲文字训诂的《尔雅》,列名十三经之一,是古代读书人的必读书,不仅要读,还要达到烂熟于心的程度。《新唐书·选举制》云:"凡书学,先口试,通,乃墨试《说文》《字林》二十条,通十八为第。"而现代意义上的工具书却是一种专为"查"而不是为"读"所设的书,并不要求读者像读别的书那样逐字精读,只宜作为翻检查阅的工具。古代的字词典,具备查考的性质,但并不是专为了检索而编的,从根源上来说,二者还不能直接画上等号。随着时代发展,积累的知识越来越丰富,特别是科举制度实行之后,读书治学,已经不能再像早期一样单靠读者记诵,因此,各种汇集资料,按照一定方法编排的,主要为检索备考而用的书籍相继出现,大家较为熟悉的类书、政书、年表、图谱,都属这种性质,其工具属性更加明显。

概言之,所谓工具书,就是作为工具使用的图书。其作用约略有以下数端:(1)

解决疑难问题;(2)检索资料;(3)指导读书门径;(4)扩大知识视野。由于中国古代的学问集中在文史二途,古代的工具书在内容和类别上充分展现了中华传统文化的特征,与西方工具书源流各异,下面我们就按照古代工具书产生的先后顺序逐一介绍。

字典,解释字的形、音、义及其用法的图书,古代叫作字书、韵书。我国最早的字典是《说文解字》。

词典,解释词语的概念、意义及其用法的书。我国最早的词典是《尔雅》。

书目,图书目录的简称,是把图书按照一定的顺序、类别加以编排,帮助读者检索书籍、了解学术源流的工具书。中国古代目录学,始于西汉末年刘向、刘歆父子的校书活动,在整个古代文化史上,目录实践和目录学都堪称"显学",形成了中国目录学重视"辨章学术,考镜源流"的传统。

类书,采录古籍中的历史典故、名物制度、诗赋文章等资料,按分类或韵部排列,以备查考的工具书。最早的类书是三国时代的《皇览》,最著名的类书则是明代初年编撰的《永乐大典》。

政书,记载历代或某朝典章制度,包括政治、经济、军事、文化制度等史料的工具书。第一部政书是诞生于唐代的《通典》,以后历代均有编撰。

年表,查考历史年代或历史大事的工具书。形式源自《史记》中的表。

图谱,以图画的形式反映历史人物或事件、传播知识的工具书。

此外,中国古代还有一类大部头的书,集合了某一时代或历代的各类别知识,如《全唐诗》《全唐文》等,在类别上属于集部的"总集",功能上主要是供人们检索查找的,我们也将其列入工具书的范畴。

工具书的主要作用是供人们查阅,为了让人们从海量的资料中更加快捷地找到需要的知识,工具书必须采用较为周密和简便的方法编排,因此可以说,工具书的编排和它的内容一样重要。我国的文史工具书主要的编排方法如下:

1. 内容编排法

分类法,根据文献资料反映的知识内容、学科体系进行分门别类的文献组织法,古代的大多数目录都采用了这种办法。

时间法，按照文献内容的时间顺序排列的方法。如历史年表、大事记等。

地区法，按自然地域、行政区划来排列文献的方法。地方志、地图等多用此法。

2. 形式编排法

部首法，取汉字的偏旁，以形旁为序进行编排的方法。由于古代汉字字形并不统一，采用此种方法的工具书部首也形态各异。如《说文解字》部首有540个，《康熙字典》则有部首214个。

笔顺法，就是将汉字的笔画分成点、横、竖、撇、捺、折等几种笔形，然后再按照笔形的次序排列的方法。

四角号码法，是民国时期商务印书馆的王云五发明的一种检字法，将汉字笔画分为十种，以数字代表。然后再按照每个字的四个角取号，以四角号码的大小顺序排列。

中国字庋撷法，民国时期哈佛燕京学社引得编纂处使用的一种检字法，著名历史学家洪业所创。庋撷二字，本意是放入、取出，用以指代汉字的结构解剖法。首先将汉字的笔画分为十种，各以数字代之；再把字体组合的方式分为五类，以1~5的数字代表。把两种数字结合起来，形成一组数字，再按数字大小排序的编排法。

声韵法，按照汉字的平上去入四声和韵部为序的排列方法，古代韵部有206韵和106韵两种，以106韵更为通行。

第二节　文史工具书举要

上一节我们介绍了古代工具书的主要类型和编排方式，工具书最主要的功能是检索，可以帮助读者更快地找到自己需要的线索，起到指示学问门径的作用。在本节中，我们将按古代工具书的类别逐一介绍每类中具有代表性的图书。

一、字、词典

字典，一般指对单字的注音、释义。词典，则是针对词语、专用语或成语的解释。但在古代二者的区分有时候并不明显，一些较为大型的字典，往往也涉及词语的解释。

《尔雅》，古代最早的一部分类词典，大约产生于西汉时期。按照释诂、释言、释训、释亲等19类收录词汇，并为之释意。"十三经"之一，古代读书人的必读书目。

《方言》，西汉杨雄撰，最早的一部方言词典，依照《尔雅》的体例分类编排并作解释。

《说文解字》，东汉许慎编著，古代最早的一部字形字典。按照小篆的字形确定部首，以部首为序排列，每字先列小篆，再作解释。《说文解字》后来成为了古代文字学的经典，历代都有学者给它作注解，其中最著名的就是清代学者段玉裁的《说文解字注》。

《康熙字典》，清康熙年间官修的一部大型字典，在明代《字汇》《正字通》等字书基础上编撰而成。共收字49030个，异体字、古体字等均收。每字先按部首再按楷书笔画次序排列。

以上是古代主要的字、词典，近代以来，商务印书馆、中华书局两家编的《辞源》《辞海》，广征博采，已经成为文史领域最常用的工具书。

《辞源》，民国时期商务印书馆编辑，以《康熙字典》为基础，按部首排列，每字注音释义，引用大量古籍例句以作说明。在每字后增添词语，包括一般词语、专用词汇、成语等。

《辞海》，民国时期中华书局编。中华书局出版《辞海》是为了与《辞源》竞争，因其出版时候较晚，故而后出转精，选用的词语较《辞源》更新。

二、书目

前面在介绍史部源流时已经提到，书目在四部分类中属于史部，古代的书目按照提要的体式可分为叙录体、传录体、辑录体三大类。在相关章节，我们已经详细介绍了《四库全书总目》等古代书目代表作。这里我们再列举一些常见的古籍书目，供读者参考。

古籍综合目录：《四库全书总目》是古代社会最大的一部官修书目，"著录"和"存目"加起来总计收书万种左右，与我国古代丰富的典籍总量相比仍是不相称的，并且《总目》在收书原则方面也有许多不如人意之处。因此，几乎在《总目》完稿的同时，对其的增补、辩证工作就展开了。《四库未收书目提要》，清嘉庆时期阮元按《总目》著录标准收集了未著录古籍173种。《四库撤毁书提要》，收《总目》拟著录后又因故撤出的9种书。《四库简明目录》，是《总目》的简本、节本，《总目》修撰过程中被纂修官带出，后在民间广泛流传。《增订四库简明目录标注》，清邵懿辰批注，邵章辑刻，在《简明目录》基础上标注版本信息的版本目录。《贩书偶记》，民国时期北京通学斋书店店主孙殿起编撰，亦属版本目录，本书汇集了作者多年收书、贩书之心得，起到了《总目》续编的作用。《清代禁毁书目（四种）》，为光绪时期姚觐元编，汇刊了乾隆时期的四种官方禁毁书目。《清代禁书知见录》由孙殿起辑录。

古籍专科目录：《中国地方志综录》，朱士嘉编，按清代的行政区划编排的地方志总目，著录卷数、纂修者、版本年代、收藏信息等。《中国通俗小说书目》，孙楷第编，根据作者对国内及日本收藏的白话文小说存藏情况的调查，分话本小说和章回小说两类，著录宋至清代的小说。《元代杂剧全目》《明代杂剧全目》《明代传奇全目》，傅惜华编，迄今为止最详细的古代戏曲作品目录，按照作者时代先后编排，著录剧本名目、作者、存佚、版本、收藏信息，并为之撰写提要。

丛书目录：编刻丛书之风起于南宋，盛于明清，清代中期开始出现丛书目录。由于其形式类似于今天图书分类中的"综合图书"，也有不少四部分类目录在四部之外专列"丛书"部。目前最常用的一种丛书目录是上海图书馆编的《中国丛书综录》，汇集了全国41个图书馆所藏的2797种丛书。该书共分三册，第一册按类别和编刻年代，著录丛书的种数、编者、版本、子目、收藏单位等。第二册是分类丛书子目目录。第三册是子目索引和著者索引。

三、类书

类书起源于魏晋南北朝时期，盛极于唐。类书的出现最早是由于韵文写作的需要，古人作文多用典故，写诗作赋也需要使用大量典故。一般的知识分子不可能记得如此多的典故，于是就出现了类书，将作文需要的资料、典故，按照类别辑录出来，供人查考。比如古人要作一篇关于月亮的诗歌，就可以到类书的天部"月"子目下查一下，把子目下罗列的关于月亮的文字、典故筛选一番，略作加工就可作出了。

魏晋南北朝时期的类书，如《皇览》等，后世已经失传，现存早期类书主要是隋唐至北宋初年的。

《北堂书钞》，隋虞世南编。

《艺文类聚》，唐初欧阳询等编，本书类聚的主要是文学类史料，且常常整段引用，许多失传的古籍赖以保存片段。

《太平御览》，北宋初年李昉编，总计一千卷，北宋官修的"四大书"之一，保存了大量宋代以前的古籍。

宋代以后，骈文日渐衰落，但在科举考试中有一种"博学鸿词科"，要求应试者博古通今。为了适应科举考试的需要，两宋时期编印了多种内容包罗万象的类书，如《玉海》，南宋王应麟编，引用了许多宋代的实录、国史之类。但总体说来，类书的使用已经不如前代广泛了。到明清时期，类书多为官修性质，在皇帝的授意下展开编撰，象征意义远远大于其实用价值。

《永乐大典》，明成祖永乐年间组织编纂，二万二千八百七十七卷，目录六十卷，共一万一千〇九十五册。由于卷帙浩繁，没有采用分类编排，而是按照当时通行的韵书《洪武正韵》排序，每字下抄录与其相关的古籍，有些书甚至被完整地抄录下来，如古代著名的地理经典《水经注》。清代修《四库全书》，从《永乐大典》中辑录出不少宋元人已经失传的古籍，其中重要的还用活字印行，收入《武英殿聚珍版丛书》。《永乐大典》编成后，由于字数太多，仅抄成了一部，嘉靖时期又抄了一部副本。至清代修《四库全书》，仅存嘉靖副本。后存于宫中，陆续被偷走一些，八国联军入京时大部分被焚毁，少部分流散民间。

《古今图书集成》，清康熙时陈梦雷编。全书一万卷，总目四十卷，五千零二十册，分六汇编，三十二典，六千一百零九部。书成后以铜活字印刷了六十四部。

四、文史工具书

所谓文史工具书，从类别上说就是文学书或者历史书，只是因其或汇集了大量资料，或体量庞大，具备了资料查考的功能，最终成为了广大文史爱好者和研究者案头必备的参考书。

1. 历史工具书

二十四史，从《史记》到《明史》，是中国历代官修正史。对于研究者来说，二十四史是研究各个历史时期的基本资料；对于普通读者来说，二十四史又是一种查典章制度、人物、地名很好用的工具书。

九通，收集历代典章制度的工具书。

《通典》，唐杜佑编，最早的一部政书。分食货、选举、职官、礼、乐、兵、刑、州郡、边防九典，每典再分子类，记述了从上古时期到唐代各项制度的发展变化，主要取材于历代正史和古籍，唐代部分则采用了原始档案。

《通志》，南宋郑樵编著，分为本纪、后妃传、年谱、二十略、列传，时间跨度从上古到隋代。内容多抄自纪传体正史，全书精华在氏族、六书、七音、天文、地理、都邑、谥、器服、乐、校雠、图谱、金石、灾祥、昆虫草木等略，体现了作者自己的观点。

《文献通考》，元马端临编著，仿《通典》而作，增门类至二十四考，记述了上古到南宋时期的制度变迁。

上述三书合称"三通"，明清以后，此类政书多由政府统一组织编撰。明代的《续文献通考》，清代的《皇朝文献通考》《续通典》《皇朝通典》《续通

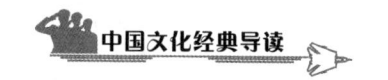

志》《皇朝通志》与"三通"合称"九通"。

会典、会要，也是记载典章制度的工具书，但都是断代的，不像"通典"那样是通史。

《唐会要》，第一部《会要》，北宋王溥在唐《会要》《续会要》基础上增补而成，从当时的实录档案中抄录了大量一手资料。

《五代会要》，北宋王溥编。

《宋会要辑稿》，宋代官修，计有两千卷。后世逐渐失传，《永乐大典》收录，清中叶徐松从《大典》中辑录出五百多卷。

《元典章》，元代官修，亦从《永乐大典》中辑录出一小部分。

《大明会典》，明代官修，记政府各部门及其职责，弘治、正德、万历年间修过三次。

《大清会典》，清代官修，体例与明会典相近，康熙到乾隆间、嘉庆、光绪时期多次重修。

2. 文学工具书

文学工具书主要是一些大型总集，收录一代或者历代诗文，主要是供人们查找而非精读的图书。

查文章：

《全上古三代秦汉三国六朝文》，嘉庆时严可均编，从古籍中收录了3490余人的文章，按照作者时代排列，附作者小传及文章出处。

《全唐文》，清嘉庆时董诰等编，从当时存世的唐五代人别集，《文苑英华》《永乐大典》及其他各种书中辑录唐五代人文章汇编而成，收录作者3042人，按时代先后排列，有作者小传。

《文选》，梁昭明太子萧统编，唐李善注，分类安排，古代最著名的古诗文选本。

《文苑英华》，北宋李昉编，一千卷，收录梁、陈到唐五代的诗文。

查诗歌：

《全汉三国晋南北朝诗》，丁福保编。

《全唐诗》，清康熙时官修，以明末胡震亨的《唐音统签》和清初钱谦益、季振宜辑的《全唐诗》为基础，重加整编而成。共九百卷，分十二函，每函十册。

《乐府诗集》，北宋末郭茂倩编，汇集了上古至唐代的乐府诗和拟乐府诗，按乐调编排。

《列朝诗集》，清钱谦益编，选编明代各朝的诗歌。

《花间集》，五代后蜀赵崇祚编选，收唐五代的词作。

《全宋词》，唐圭璋编，仿《全唐诗》之例，注明出处。

《太平广记》，北宋李昉编，五百卷，收录先秦至唐五代的文言小说，分类编排，并注明出处。

最后再介绍两种作诗、填词押韵时使用的工具书：

《佩文韵府释要》，清周兆基编，实际上是《佩文韵府》的节本，比较便于查找。

《词林正韵》，清戈载编，清中叶以来查词韵的通行书。

第八讲 推荐书目

第一节 推荐书目源流

在我国，推荐书目应传统官学、家塾、书院与科举制度的需要，很早就发展起来了，早在唐代，推荐书目就很受青年士子们的欢迎。现在我们见到的最早推荐书目被后人称为"唐末士子读书目"（敦煌遗书伯2171号）。这个目录分三部分，第一部分为"经、史何人修撰、制注"，收书如下：

《史记》司马迁修

《三国志》陈寿修

《春秋》孔子修，杜预注

《三礼》孔子修，郑玄注

《周礼（易）》王弼注

《离骚经》屈原注（著）

《流子》刘协注（著）

《尔雅》郭璞注

《文场秀句》孟宪子注

《庄子》郭象注

《切韵》六（陆）法言作

《毛诗》、《孝经》、《论语》孔子作，郑玄注

《急就章》中献（史游）撰

《文选》梁昭明太子召天下才子共相撰

《汉书》班固撰修

《典言》季德杜撰之

《尚书》孔安国注

《兔园策》杜嗣先撰之

《开蒙要训》马仁寿撰之

《千字文》钟繇撰、李暹注，周兴嗣次韵

第二部分为"何名九经"，收《尚书》《毛诗》《周易》《礼记》《周礼》《仪礼》《公羊》《谷梁》《左传》。第三部分为"何名三史"，收《史记》《前汉》《东观汉记》。这个书目基本上包括了九经三史及后来列入十三经中的《孝经论语》《尔雅》，确是当时读书人的必读书目。

元代初年，学者程端礼（1271—1345）把南宋朱熹以来书院、私塾教育经验加以总结，编成《程氏家塾读书分年日程》三卷。该书据朱熹读书法，即"居敬持志，循序渐进，熟读精思，虚心涵泳，切己体察，著紧用力"[①]六条，加以发挥，制定了具体的读书计划以及相应的阅读内容。书中详列应读书目和读书次序，读书内容重在经、史和理学著作。元朝国子监曾将该书颁布郡县官学，成为学子读书的准绳，及至明清，该书目对书院教育及读书人仍有一定的影响。

明末陆世仪在他的《思辨录》中，曾为青少年开列了一个阅读书目。他说："书籍之多，千倍于古，学非博不可，然汗牛充栋，将如之何？偶思得一读书法，欲将所读之书，分为三节：自五岁至十五岁为一节，十年诵读；自十五岁至

---

① 朱熹.朱子读书法［M］.重庆：重庆出版社，2018：2.

二十五岁为一节，十年讲贯；自二十五至三十五为一节，十年涉猎。使学有渐次，书分缓急，则庶几学者可由此而程功，朝廷亦可因之而试士矣。所当读之书，约略开列于后。"

以下是陆世仪分三个十年所开的书目。

十年诵读

《小学》（文公《小学》[①]颇繁，愚欲另编《节韵幼仪》）。《四书》（先读正文，后读注）;《五经》（先读正文）。《周礼》（柯尚迁[②]者佳）。《太极》《通书》《西铭》。《纲目》[③]（先读编。又有《历世通谱》《秋擥录》等书，载古今兴亡大概，俱编有歌括，宜先讲读）。古文（宜先读《左传》，其《国策》《史》《汉》、八大家，文理易晓，易于记诵，俟十五岁后可也。予近有《书鉴》一编，专取古文中之有关于兴亡治乱者，后各为论，使学者读之，可知古今，似可备览）。古诗（《离骚经》、陶诗，宜先读。予近有《诗鉴》一编，专取汉唐以后诗之有合于兴观群怨者，后各为论，似可备览）。各家歌诀（凡天文、地理、水利、算学诸家，俱有歌诀，取其切于日用者，暇时记诵）。

十年讲贯

《四书》（宜看《大全》）。《五经》（宜看《大全》）。《周礼》（柯尚迁注，近有《集说》亦好）。《性理》（尚宜重辑。内如《洪范皇极》《律吕新书》《易学启蒙》《皇极经世》等书，俱宜各自为书，不必入集）。《纲目》（宜与《资治通鉴》《纪事本末》二书同看，仍以《纲目》为主）。本朝事实。本朝典礼。本朝律令（三书最为知今之要）。《文献通考》（此书与《纲目》相表里，不可不讲）。《大学衍义》《衍义补》（理学、经济类书之简明者，不可不讲）。天文书（宜专学历数）。地理书（宜详险要）。水利、农田书（有新刻《水利全书》《农政全书》）。兵法书（《孙子》《吴子》《司马法》《武备志》《纪效新书》《练兵实纪》，俱宜讲究）。按：以上四家，苟非全才，或专习一家亦可。古文（《左》《国》《史》《汉》、

[①] 指朱熹所编《小学》。
[②] 柯尚迁，明长乐人。
[③] 指朱熹编的《资治通鉴纲目》。

八大家）。古诗（李、杜宜全阅）。

十年涉猎

《四书》。《五经》。《周礼》（以上参看注疏及诸家之说）。诸儒语录。二十一史。本朝实录及典礼、律令诸书。诸家天文。诸家地理（各省《舆地志》，或旁及堪舆家）。诸家水利农田书。诸家兵法。诸家古文。诸家诗。

不仅列出了各个年龄段应读之书，还对读法和版本进行了介绍。书目之后，编者又作了如下说明：

以上诸书，力能兼者兼之，力不能兼，则略其涉猎而专其讲贯。又不然，则去其诗文。其于经济中或专习一家，其余则断断在所必读，庶学者俱为有用之士。[①]

反对把精力全放在科举考试上，强调学习经世致用的学问，读有用之书。该目内容推荐、指导的性质就已经很浓厚了。

1940年，杨玉清在《读书通讯》创刊号上发表《论读书》一文，对陆世仪的书目作如下评述："这一张书目拿到现在来，自然有些不大适用。不过他所提示的三个大节，很可以作我们现在读书的参考。现在学校教育，读书仅注重讲贯，而忽视诵读，更忽视涉猎。我觉得我们现在读书，诵读、讲贯、涉猎三者不可偏废，不过因年龄与程度的差别，可以偏重。这就是说，小学时期可偏重诵读，中学时期可偏重讲贯，大学时期可偏重涉猎。"这些话在放在今天，仍具有实践价值。

清朝康熙年间，由李颙口授、门人李士璸手录的《读书次第》，是我国较早的一部指导读书治学的书目。编者强调读书次序，即先通小学，也就是先要明字音字义，故《读书次第》先列小学图书，再依次列举经书、史书、文学书，其中以经书为主。此后，龙启瑞于道光年间撰《经籍举要》，为学子开列经史子集四部典籍要目，以程朱理学为宗旨，推崇考据和桐城古文。光绪初

---

① 王余光，等，译注. 读书四观 [M]. 武汉：崇文书局, 2004：430–432.

年，张之洞因诸生"应读何书，书以何本为善"[1]相问，根据当时情况，挑选两千二百余种图书，编成《书目答问》一书，以指示诸生治学门径。该目是历史上最有影响力的国学推荐书目，在下一节我们将重点介绍，这里不再赘述。以上书目在科举时代都产生过广泛的影响，然而，随着时代的推移、科举的废弃和知识的更新，这些书目的影响和作用愈来愈小。

中国历史上选书目（含篇目）最成功者首推孔子。据《史记》等书记载，孔子选编删订了我国最早的诗歌总集《诗经》，并整理删订包括《诗经》在内的"六经"，成为中国文化经典，惠泽数千年的读书人。孔子之后选书目最为成功者有三：一是南朝梁代昭明太子萧统选择编定的《昭明文选》（简称《文选》），二是清代孙洙选编的《唐诗三百首》，三是清代吴楚材、吴调侯选编的《古文观止》。晚清张之洞委托缪荃孙编的《书目答问》，成为此后学子们阅读经典的入门书，产生了很大影响。从民国至今，以胡适的《一个最低限度的国学书目》为发端，文化名人和各类教育机构针对不同的群体和阅读需求开列了形形色色的书目，有的书目在当时的时代背景下引起了诸多讨论和争议。正是在这些争议中，各种经典不断地被强化或被淘汰，接受着时代和社会的检验。[2]

上面我们简要回顾了我国推荐书目的历史，按照择书标准、倾向的不同，推荐书目大致可分为三种类型。

第一，导读书目。导读是一种实用性很强的书目，编目的学者从大量图书中择其认为重要的和必需的介绍给读者，让读者对一类典籍或某个领域有一个大概的了解。导读书目具有鲜明的时代性。科举时代，导读书目主要面向广大的士子群体。20世纪20年代后，导读书目主要为研习国学知识或者寻求革命真理的青年服务，帮助读者明了图书的内容、价值、源流。1949年后导读书目的读者范围更加广泛，面向渴求知识的各类群体，目的在于指导社会大众阅读。前述《杂钞》、程端礼《程氏家塾读书分年日程》、陆世仪《十年诵读书目》《十年讲贯书目》《十年涉猎书目》、清代李颙《读书次第》、龙

---

[1] 张之洞.书目答问［M］.上海：商务印书馆，1936：略例.
[2] 郝振省.中国阅读：全民阅读蓝皮书：第二卷［M］.北京：中国书籍出版社，2011：263.

启瑞《经籍举要》、张之洞《书目答问》都属此列。①

第二，影响书目。影响书目是以图书文献对人类历史、社会生活的影响程度为标准遴选出的目录。包括个人影响书目、区域性影响书目、综合性或专题性影响书目，如《影响中国历史的三十本书》《影响梁实秋的八本书》等。还有按照时间跨度划分的通史性影响书目和断代性影响书目，如《历史上最有影响的33本书》《近20年中对中国社会影响最大的20本书》等。影响书目的评选，往往是以图书对个人或历史量化或定性的"影响度"来评估的，其发布者通常为权威机构或名人，具有相当的公众影响力和号召力。影响书目一经发布，往往会产生一定的推荐作用，强化公众的接受意图。②

第三，阅读指导书目。是基于特定读者群的阅读需求，结合推荐者的阅读体验，遴选出来的文献目录，如《北京大学教授推荐我最喜爱的书》《你在读什么：54位名家推荐的人文经典》等。推荐书目在重视图书文献内涵性的基础上，突出的是针对性和必要性。它不仅要指示特定的人群读哪些书以及阅读的次序层次，还要具体指导如何读，如选读书目、必读书目、举要书目等。

无论是导读书目、影响书目，还是阅读指导书目，都是基于作者的阅读经验而来，根本目的在于倡导阅读。导读书目的目的在于"导"，告诉读者书的内容是什么、怎么去找书读以及如何去读。阅读指导书目作为读者的顾问和向导，更多的是在于"荐"，其教育性表现得尤为突出和鲜明。而影响书目主要目标在于介绍书的价值和影响。

古今图书浩如烟海，每个初学者都会遇到一个从何涉足的问题。得其门径则事半功倍，失其要领则劳而无功，所以从古到今有成就的学者，都非常注重读书方法。一部好的推荐书目就能起到指导阅读、指示门径的作用。推荐书目的教育性正是体现在它对读者的导读方面，而导读功能的实现主要依靠编者对图书的精选、编排和评注。

---

① 北京大学信息管理系.北京大学图书馆学开放论坛演讲集［M］.北京：国家图书馆出版社，2008：15.
② 徐雁.论影响书目［J］.编辑之友，1995（3）：48.

1. 精选。推荐书目以指导阅读、指示门径为目的，而精选出来的图书则是达到这一目的的基础。如果不能首先从繁多的图书中挑选出最好的、最适合读者需要的，又是比较容易得到的图书，那么推荐书目的教育性就无从谈起。因而对图书的选择成为推荐书目的一个突出的特点，历来为编目工作者和教育工作者所重视。《书目答问》共收录2200种书左右，其与《四库全书》所录相同的书，约1300种，这些书都是经过编目者的精心挑选的。《书目答问》选书不是在求全，只在精选。《选目》只挑选了20种古代书籍，这20种书是对我国浩如烟海的古籍进行精心选择的结果。

精选图书就是对图书进行比较的过程。从编目人对图书的态度，可以看到编目人的治学之道。《书目答问》中收录2000多种书，却不录宋、元戏曲，而胡适的书目收入图书不上200种，却著录了宋、元戏曲方面的书多种。这种对宋、元戏曲的舍取态度，体现了编目人的治学态度。精选图书的另一重要方面，就是对图书版本的选择。推荐书目中应该收录通行的、比较容易得到的图书。《书目答问》略例说"读书不知要领，劳而无功，知某书宜读，而不得精校精注本，事倍功半"。这里我们看到，张之洞很重视对图书版本的选择，他在挑选图书时，是着眼于当代的，是以新出本为主要挑选对象。《中国古代重要著作选目》后的附言中说："上开各书……可看商务印书馆出版的《万有文库》本，……倘使要看上列各书（小说除外）较好的版本，大部分都可在《四部丛刊》（商务出版）或《四部备要》（中华书局出版）中找到。"可见，《选目》不仅推荐了比较通行的《万有文库》本，还推荐了较好的版本。

2. 编排。能否充分发挥推荐书目的教育作用，推荐书目对图书的编排起着十分重要的作用。科学地编排图书，有助于读者集中精力有系统地阅读图书。

胡适书目的"文学史之部"，图书是按历史的先后顺序排列的，先诗经，楚辞次之，再是汉晋南北朝，唐宋元明历代诗人词曲、文论等书逐次排列；清朝以戏曲、古文专集、诗分别录其后，最后列出明、清两朝小说，线索十分清楚。该书目前言中指出："在这个没有门径的时候，我曾想出一个下手方法来，就是用历史的线索，做我们天然的统系，用这个天然继续演进的顺序，做我们治国

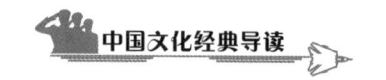

学的历程。这个书目便是依着这个观念做的。这个书目的顺序是下手的法门。"这样我们就明白胡目按历史顺序编排图书的目的和作用了。此外，明、清两朝小说单独列出，这是由于当时古典小说尚不被人重视，这样安排不仅可以引起人们对明、清小说的重视，同时还为专门研究古典小说的人提供了方便。

3. 评注。为了更充分地发挥推荐书目的教育作用，有效地指导阅读，仅有对图书精心的挑选和科学的编排，仍然是不够的。我们还需要揭示每一本具体的书，使读者能了解这一本书的内容、版本等情况，需要有书目提要、评注。提要是简要说明图书内容的一种方法，即对一书的内容概要、中心思想、作者情况、创作时间、意图以及该书的内容特点的分析与介绍。推荐书目提要的特点是要适合读者的知识水平。有些推荐书目没有提要，而有一些短小的评述和注释。这些评注的内容是多方面的，有图书内容的得失，版本的优劣等。它对初学者认识图书、探索读书门径很有帮助。能为读者指示读书门径的评注，在梁启超开列的书目中表现较为明显。这里我们从中录取数条评注，来看看梁启超在为指示读者阅读，对图书的内容、版本诸方面所加的评述。

《庄子》："……最当精读。"

《老子》："……熟读成诵。"

《明史》："……详读。"

《四书集注》："可读。"

《论衡》："……宜浏览。"

《孟子正义》："……供参考。"

《毛礼考》："……不必读。"

通过这些极简括的评语，使初学者明确了什么书可读，什么书宜一般浏览，什么书可先读，什么书宜缓读等问题。有些评注指明了阅读范围，可使初学者明白应该怎样读等问题；有些评注指明图书版本情况，版本的优劣对阅读也有很大影响。

第二节　古代推荐书目巅峰之作《书目答问》

《书目答问》是继《四库全书总目》后，影响力最大的一部目录学著作，它带有推荐书目的性质，同时也反映了有清一代学术的主要成就，还展现了清末以来文化事业的新变化。自其问世以来，代有学者以之为"学问门径"，不论属于"新派"还是"旧派"，对《书目答问》的整体评价是非常高的，放眼中国历史，也很少有一部书目作品像《书目答问》那样产生了如此巨大且持久的影响力。以之作为古代治书之学的终篇，似也预示着一个旧时代的结束，以及一个崭新时代的到来。

张之洞，字孝达，又字香涛，直隶河间南皮人，道光十七年（1837）生于贵州，宣统元年（1909）卒于北京。张之洞年少成名，16岁时便高中解元，10年后参加会试，被西太后特拔为一甲三名，也就是俗称的"探花"，授翰林院编修之职，此后张之洞的宦海生涯便与慈禧的赏识相始终了。

按照科举时代的惯例，各省主管教育、科考的官员，都由中央政府直接委派，清代中期以后，发展成为翰林院编修、检讨的专属职位。提学，或称学政，是有钦差身份的省级最高教育长官，任期只有3年，手中掌握了一省士子的命运，可谓位高权重的"清要"之职。也许是受到慈禧的额外青目，张之洞的仕途格外顺遂，入翰林院刚刚3年，便获得了外放的机会，充浙江乡试副考官，随即授湖北学政。任满回京，3年后又被委派为四川乡试副考官，试毕，就地被任命为四川学政。[1]

四川是清代的人口大省，全省的官学数量排名全国第二，但教育并不发达，中央政府分配给的秀才名额仅排在全国第五。这就意味着，四川的学子在科举之路上面临着巨大的竞争压力。而当时的四川学风也不令人满意，据张之洞回忆："任四川提学时，成都恶习凡攻讦、冒籍、枪替、身家不清诸弊，提调官多置不理，民怨不伸。辄有痞徒纠众持械，伺于学使辕门外，待其人覆试时擒去索重贿，名曰'拉搳'。本生亦雇倩数十健儿为保护，斗于学辕，

---

[1] 赵尔巽.清史稿：卷四三七［M］.北京：中华书局，1977.

动有杀伤。"①在外放之前，张之洞18年的翰林院生涯以"清流"著称，再从其后来成为洋务派骨干的事实来看，张之洞对于清末"时弊"是深恶痛绝的。即使是赖以成名的科举考试，张之洞对其也并无"好感"。科举考试发展到清末，已经从为国抡才的手段，沦落为政府腐败的根由，僵化的八股文限制了帝国最优秀的年轻人的视野，使一代又一代的读书人在一条腐朽的、没落的道路上渐行渐远。张之洞虽然是科举考试的得益者，但是国家的衰落、列强的凌侮，无一不在挑动他的神经，在其担任湖北、四川学政乃至后来的封疆大吏期间，他在全国各地举办书院，未尝不是在寻求一条替代科举考试的途径。1905年，延续了两千年的科举取士制度正式废除，主持者就是张之洞，从这个意义上说，张之洞可称为科举考试的"掘墓人"。正因如此，当四川学子向学政大人提出为之开列一份阅读书单时，张之洞欣然接受，花费了大量精力编撰了这部《书目答问》，其要旨并不在于指导士子应付科举考试，而是在对清代学术进行系统总结和思考的基础上，构建一个符合张之洞理想的士人知识体系。

在《书目答问·略例》中，张之洞记述了本书的创作缘起：

诸生好学者，来问应读何书，书以何本为善。偏举既嫌挂漏，志趣学业亦各不同，因录此以告初学。②

可见，《书目答问》的编写源自四川学子的提问，作为主持一省学政的最高长官，张之洞掌握川中数万学子的命运，是全省学子名义上的"老师"，当然也有义务为其成才之道提供指引。同时，按照张之洞一贯的对于匡扶教育时弊的期望，这也是一个很好地传播其主张、影响年轻人的机会。因此，张之洞非常重视《书目答问》的编写工作，而我们在讨论《书目答问》的价值时，也不应将之简单地作为一部推荐书目，而是放到清末大变局的背景下去考察。

---

① 抱冰堂弟子记［M］//张之洞.张之洞经略琼崖史料汇编.周伟民，唐玲玲.海口：海南出版社，2015：246.
② 张之洞.书目答问补正［M］.北京：北京燕山出版社，2008：略例.

《书目答问》既然是张之洞面向士子开列的导读书单，那么，其贡献便主要体现在指示学问门径方面，具体的编制技术、书目择选标准，都是围绕着上述目的展开的。从这个角度看，《书目答问》的思想内容和书目著录上的特点主要有以下几个方面。

第一，开宗明义地阐明了《书目答问》导读书目的性质。前引《书目答问·略例》为开篇第一条，它向读者揭示了几个方面的意思。其一，开列书目的对象是有志于学的"诸生"，用今天的话来说，《书目答问》首先为自己界定了目标群体。虽然后世将《书目答问》作为国学入门书，但是至少在张之洞那里，该书的性质是非常明确的，就是一部指导帝国青年学子求知为学的导读书目。随着书目学的发展，现在我们已经很明确，推荐书目是针对某一目标群体的特种书目，列出的内容应当符合特定目标群体的阅读需求。[1]张之洞当然并非有意识地在强调推荐书目的针对性，但是，在《书目答问》的编制过程中，体现出的注重适用性、针对性的观念，对后世推荐书目工作是很有启发的。其二，目录、校勘之学，是乾嘉学派的"看家本领"，也是清代的显学。这种以文献入手，苦心钻研文本内容的治学取径，是对明末理学空疏学风的匡正。然而，时至清末，乾嘉学术已经变成了只知钻"故纸堆"，片面追求版本，只求文字不问义理的"象牙塔"学问。清代藏书家中盛行的"嗜古佞宋"之风就是其直接反映，因此，清代的藏书目录，特别重视对"宋元旧本"的著录，往往忽略对内容的关注。《书目答问》则反其道而行之，作为一部指导普通士子读书求学的参考书，追求所谓的"旧本""宋元秘本"是毫无意义的，因此，《书目答问》特别强调了所选择的都是常见、易购的版本。而张之洞对于"善本"的界定，也颇足借鉴。在《輶轩语·语学》中，他说：

善本非纸白板新之谓，谓其为前辈通人，用古刻数本精校细勘付印，不伪不阙之本也。……善本之义有三：一、足本（无阙卷，未删削）。二、精本（一

---

[1] 彭斐章.数字时代目录学的理论变革与发展研究［M］.武汉：武汉大学出版社，2009：282.

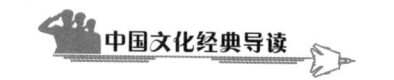

精校，一精注）。三、旧本（一旧刻、一旧抄）。[①]

应当说，这是传统目录学中对于"善本"最全面、精到的界定，同时考虑到了外在形态和内容特征两方面的要素，对近代善本观的形成具有重要作用。

第二，《书目答问》是一部有意对历代学术进行总结评价，以达到导学劝读目的的书目。《书目答问》所收书，上至先秦，下迄当代，共收录图书2200余种，涉及作者2400余人，而这2200余种书中，清人著作有1000余种，占半数以上。《书目答问·略例》对此的解释是："此编所录，其原书为修四库书时所未有者十之三四。四库虽有其书，而校本、注本晚出者十之七八。"[②]《四库全书》是清代钦定的官书，所收主要是清代以前的著作，其权威性是不容挑战的。张之洞既无意质疑《四库全书》的地位，且对当代学术的品评对于青年学子的作用更大，因此，在《书目答问》中，张之洞对当代学术的陟罚臧否便显得颇有深意了。张之洞并不是一个纯粹的学者，相比"清流"，其"洋务运动"干将的标签更为后人熟知。不论其早期举办新旧书院，中后期在各地兴办实业，还是倡导"中学为体，西学为用"，张之洞的骨子里仍然是一个传统文人。他愤怒于"近日风俗人心，日益浇薄"[③]，并不是想要彻底打破旧社会，而是希望重新寻回古老国度逝去的荣耀。这是我们理解《书目答问》中关于清代学术总结的思想基础。

清中叶汉学家的成就，是清代学术最为辉煌的一页，也是张之洞极力表彰的对象。在"经部"下分为三类，"小学""正经正注""列朝经注经说经本考证"。"小学"收古代文字音韵方面的启蒙书，"正经正注"则是官方指定的各级学校教本。"列朝经注经说经本考证"收历代学者注解经书的著作，在这个部类下，张之洞特别说明"空言臆说，学无家法者不录"，于是，宋代以来

---

① 张之洞. 輶轩语：语学［M］//安徽师范大学图书馆编. 中国古代图书学文选. 安徽师范大学图书馆，1985：134.
② 张之洞. 书目答问补正［M］. 北京：北京燕山出版社，2008：略例.
③ 张之洞. 輶轩语：语行［M］//书目答问二种［M］. 陈居渊编，朱维铮校. 上海：中西书局，2012：242.

理学家的大量作品被黜落，仅留下了朱熹本人的几部小书，而清代汉学家重新整理诠释经书的作品则被大量收入，由此可见张之洞的思想倾向。

而上述倾向体现的更为明显的是书后的附录《国朝著述诸家姓名略》，其"小序"说明了这篇文章的编撰目的：

由小学入经学者，其经学可信；由经学入史学者，其史学可信。由经学、史学入理学者，其理学可信。以经学、史学兼词章者，其词章有用。以经学、史学兼经济者，其经济成就远大。①

从可信到有用，再到"成就远大"，五类学者之间是有一个明显的递进关系的，而经学是其后所有学问的基础。这种认知就是自汉代以来一直延续的"通经致用"的模式，并没有什么新意。但其后张之洞按照上述五类分别开列的清代学者名单，则又颇见功力了。清代学术向来重视师承流派，江藩《国朝汉学师承记》《国朝宋学渊源》等即其滥觞，但此前的同类型著作都是对某个流派的总结，对清代学术进行系统总结的，《姓名略》应属首次。

《姓名略》共录清代学者452名，先按学术流派分类，再将姓名字号籍贯等项，依师承辈分排列。在世学者不录，李善兰因"天算为绝学"而成为唯一的例外。最大的一个派别是经学，分为汉学专门、汉宋兼采两派，其中专门的汉学家占四分之三。其次为算学，收录123人，其中"西法"和"兼用中西法"的共占六成以上，展现了清末学者对于"西学"的关注。再次为历史考证学，共录81人。其次为小学、金石、校勘诸家。张之洞对于清代学术的总结虽然简略，但大致可观，流派划分和入选人物颇有见地，因此在近代学术史很受重视，不论是梁启超，还是章太炎、刘师培，他们的学术史书写上，都多少带有《书目答问》的痕迹，对近代学术史的书写产生了深远的影响。

第三，在四部分类法的框架内，对"四库"成法进行了损益改革。自《四

---

① 张之洞. 书目答问补正［M］. 北京：北京燕山出版社，2008：243.

库全书》成书后,清代公私书目的体例基本沿袭四部成法,少有改易。张之洞的《书目答问》亦不例外,采用经史子集四部分类的一级类目体系。但是,随着时间推移,四部分类法不适应时代需求的缺陷愈发明显,张之洞也深刻地感受到这一点,因此《书目答问》虽谨慎地保持了"四部"的总体框架,但在具体的类目设置上却多有改易。其一,在"经史子集"四部正编外,增加"丛书部",清代中期以后,丛书刊刻盛行,相较单行本,丛书有汇集众本的优势。在《輶轩语》中,张之洞便提倡"读子宜买丛书"①,《书目答问》进一步申说:"丛书最便学者,为其一部之中,可该群籍。搜残存佚,为功尤巨。欲多读古书,非买丛书不可。"②其二,正编外附录"别录",收录启蒙和科举考试读物,加强导读书目的实用性。对《书目答问》的这一变革的意义,姚名达说:"(《书目答问》)在分类史上之地位,不在创造,而在对《四库总目》加以他人所不敢为之修正。"③其三,对四部分类的二级类目进行了较大的更易,比如前面已经提到的经部,《四库全书》经部分为十类,分别为五经、四书、小学。《书目答问》则将其打乱,只保留了"小学"类,其余两类分别为正经和后人注本。再如,子部"儒家类",《四库全书》列为诸子之首,《书目答问》则降低了其地位,以"周秦诸子"居首。其四,在著录方面,《书目答问》也颇有特点,虽然限于篇幅,该目不设小序,但在部类前后常加说明,介绍著录范围、择书标准、分类原则、版本情况等,对读者有较大的指导意义。

在介绍《书目答问》的后世影响之前,首先需要对其版本进行简单的介绍。《书目答问》在编撰之初,得到了缪荃孙的大力襄助。缪荃孙,字炎之,又字筱珊、小山,晚号艺风,江苏江阴人,是我国近代著名的文献学家、图书馆学家。光绪元年,寓居成都的缪荃孙拜入张之洞门下,备受其提携。张之洞决意编撰《书目答问》后,由于政务繁忙,便委托缪荃孙为其助手,据缪氏晚年自编《艺风老人年谱》云:"光绪元年,年三十二。八月赘张孝达先生门下,命撰《书

---

① 张之洞.輶轩语:语学[M]//安徽师范大学图书馆编.中国古代图书学文选.安徽师范大学图书馆,1985:131.
② 张之洞.书目答问补正[M].北京:北京燕山出版社,2008:230.
③ 姚名达.中国目录学史[M].北京:商务印书馆,1984:139.

目答问》四卷。"①由于这段渊源,《书目答问》的著作权问题,在张之洞去世后不久便爆发出来。在上引自编年谱和其他文字中,缪荃孙均将《书目答问》系于自己名下,其说还得到了叶德辉、柳诒徵等人的支持,因此在民初学术界相当流行。对此首先提出异议的是陈垣,他认为缪荃孙协助张之洞撰写、校订《书目答问》并无疑问,但其性质与"代撰"是根本不同的②。柴德赓亦持此说。各方观点聚讼不休,从而使《书目答问》的著作权成为了一个悬而未决的公案,各派观点总结起来可以归纳为四种说法:张之洞依旧本改作;张氏亲自撰述;缪荃孙代张之洞作;缪氏依江阴贡生所撰旧本与张氏共同编著。事实上,对于著作权的争夺,恰好从另一个方面说明了《书目答问》问世后超乎寻常的影响力。

《书目答问》的初刻本为光绪二年(1876)成都刻本,印行后受到人们的热烈欢迎,一时之间洛阳纸贵,次年重加勘定后,成为京师诸生的教材。光绪五年(1879)有湘乡成邦幹重刊本,又有贵阳王秉恩刊刻本,较初印本增补200余处,为较善之本。光绪二十一年(1895)有上海蜚英馆石印本。自此之后,重刻不断,传本无数,"翻印、重雕不下数十余次,承学之士,视为津筏,几于家置一编"③。随着流传日广,还出现了"书肆翻刻,讹谬叠见,本书面目,为之减色"④的现象。至此,《书目答问》已经成为了学者的插架必备之书,影响日巨,于是该书也自然成为了学者研究的对象。

张之洞生前,其门人王秉恩在贵阳刊刻的《輶轩语》与《书目答问》合刊本,据"光绪二年写定本"为底本,"改刻二百八十余处"。⑤1904年,同为张之洞门生的江人度,遵循疏不破注的传统,作《书目答问笺补》,俨然已将《答问》当作"经"来看待。其笺补,以考释为主,主要增补内容是一些新刊

---

① 柴德赓.重印书目答问补正序[M]//朱一玄等.文史工具书手册[M].沈阳:辽宁教育出版社,1989:394–398.
② 陈垣.艺风年谱与书目答问[M]//陈垣学术论文集.北京:中华书局,1982:344–347.
③ 范希曾.书目答问补正:跋[M].北京:燕山出版社,2008:254.
④ 李时.增订书目答问补正:附三[M].北京:中华书局,2011:652.
⑤ 柴德赓.重印书目答问补正:序[M]//朱一玄,等.文史工具书手册.沈阳:辽宁教育出版社,1989:394–398.

教科书和中译本科学书，并对原书类目下的"钩乙"作了逐一说明，纠正了原书的漏误之处。

民初时期，著名文献学家叶德辉按照《书目答问》列举的书目，逐一访查版本，每见异本，便注于相应条目之后，最后集结成《书目答问斠补》，在当时也引起了较大反响。20世纪20年代前后，《国学用书概述》《国学用书类述》等书，实际上是《书目答问》的改编本，内容和体例均仿自《答问》。

而在《书目答问》传播史上，影响最大的一部后人辑补本，是1931年出版的《书目答问补正》。该书作者范希曾，字耒研，号穉露，江苏淮阴人。原来的职业是中学教师，因为热爱读书，《书目答问》便成了他的问学指南，"某案头，初置此书一部，辄就知见，随手以朱笔补注眉上，积久，上下眉无隙地，更置一部注之，如是者两三部。……乙卯（1915）闲居，遂取数部，审择移录，合为一帙，成《补正》五卷"[①]。1927年，著名学者柳诒徵发现了他的才华，邀请其至江苏国学图书馆工作，才给范希曾创造了较好的条件，使其专注于《答问》的补正工作。所谓"补正"，包括"补阙"和"正误"两方面内容。"补阙"主要针对原书脱漏及续出著作。比如原书中凡称"今人"的著作，范氏均为其增补了作者姓名；再如《答问》成书后新出的校注辑佚本的著录。经范氏增补修订的图书，总计有1200余种。"正误"则主要针对原书中列举书名、作者、卷数、版本时出现的错误。

《书目答问》问世后，对藏书家和学者的指导作用更是巨大的。不少藏书家和早期的学校图书馆，竞相以此目为购书指南，[②]时人是这样描述这一现象的：

至光绪初，承平已久，士夫以风雅相尚，书乃大贵。于时南皮张孝达学使，有《书目答问》之作，学者按图索骥，贾人饰椟卖珠，于是洛阳纸贵，声蜚日下，士夫踪迹半在海王村矣。[③]

---

① 范希曾.书目答问补正：跋［M］.北京：燕山出版社，2008：254.
② 徐雁.《书目答问》传世百年三论［J］.编辑学刊，2001（6）：95—98.
③ 震钧.天咫偶闻［M］.北京：北京古籍出版社，1982：163.

对有志于学者来说，《书目答问》在指示传统学问门径方面的作用并未随着清王朝的覆灭而丧失。所谓"以书目为名，而实指示读书之法者，则莫如张文襄公之《书目答问》为优也。公之书目出，四方学者闻风兴起，得所依归，数十年来成就学者不知凡几"①。

梁启超回忆少年时代"得张南皮之《輶轩语》《书目答问》，归而读之，始知天地间有所谓学问"②。史学家陈垣回忆，13岁时读到《书目答问》，以之为门径，才对文史学问产生了浓厚的兴趣。③顾颉刚回忆幼年在苏州观前街翻阅图书的经历，说对《书目答问》一类的书"翻得熟极了"④。甚至后来猛烈抨击旧文化的鲁迅，在谈到读书经验时也说"我以为倘要弄旧的呢，倒不如姑且靠着张之洞的《书目答问》摸门径去"⑤。

上面列举的深受《书目答问》影响的学者，有专治旧学者，也有新文化的积极鼓吹者，在谈到《书目答问》的导读价值时，总体评价都是相当正面的。可见，《书目答问》中展现的以"经世致用"为目标的导读思想，相当具有权威性，在很大程度上成功地导引、规范了中国传统知识分子群体在变革前夕的读书生活和思想塑造⑥，因此拥有了超越时代的生命力。而由《书目答问》开启的开列导读书目的浪潮，又预示着一个新的时代的到来。

第三节　近现代重要经典推荐书目举要

20世纪以来，一些学者根据社会的实际情况，开列了一系列有关中国古代典籍的推荐书目。其中比较知名的有：梁启超的《国学入门书目》(简称

---

① 李时.增订书目答问补正：附三［M］.北京：中华书局，2011：652.
② 梁启超.梁启超全集一［M］.北京：北京出版社，1999：19.
③ 刘乃和.史学家陈垣的治学［M］//陈智超.励耘书屋问学记.北京：三联书店，1982：134.
④ 刘起釪.顾颉刚先生学述［M］.北京：中华书局，1986：16–17.
⑤ 鲁迅.读书杂谈［M］//鲁迅全集第三卷.北京：人民文学出版社，1981：441.
⑥ 张国功.从共识到冲突：导读性书目的历史及其文化意义［J］.博览群书，2003（8）.

"梁目")、胡适的《一个最低限度的国学书目》(简称"胡目"),及章太炎、汪辟疆等人的书目。20世纪后半期,推荐书目的编制得到了一定的发展。根据不完全统计,1951年至1955年,全国就有70余种推荐书目出版。1952年北京图书馆编制的《中国古代重要著作选目》较有影响。1961年,教育部门为大学重要专业编制的一系列推荐书目,为大学生读书钻研提供了方便。80年代以后,各种不同类型的推荐书目不断涌现,对广大读者的读书起到了积极的作用。

前面的章节中,我们已经详细介绍了梁目、胡目,以及1925年前后《京报副刊》"二大征求"活动征集来的书目的主要内容和编撰特点。为了方便读者参考,在本节中我们将选取除此以外的一些较有影响力的推荐书目加以介绍。有志于国学研究的读者,亦可按图索骥,根据书目内容制订自己的学习计划。

1923年,吴虞编写了专门针对研究文学的学生的《中国文学选读书目》,书目推荐要籍140余种,分为经史子集、音韵小学、目录校勘考订、思想学术、类书七大类别。李笠认为胡梁二目随手掇拾,尽管指出应读之书,但"不示人以关系与旁通之籍,是犹假人以舟,而不助以楫"[1],于是在1923年10月自拟了一部分类更细的《国学用书撰要》,并专门发表了《评胡梁二先生所拟国学书目》,批评了胡梁二目内容过于庞杂,不宜自学,附录中有其自行拟订的"国学基本书目"。

1924年,国学大师章太炎在《华国月刊》上刊出《中学国文书目》,列出书名39种。他认为"凡习国文,贵在知本达用,发越志趣,空理不足矜,浮文不足尚也。中学诸生,年在成童之上,记诵之力方强,博学笃志,将以此始。若导以佻奇,则终身无就"[2]。章氏推荐的传统经典涵盖学科较广,但是不少书相对冷僻,不太适合中学生阅读,如《诗毛传郑笺》《春秋左传杜解》《二程遗书》《颜氏学记》《清服制图》等,另附有"总参考书",如《读史方舆纪要》《乾隆

---

[1] 王余光,徐雁,等.中国读书大辞典[M].南京:南京大学出版社,1993:805.
[2] 章太炎.中学国文书目[J].华国月刊,1924(2):16–26.

府厅州县志》等，这两种书是为了方便学生对中国历史有系统的了解。

1926年，目录学家汪辟疆发表《读书举要》，列举国学基本书135种，其中"纲领之部"30种，他认为这30种书是了解群籍、阅读经传诸子、考论学术流别及经书、史书、文学书、哲学书之纲领。抗战期间，汪辟疆提出大学中文系学生应选读的20种书，其中《楚辞》名列首位。因为是针对中文系学生，文史类居多，诗歌选集以"杜诗"为代表，文学理论以《文心雕龙》为代表，文学选集以《文选》为代表，同时前四史除《三国志》外均被收录，并补充推荐了《资治通鉴》。1942年，他又提出国学"最切要"的源头书10种，包括小学字书《说文解字》、儒家经典《毛诗正义》《礼记正义》、诸子百家的《荀子》《庄子》、史家的《汉书》《资治通鉴》、诗文方面的《楚辞》《文选》"杜诗"。

鲁迅虽就"青年必读书十部"调查交上一份"白卷"，但在1930年为许寿裳的儿子开列的学习中国文学的书目中列书12种，收三类书：文学类，如《全汉三国晋南北朝诗》《全上古三代秦汉三国六朝文》等大型诗文总集及《世说新语》《唐摭言》等笔记小说集和《少室山房笔丛》等个人研究文集；文学以外的参考工具书，如《四库全书简明目录》《历代名人年谱》等目录学、纪传编年类著作；中国古代哲学类，如《论衡》《抱朴子外篇》等反映无神论或儒家思想的文献。鲁迅所推荐的这三类图书体现了作者的知识背景、治学路径和价值取向。其中《全上古三代秦汉三国六朝文》《历代名人年谱》在胡适的书目中也曾开列，《世说新语》则在梁启超开的书目里出现过，梁认为该书"将晋人谈玄语分类纂录，语多隽妙，课余暑假之良伴侣"（《国学入门书要目及其读法》）。而《论衡》《抱朴子》在胡适、梁启超两人开具的书目中都有。三目均开列了一份目录书，鲁迅的是《四库全书简明目录》，胡适的是《四库全书总目提要·附存目录》，梁启超的是《四库全书总目提要》，体现了民国时期学人对于目录学工具书的重视。

同年，历史学者顾颉刚开出了《有志研究中国史的青年可备闲览书》，收书14种。顾先生开列书单的目的在于：首先，他要青年认清自己努力的方向。其次，他要青年不要读死书，死读书。他认为他开的书只是"可备闲览"的书，对青年丝毫没有"必读"的命令意思。所以他的书单不叫"必读书",每种书后都有很精彩的内容提要。研究历史、地理与民俗的顾颉刚力求做到知识性和趣味性兼具,这14种书跨越了战国、魏晋、唐、宋、元、明、清以至近代,涵盖了历史、地理、民俗、社会、文化等诸多领域,其中游记类占了相当大比例。

1946年,钱穆在昆明给一个文史研究班的学生开列了《文史书目举要》,收书24种。1973年出版《中国史学名著》。晚年在香港中文大学的讲座中又提出7部书是"中国人所人人必读的书",包括《论语》《孟子》《老子》《庄子》《坛经》《近思录》《传习录》。

同样在1946年前后,朱自清出版《经典常谈》,深入浅出地介绍了中国传统重要典籍,以求能启发读者对传统经典的阅读兴趣。这本书介绍的经典包括群经、先秦诸子、史部、集部的一些重要著作以及小学类的《说文解字》。出版后多次重印,至今仍畅销不衰,具有广泛的影响,十分适合作为国学入门读物。

1947年,张舜徽先生在兰州大学为学生开列《初学求书简目》,此后又出版了《中国历史要籍介绍》《中国古代史籍举要》,并主编《中国史学名著解题》,向学生推介一些常见的史学要籍,如经部的《诗经》《尚书》《论语》《孟子》《左传》《国语》,史部的前四史、《资治通鉴》,子部的周秦以至汉魏六朝诸子之书,集部的《楚辞》《文选》以及唐宋诗文,文学理论的《文心雕龙》《诗品》等。

可以说,这一时期的推荐书目,一方面体现了传统目录学"辨章学术、考镜源流"渊源,另一方面则是受到西方教育体系中开列参考书目的影响。

1949年后,由于国家文化建设的需要,为教育民众、整合思想、统一人们的价值观念,中国传统经典受到冲击,推荐书目的内容集中在红色文献方面。1949年3月,在中共第七届中央委员会第二次全体会议上,毛泽东号召全党加强理论学习,规定12本干部必读书,主要是马列主义经典作家作品。1957年,吕绍虞在其《书目索引编制方法》中指出推荐书目的编制"首先提出的是马克思列宁主义经典作家的著作和党和政府的指导性资料"[①],要"优先反映

---

① 彭斐章,谢灼华,乔好勤.目录学资料汇编[M].武汉:武汉大学出版社,1986:502.

与题目有关的马克思列宁主义经典著作、毛主席著作，中国共产党和政府的决议"，时代烙印清晰可见。

这一时期，传统经典被批判，新的出版物品种有限，因此很少有个人编纂的推荐书目，为数不多的推荐书目亦是由政府部门或者机构所编制。如1953年北京图书馆编制的《中国古代重要著作选目》和1961年教育部门为大学主要专业编制的一系列推荐书目。50年代，北京图书馆推出的《中国古代重要著作选目》，经过郭沫若、俞平伯、何其芳等人审订，但是既称之为"古代重要著作"，却不收《周易》《论语》等书，颇让人费解。

60年代，屈万里在台湾出版《古籍导读》，推荐四部图书38种，并附注版本，包括经部的《四书五经》《周礼》《孝经》、史部的《史记》《汉书》《后汉书》《三国志》《通鉴》《续通鉴》《战国策》、子部的《荀子》《墨子》《老子》《庄子》《韩非子》《列子》、集部的《楚辞》《李太白集》《韩昌黎集》《文选》《陶渊明集》《杜工部集》《白氏长庆集》《文心雕龙》等。

"文革"结束后，随着改革开放的深入推进，国人对于知识的渴望被无限放大，包括传统经典在内的图书重新受到人们的关注。但是由于与传统文化之间的长期隔膜，普通民众的国学经典选择和阅读能力下降明显，因此，对于经典推荐书目的需求变得更加迫切。

1981年，著名文献学家、科技史学家胡道静先生对1953年北京图书馆开列的《中国古代重要著作选目》进行了增补，新增10部传统经典，包括诸子百家的《老子》《庄子》《荀子》《墨子》《孟子》《韩非子》，还有子部的《孙子兵法》《水经注》，史学类的《资治通鉴》。对于胡氏所补，著名学者、史学家蔡尚思评论道："这个书目比北京图书馆所开书目有很大的优点，就是能多注意到哲学方面的，从只有一部《论衡》而补入到七种之多。对于史籍也酌加三种。北京图书馆开的书目，实未免太忽视史、哲两方面的古籍了。"[1]

80年代，蔡尚思在《书林》上发表《最能代表中国文化的40种书》，分为文学、史学、哲学思想和科学四个方面。文学类以《诗经》《楚辞》、唐代诗文、

---

[1] 蔡尚思. 哪些书最能代表中国文化？[J]. 编创之友，1983（02）：203–206.

宋元戏曲、明清小说、鲁迅杂文为代表,史学类以《史记》《史通》《廿二史札记》为代表,哲学思想类以诸子百家、《明夷待访录》《金刚经》为代表,涵盖了儒道释法诸家和理学著作以及《农书》《本草纲目》《天工开物》《梦溪笔谈》等古代科技类的著作。

  进入90年代,精神文明建设受到重视,教育部门也开始大力提倡素质教育。素质教育的重要一环就是人文精神的培育,最直接的手段就是在各年龄段铺开人文经典教育。因应时代需求,一些重点大学如武汉大学、北京大学、清华大学先后推出官方的推荐书单。如武汉大学的《大学生文化素质教育百部名著导读》,列出政治、文学、哲学、历史类的名著百部,包括三类经典。第一类为马克思、列宁、毛泽东、邓小平等马列主义经典作家作品,如《共产党宣言》《资本论》《毛泽东著作选读》《邓小平文选》等。第二类为传统文化经典,如四书五经、诸子百家、唐诗宋词、元明戏曲和明清小说,以及一些文学选集等。第三类为外国社会科学和文学经典,涉及政治学、哲学、人类学、美学等诸多领域,文学经典则包括中外小说、诗歌、戏剧、神话、人物传记等。武汉大学的这部书目内容广泛,选目上贯通古今、囊括中外,涉及的学科集中在人文社科领域,是一部比较实用的大学生经典推荐书目。

  北京大学的《学生应读选读书目》,推出应读书和选读书各30本,并提供了参考注释读物。这60种书包括:《周易》《诗经》《论语》等四书五经类,《老子》《孙子兵法》《孟子》《庄子》等诸子类,《史记》《坛经》《古文观止》《唐诗三百首》《宋词三百首笺注》《红楼梦》等史部和集部书,《中国近三百年学术史》《鲁迅选集》《中国哲学简史》《中国法律与中国社会》等当代学术、文学、哲学、政治学经典,《理想国》《神曲》《哈姆雷特》《思想录》《社会契约论》《纯粹理性批判》《约翰·克利斯朵夫》《科学史》等外国人文社科经典,《共产党宣言》《资本论》《毛泽东选集》《邓小平文选》等红色经典。北大的书目相对比较精炼,在选书上偏重中国传统经典,西方经典主要分布在哲学、政治学、文学等领域。

  2000年以后,阅读更加个性化和分众化,推荐书目的主体更加多元,推荐书单也越来越专业。除了传统媒体推荐书单，还出现了网络推荐书单，如各大门户网站的读书频道、读书社区、博客、微博、微信圈等，许多读者基于共同的阅读兴趣会自发地在网络上分享、交流个人的阅读书单。针对不同群体和职业的分众推荐书目也开始出现，如针对幼儿、青少年、女性、IT（information techology）工作者、企业家、党政工作者、教师等群体。推荐书目涉及的领域更加广泛，与经济、社会的结合更加紧密。

当然，名人开列的书单仍然是推荐书目的主流，由于名人的阅读史在一定程度上折射出他们的成长史，他们的阅读经验往往能影响普通人的阅读选择，而一些学术名家的专业性点评和导读，对于读者更好地领悟经典有着指引作用。1997 年，北京大学哲学系举行读书活动，邀请季羡林、汤一介等 50 余位著名学者联合推荐了人文必读书和选读书各 30 种。之后便根据该必读书目，邀请相关领域的学者撰写导读，以期在如何选书和如何读书的问题上，对读者进行一些实践性的指导。2003 年，本次活动的最终成果《与名家一起读经典·插图本·人文卷》导读本出版，入选的 25 种人文必读经典，均由北京大学相应研究领域的学者运用通俗易懂的语言进行诠释，同时选取原著中部分有代表性的插图以及不同版本的封面图来增强可读性，还为读者提出了系统性的导读建议。如由北大哲学系教授王博解读《周易》《庄子》，中文系教授乐黛云导读《哈姆雷特》，政治系教授李强讲授《社会契约论》等。

新世纪以来，社会各界对于传统文化的兴趣被重新"点燃"，在社会阅读需求刺激下，冠以"国学经典""传统经典"之名的推荐书目层出不穷。参与主体之广泛，书目数量之多，传播形式之多样，都不免令人"目眩神迷"，因此，从数量对其进行精确统计是十分困难的。这里我们按照传播方式将其划分为出版型和网络型两类，择要进行介绍。

世纪之交，为了应对社会阅读环境的变革，王余光等人组织编撰了《世纪阅读文库》，其中一本就是《北京大学教授推荐我最喜爱的书》。该书邀请 50 位北京大学教授开列书单，编者对书目推荐频次进行了统计，其中中国经典著作排名前十位的是：唐诗、《红楼梦》、鲁迅的作品、《史记》、《论语》、《庄子》、毛泽东的著作、《孟子》、宋词、陶渊明诗。其中，传统人文经典占据了绝对的比例，足以证明其在华夏文明进程中的重要性。

2002年，黄秀文选编《智者阅读：中外名报名刊名家的推荐书目》（华东师大出版社，2002），精选中、美、法、俄、澳等国名报、名刊、名家推荐的书目数百种，其中中国部分涉及大量传统经典。附录收录各种"影响"书目，如《塑造中华文明的200本书》等，其性质亦类似于推荐书目。

2007年，中国图书馆学会（简称"中国学会"）科普与阅读指导委员会组织编写了《书与阅读文库》，其中《读书人家》《爱上阅读》《青春好读书》《小小读书郎》等，均为针对不同阅读人群的推荐书目或书目汇编。以《读书人家》为例，该书以普通家庭为对象，共选取800余种书，分为"经典书架""女性书架""工具书架"等五大类，并为其中的"推荐书目"撰写提要，其余则为"浏览书目"，使本书编排具有很强的层次感。其中，经典书架以中国传统经典为主。

2011年出版的《清华北大教授推荐青年必读书》（中国致公出版社，2011）基于编者收集来的北大清华教授为学生开列的书单，为每部入选书籍撰写了提要，以便青年观览。其中的中国经典部分，一半以上为国学典籍。

在进入21世纪的第二个十年后，随着信息技术的进步，人们越来越习惯通过移动客户端、新媒体平台来查找和接受信息。推荐书目的发布途径，也从纸媒出版转向了网络渠道。

2014年，贵阳市借举办第二十四届全国图书交易博览会的契机，组织评选"必读经典图书"活动，该书目与传统推荐书目的不同之处在于，采用了专家初选、市民投票的方式确定最终的入选书目，其中"中国传统经典"被列为单独的一类。评选活动依托活动网站进行，最终的结果也通过网络向全体民众公布。

2017年，中华书局发布《中华优秀传统文化经典推荐书目》，分语言文学、思想、历史、科技四大类收录传统经典233种，是目前比较权威的国学经典书目。该目是中华书局落实"两办"精神，"让中华传统文化走进书店"的成果，从中亦可见到，各界力量参与经典阅读推广的积极性。

2018年9月1日，《人民日报》官微发布《推荐！20本经典书目+50本各学科领域入门书》，其中经典书目部分收入《史记》《道德经》《孙子兵法》。官方权威媒体的"下场"，标志着新媒体作为传统文化传承平台的强势崛起。这也提示我们，要充分利用新媒体的力量，打造经典传承与阅读的平台。

以上我们筛选了一些来源较为权威的网络书目进行介绍。而一般读者更可能遇到的实际情况是，任意使用一种搜索引擎，以"传统经典""国学经典"+"书目"为关键词，搜索结果都是千万级别的。这些搜索结果，大部分没有注明出处，书目内容也十分粗糙，标题却常常采用"爆款"网文的命名方式，如"某某名家推荐""国学大师某某推荐"之类，事实上内容却高度同质化，不免有误导读者的嫌疑。如何提升质量，是当前网络发布的传统经典推荐书目亟待解决的问题。

在分众经典推荐书目方面，新世纪以来，以学生和家庭两个群体得到的关注最多，相关书目影响也最大。

21世纪以来，教育部门以前所未有的力度推进素质教育，并通过制定官方推荐书目的形式，倡导大中小学生重拾书香风气。其中有代表性的书目包括：2001年，教育部转发各高校的《高等学校中文系本科生专业阅读书目》，共推荐图书100种。2001年、2003年，教育部先后颁布《全日制义务教育语文课程标准》和《普通高中语文课程标准》（简称"新课标"）。"新课标"以附录的形式给出"关于课外读物的建议"和"关于优秀诗文推荐篇目的建议"，推荐了50余种课外读物和240篇优秀诗文。

美国大学本科教育自20世纪就将通识教育作为核心课程，这些年来国内部分高校也开始学习借鉴美国的做法，针对本科生开设经典阅读类通识课程，以弥补大学生知识面的不足。在课程的学习内容上，北京大学高等人文研究院院长杜维明教授认为，通识教育的核心就在于阅读经典文本，并且是逐字逐句地阅读。武汉大学郭齐勇教授则提出，"诸多通识课中，要形成一些以经典导读为内容的核心课程，建议学习《四书》等数种中国文化的基本经典和一种西方文化的经典并作为核心课程（绝不要用中西文化概论等课程来代替）[①]。国内高校围绕经典教育设立的通识课，既有"中外名著导读""人文基础与经典阅读"等综合性的课程，也有《论语》导读"中国古代散文研究和赏析"等专题性课程。在通识课讲义的基础上，各校纷纷出版导读书目，如清华大学的《众妙之门：中国文化名著导读》、中国人民大学的《通识教育高阶读本：文史与哲学卷》、郑州大学的《大学生素质教育名著名作导介》、浙江理工大学文学院的《大学人文经典阅读》等，目的都是为了倡导学生读传统经典，读原著。

家庭是阅读习惯养成的起点，近年来，随着全民阅读工作的持续推进，家庭藏书和阅读受到了人们的高度重视，一些专门针对家庭的推荐书目也取得了较好的社会反响。2007年，《中华读书报》曾推出《中国家庭基本藏书推荐书目》，共分为名家选集卷、诸子百家卷、戏曲小说卷、综合选集卷、史著选集卷、笔记杂著卷共54种书。2012年，家庭期刊集团和中国红十字基金会联合举办"百种中国家庭藏书书目公益推荐活动"，邀请王余光、陈平原、梁文道等十位文化名家组成评委会，从150种基础书目和450种延伸阅读书目中，评选出"中国家庭理想藏书推荐书目100种"和"中国家庭理想藏书推荐中国当代文学书目20种"。作为本次评选的主任委员，王余光教授在《重建家庭藏书随想》一文中，系统论述了建设家庭藏书的重要性，并指出"中外经典著作"应当成为家庭藏书的首选。2016年，朱永新主编的《中国父母基础阅读书目》，收录基础书目篇30种，推荐书目篇70种，每篇再按照儿童发展类、父母成长类和亲子互动类进行分类编排，也是近年来比较重要的一种专门针对家庭阅读整理的经典推荐书目。

图书馆是全民阅读工作的主阵地、主力军，在针对各细分群体的阅读推广实践中，家庭是图书馆界重点关注的对象之一。2014年，由中国图书馆学会阅读推广委员会、推荐书目委员会等联合承办的中图学会年会第七分会场，主题就是"图书馆如何推进家庭阅读"，与会专家一致认可，质量优良的家庭

[①] 郭齐勇. 人文教育从经典导读出发［EB/OL］.［2013-10-26］. http：//www.fjdh.com/wumin/2010/04/153715102132.html.

阅读推荐书目，是被实践证明的有效的推广方式。2016年，新一届中国图书馆学会阅读推广委员会专门增设"图书馆与家庭阅读专业委员会"，体现图书馆界在家庭阅读推广方面的广泛共识。

实践层面，2013年，深圳图书馆率先推出以"推广人文阅读、经典阅读、系统阅读、深阅读"为使命的家庭式阅读空间——南书房。依托南书房品牌，于2014年起，开始面向公众逐年发布"南书房家庭经典阅读书目"。于每年"4·23"前后，发布30种家庭经典阅读书目，计划通过十年的时间，达到300种书的规模，以之为基础，鼓励家庭书架建设。按照该目的评选标准，入选中国经典的比例大致为70%，其中又以中国传统经典为主，照顾到家庭阅读的实际需要，该目同时推荐入选图书的版本，以适宜大众阅读的通行本为主，部分书目为"选本"或"译注本"。

2016年，黑龙江省图书馆的文化传承和经典阅读空间——龙江书院正式向读者开放。为了更好地促进经典文献资源建设和阅读，于2016年9月28日，首次发布《家庭经典推荐书目》，迄今已坚持四年。该书目每年向家庭提供一份10本书的书单，供家庭经典文献年度收藏和阅读所用，计划用五年的时间，为"龙江书香家庭打造一个经典文献藏书架，代代相传"。书目内容以中国经典为主，尤其重视中国传统人文经典的宣传推广。

以上我们对20世纪来中国传统经典推荐书目的发展情况进行了回顾。与近百年前相比，今天的中国，社会环境发生了根本性变革。特别是近20年来，随着信息技术的进步，一个媒介融合的新时代已经到来，推荐书目的主体、对象、推荐内容也随之发生了深刻变化。而与近百年前相同的是，在大力弘扬中华民族优秀传统文化的时代强音下，中国古代经典在建立文化自信、传承中华文明方面的作用得到了前所未有的重视，国学书目也因此迎来了又一个"黄金时代"。历史在此仿佛经历了一次循环，而这也再次雄辩地证明：真正的经典，拥有永恒的生命。经典推荐书目，是读者接触经典的主要渠道，也是经典阅读推广的重要形式。随着时代的发展，传统经典推荐书目也应及时总结经验，不断提升书目编制和推荐书目工作水平，以期更好地服务于全民阅读工作。

后记

近年来,党和国家高度重视中华优秀传统文化的继承和弘扬,习近平总书记围绕这一问题发表了一系列重要论述,强调"讲清楚中华优秀传统文化是中华民族的突出优势,是我们最深厚的文化软实力"[①],要求我们"推动中华优秀传统文化创造性转化、创新性发展,不断提高人民思想觉悟、道德水平、文明素养,不断铸就中华文化新辉煌"[②]。

继承和弘扬优秀传统文化的前提,是对传统文化的人文内涵和现代价值有清晰的认知。如何成为一个"有文化"的人?古人给出的答案是读书。书籍是知识的载体,是先人智慧的结晶。书籍中的经典著作,更是跨越千古充当了一代又一代中国人的心灵导师。中国自古有"敬惜字纸""文本崇拜"的传统,今天在江南一代乡村的村口巷尾,仍然不难看到各式各样的"字纸炉""焚纸塔",淳朴的乡民也许并没有高深的学问,但对读书、读书人的尊敬深入血脉,"书香继世""耕读传家"的文化传统因此而形成。近代以来,随着社会变迁,传统文化在相当长的一段时间内受到了剧烈冲击,以儒家经典为核心构建的传统文化价值体系已不能适应现代社会的需要,因此,"经典"跌落神坛,经典阅读的价值和意义也受到质疑。

然而,传统经典构建的知识体系"过时"了,并不等于说传统典籍就已失去了生命力。随着时代变迁,经典的内涵在变化,经典的价值也在被不断重新定义。近年来,随着社会财富的积累,越来越多的人认识到,保持经济

---

① 习近平:习近平谈治国理政[M].北京:外文出版社,2014:155.
② 引自习近平《在纪念马克思诞辰二百周年大会上的讲话》。

高速发展之余，让中国人的精神世界也富足起来，才是为民族复兴提供持续发展动力之关键。在大国崛起的道路上，中华优秀传统文化是我们的坚实基础，文化自信是凝聚国人共谋发展的强大动力。

因此，在策划本套"军事职业教育阅读指导丛书"时，我们将《中国文化经典导读》纳入其中，希望向读者介绍一些关于中国传统文化名著的基础知识，并为阅读原典提供建议。根据编撰团队对中国传统文化经典的理解，我们将本书内容分为八讲。第一讲《中国传统文化经典概论》为全书绪论，概要地阐释了经典的定义和特征、经典概念内涵的历史变迁，以及经典阅读的当代价值。中国古代经典一般都诞生于学术文化活动中，因此，中国古代的图书分类体系带有明显的知识分类色彩。在第二讲《从七略到四部——中国古代的知识分类》中，我们从图书分类法变迁的角度，介绍了从六分法到四分法的演变过程，以及"经史子集"四部学问的主要内容。第三至六讲，分别按照"经""史""子""集"四类，从每类典籍中择取历史影响较大，对中华文明形成和发展发挥重要作用的经典著作，介绍其主要内容，并提供精读建议。第七讲《文史工具书介绍》、第八讲《推荐书目》，从培养阅读能力的角度，向读者介绍了文史工具书的主要类型和适用范围、推荐书目的发展源流，以及近代以来的重要推荐书目。

本书的编撰团队，主要由北京大学信息管理系王余光教授科研团队的硕博士生构成。多年来，在余光老师的带领下，本科研团队一直致力于经典阅读的推广和促进工作，编有《中国阅读的历史与传统》"国学经典导读丛书"《中外推荐书目一百种》"读好书文库"等系列读物。《中国文化经典导读》是我们在前期成果基础上，针对军事阅读推广工作专门编写的一部教材，书中的诸多重要观点直接引述自余光老师的相关论述，可以说，本书的结构脉络体现了以余光老师为首的科研团队在经典阅读领域的集体智慧。在确定选题后，本书的编撰团队召开工作会议，经讨论确定了编写大纲，并分头负责撰写相关章节。具体分工如下：第三讲《春秋》、第四讲《资治通鉴》导读，由王余光撰写。第三讲《礼记》、第五讲《吕氏春秋》《历代名画记》《芥子园画谱》导读,由赵晓撰写。第三讲《诗经》、第六讲《楚辞》导读,由刘刈青撰写。第三讲《论语》《周易》、第六讲《唐诗三百首》导读,由廖建兰撰写。第六讲《李清照集》《聊斋志异》导读,由陈晨撰写。第五讲《淮南子》导读,由刘悦撰写。第八讲第一节、第三节,由王余光、郑丽芬撰写。熊静撰写了其他内容,并负责全书的统稿工作。

中国传统文化经典,是先哲思考与实践的智慧结晶,是文化传承的桥梁,是启迪智慧、涵养气质的养料。每一位曾经认真阅读经典的读者,都能获得属于自己的独一无二的阅读体会。本书只是从阅读推广的角度出发,为读者提供一些经典阅读的基础知识、基本方法。本书所引用的古籍版本,优选中华书局、商务印书馆等专业出版社所出普及本,遇有争议文字,以近年出版的较常见版本为准。为便于读者阅读,不一一注明出处。囿于学力,疏漏错误之处在所难免。我们不揣鄙陋推出本书,求教于诸位方家,诚盼读者就其中的问题提出批评,并热切地期待通过这本书的出版,吸引更多读者走进经典的世界——阅读,与经典同行!

在编写过程中,除了丛书顾问王余光老师一直关心本书的进展外,朝华出版社的张汉东先生、本书编校孙开先生、张弘驰先生、张北鱼女士等,均为本书顺利推出做了大量工作,在此一并致以谢忱。是为记。

熊静
2020.9.17